KB093309

베를린이
역사를
기억하는 법

❷ 냉전 반세기

글·사진 장남주

베를린이 역사를 기억하는 법

2 냉전 반세기

푸른역사

서문

베를린을 어떤 틈새로 볼 수 있을까. 역사와 문화가 만난 길의 풍경들이 빼곡히 들어찬 베를린. 베를린을 산책한다는 건 과거와 미래가 조응하는 길 어디쯤에서 현재를 걷는 일이라는 게 그다지 틀리지는 않을 듯싶다. 낯선 조형물 또는 기념물들이 마치 역사의 디딤돌처럼 곳곳에 자리해 있다. 광장 바닥에 새겨진 글귀를 읽다 보면 얼마 전 '독일 민주주의 100인'에 선정된 로자 룩셈부르크의 '자유' 얘기다. 햇살에 반짝이는 황동빛 정사각형의 발바닥 표지 앞에 멈춰 서면 아우슈비츠에서 살해된 누군가의 생애가 적힌 '걸림돌'이다. 어떤 길에 남겨진 '축구공'은 이곳에서 절멸 장소로 이송된 고아원 유대인 아이들이 차고 놀던 슬픈 역사의 추념물이다. 이렇게 의도하지 않아도 문득 앞에 다가온 길의 모퉁이, 광장, 숲마다 마냥 지나치기 어려운 기억들이 내장되어 있다.

부서진 장벽 철골 사이로 보이는 장면과 그 너머의 일상은 단지 풀밭

위의 나른한 점심식사같이 편안하지만은 않다. 과거 분단과 대립의 시대, 목숨을 건 어두운 탈주의 자리 위에 깔개를 펼치고 앉아 밝고 따스한 햇살을 만끽하는 휴식의 자리처럼 곳곳의 중첩된 이미지들은 단순한 풍경으로만 읽히지 않기 때문이다. 뜨거웠던 68운동으로부터 치열했던 89평화혁명을 거쳐 힘겨웠던 통일 30년을 보낸 베를린은 한때 장벽 경계에서 넘겨다보던 '화해교회'처럼 어느 날 폭파되어 사라진 냉전의 흔적들 사이 상실과 상처로 내상을 입은 시간의 둘레들을 조금씩 다듬고 기우고 있는 통합의 길쌈 현장이다. 하지만 가라앉은 장벽이 잔영을 남기고 그 잔영 위에 새로운 장벽이 떠오르는 그 이중적 현재가 박물관 창고에 들어앉은 과거의 영광만큼이나 파란만장한 내일을 암시하고 있는 것도 사실이다.

베를린을 걸으며 보았던 길에 대한 작은 스케치들이 모여 한 권의 책이 되었다. 우연히 들어가 앉은 길의 자리가 반성과 평화의 자리였음을 뒤늦게 발견하기도 하고, 무심코 올려다본 길 위의 반짝이는 네온등이 나치에 저항한 누군가의 얼굴 실루엣이었음을 한참 뒤에야 이해하기도 하면서 다시 걷는 베를린의 길에 대한 단상과 그 길이 간직한 기억의 편린들이다. 지우고 싶고 잊고 싶은 과거, 그걸 굳이 들추어내 기억하게 하는 현재의 갈등은 이제 베를린에선 미래를 위한 기억으로, 민주주의를 위한 망각의 거부로 어렵사리 매듭지어졌다. 나치가 책과 사람들을 불태우던 재의 역사는 독일 국민들의 트라우마를 넘어 반성과 성찰의 은유적 추념물로 일상에 들어왔고, 보다 나은 내일을 위한 다양한 목소리들이 발원되는 샘터가 되었다.

베를린이 어떤 곳이냐고 묻는 사람이 있다면 화가 볼프강 마토이어의

•
베를린장벽공원에 남겨진 장벽 틈새로
보이는 관광버스. 사라지고 얼마 남지 않은
장벽의 살점 없는 앙상한 철골이 냉전과
분단의 깊은 상흔을 드러내며,
이쪽과 저 너머를 관통하는
관광객들의 시선 속에 부식해 가고 있다.

••
목숨을 건 탈주의 현장,
그 땅굴의 흔적 옆에서 휴식을 취하고
있는 시민의 모습. 손에 잡힐 듯한
'저쪽'을 향해 밝게 빛나는
징검다리처럼 꾸며진 흔적만큼이나
대조적이다.

동상 〈세기의 발자취〉(1984)*를 함께 소개하고 싶다. 20세기 독일의 현대사를 가장 잘 압축해 놓은 작품으로 수많은 메타포들이 함축적으로 숨어 있다고 생각되기 때문이다. 〈세기의 발자취〉처럼 베를린이라는 도시의 매력은 비단 문화의 다양성과 독일 수도로서의 면모에만 있는 것이 아니라, 지난 세기가 걸어온 그 격동의 발자취를 길의 곳곳에 수많은 흔적으로, 때론 공공역사로 드러내고 있는 데 있다. 그래서 이 책은 눈에 보이지 않는 또 다른 전쟁 같은 베를린의 기억문화를 둘러보는 이야기이면서, 베를린이라는 거울을 통해 역사를 망각하지 않고 어떻게 민주주의 가치를 확장해 갈 수 있는지를 들여다보기 원하는 작은 틈새 이야기이다.

이 책은 두 권에 걸쳐 총 10개 장으로 구성되어 있다. 1차 세계대전 이후부터 100년간의 독일 현대사가 촘촘히 새겨진, 여러 면에서 세계적으로 유례없는 도시 베를린을 시기별, 주제별로 산책했다. 1권(1~6장)은 20세기 전반 이성의 상실과 극단적인 폭력으로 점철된 나치 과거사의 흔적과 그 반성의 자리를 위주로 둘러보았다. 나아가 나치에 저항한 여성들과 나치의 대척점에 있던 '문제적' 여성 두 명의 사례(로자 룩셈부르크, 케테 콜비츠)를 통해 오랫동안 소외되어 온 여성에 대한 기억(문화)이 어떻게 재해석되고 확장되어 가는지도 함께 되짚었다. 2권(1~4장)은 베를린장벽 건설과 68운동, 89평화혁명과 장벽 붕괴, 그 이후 통일 30년의 흐름을 따라 냉전 반세

* 볼프강 마토이어Wolfgang Mattheuer(1927~2004)의 작품 〈세기의 발자취〉는 독일의 현대사를 인체를 통해 구현해 낸 조형물로 오른손은 '하일 히틀러'를 외치던 나치 파시즘을, 왼손은 주먹을 불끈 쥔 노동자들의 투쟁을, 왼발은 양차 세계대전을 이끈 군복을, 맨발의 오른발은 긴 다리를 뻗어 어딘가를 향해 나아가고 있는 불안한 미래를 암시하고 있다.

기의 흔적, 그 갈등과 통합의 자리들을 찾았다. 가능한대로 냉전의 반쪽 당사자였던 동베를린을 시야에서 놓치지 않으려고 애썼다.

그러나 무엇보다 이 책은 각 자리에서 망각을 거부하며 그 역사가 잊히지 않도록 지난한 기억하기의 길을 걸어온 많은 이들의 헌신과 노력, 이른바 기억(하기 위한)투쟁을 조금이나마 드러내고, 그에 힘입어 발전해 온 독일 기억문화의 현재와 앞으로의 방향을 엿보고자 했다. 이미 비슷한 주제의식을 갖고 동일한 시기나 장소를 국내에 소개한 글들이 적지 않음에도 베를린 기억문화의 현장을 다시 산책한 이유이기도 하다. 아울러 그 노력이 담고 있는 자유(베를린장벽, 89평화혁명, 로자 룩셈부르크 광장)와 평화(베벨 광장, 콜비츠 광장), 인권(그루네발트역 선로 17, 꽃무덤 베를린)과 평등(젠더와 기억문화), 그리고 정의와 통합(베를린의 68기억, 통일 30년의 기억)의 메시지를 전달할 수 있기를 희망했다.

그리하여 이 책은, 베를린을 조금은 천천히 걷는 걸음으로 함께 산책하며 마주치는 길에게 기억의 한 자락을 물어보는 조금은 낯선 역사기행 안내서이면서, 어쩌면 나도 모르게 다가오는 길의 은유를 함께 궁금해하고 그것이 품은 사연을 함께 훑어보는 페이지들이라고 할 수 있다. 이 페이지들이 바람에 어떻게 흩어질지 모르겠으나 누군가 날아가는 한 페이지쯤 손에 잡는 것이 있으면 좋겠다는 생각을 잠시 해본다. '우리는 어떻지'라는 자문과 함께 말이다.

2023년 7월

베를린에서 장남주

PART II.

PART I.

누가 콰드리가를 몰고 있나

— 통일 30년의 기억

1

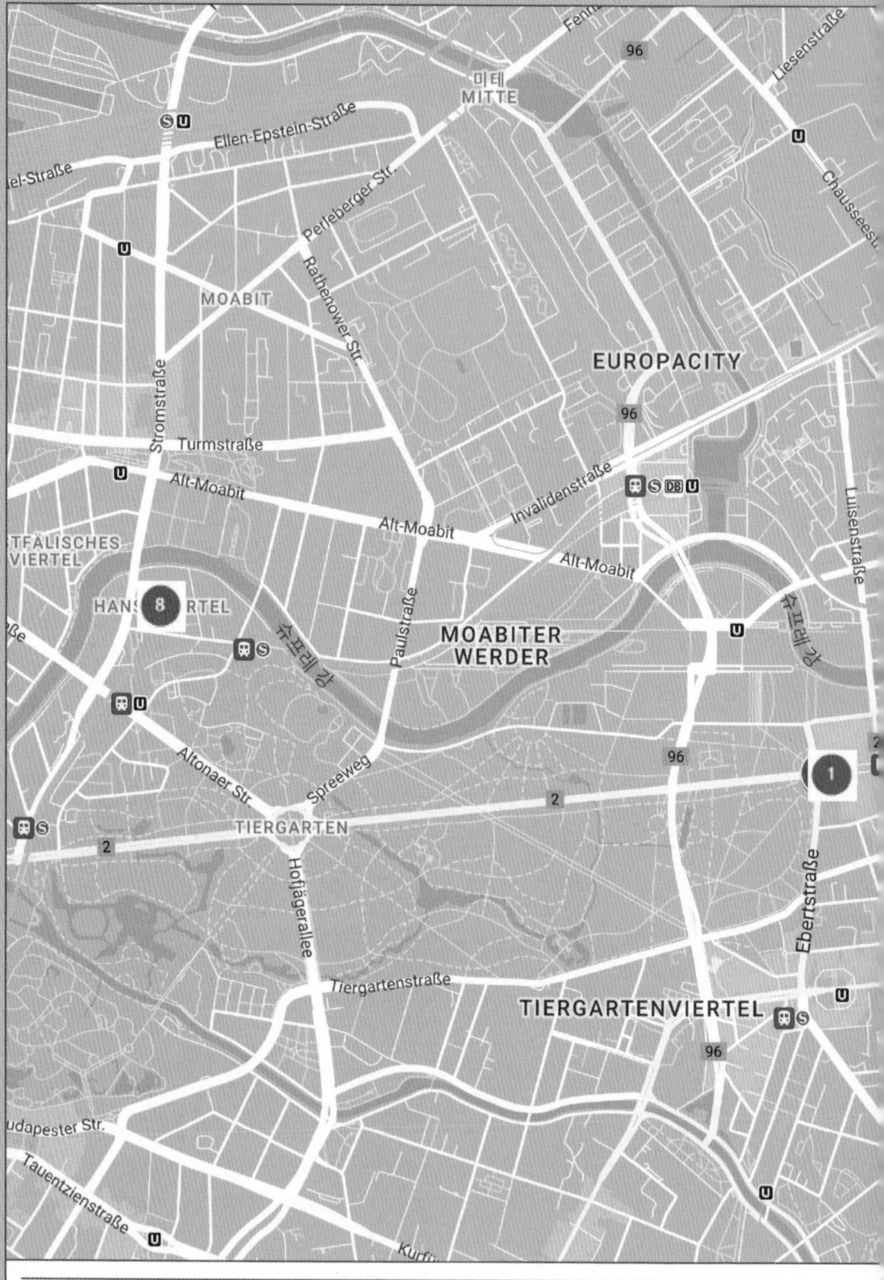

🅜 브란덴부르크 문 ❶ 브란덴부르크 문 Brandenburger Tor, Pariser Platz, 10117 Berlin ❷ (6번 뒤) 훔볼트 포럼, Schloßplatz.1, 10178 Berlin ❸ (6번 뒤) 신위병소 Unterden Linden 4, 10117 Berlin ❹ 박물관섬 Unterden Linden 1, 10178 Berlin ❺ 치타델레 슈판다우 Zitadelle Spandau, Am Juliusturm 64, 13599 Berlin

❻ 독일역사박물관 Unter den Linden 2, 10117 Berlin ❼ 칼-마르크스-알레(동베를린) Karl-Marx-Allee, 10178 Berlin ❽ 한자 지구(서베를린) Hansaviertel, Klopstockstr. 2, 10557 Berlin ❾ 유대인 고아원(평화와 반성의 자리) Baruch Auerbach'sches Waisenhaus, Schönhauser Allee 162, 10435 Berlin

브란덴부르크 문의 비밀, 콰드리가는 누가 몰고 있나

베를린의 랜드마크이자 독일 통일의 상징, 브란덴부르크 문. 동서독 통일 이후 대대적인 개보수 작업을 거쳐 베를린을 찾는 이들은 누구나 예외 없이 가장 먼저 발걸음을 재촉하는 단연 최고의 명소가 되었다. 역사적으로도 이 문은 독일의 근현대사를 웅변하는 국가적 상징물이었고 기호였다. 그만큼 브란덴부르크 문은 독일의 파란만장한 기억과 망각의 숱한 비밀을 담고 있다. 그래서 '비밀의 문'이기도 하다.

지금의 브란덴부르크 문은 원래 프로이센-영국-네덜란드 삼국동맹(1788)을 기념해 '평화의 문'으로 1791년 새롭게 건립된 것이다.[1] 2년 뒤 꼭대기에 세워진 문의 화룡점정, 네 마리 말이 힘차게 끌고 있는 이륜마차 '콰드리가Quadriga'는 평화를 몰고 베를린 시내로 입성하는 '평화의 승리'를 의미했고, 문 뒤편 상단에도 '평화의 문' 명칭이 새겨질 예정이었다. 비록 이듬해 동맹국인 네덜란드에 대한 프랑스의 침공(1792)으로 이 명칭은 새겨지지 못한 채 지금까지 빈칸으로 남아 있지만, 콰드리가를 모는 기수는 '평화의 여신'을 형상화한 것으로 여

통일 30주년 브란덴부르크 문 빛 조명(2020. 10. 3).
콰드리가 아래 '통합Einheit' 문구가 빛난다.

겨졌다.[2]

그러나 '평화의 문'은 결코 평화롭지 못했다. 1806년 프로이센군을 격파하고 베를린에 입성한 나폴레옹이 전리품으로 콰드리가를 분해해 파리로 가져가 버렸기 때문이다. 콰드리가 없는 '굴욕의 문'을 바라보며 절치부심하던 프로이센은 몇 년 후 다시 나폴레옹에 대항한 동맹군에 참여해 이른바 해방전쟁을 벌였고, 1814년 마침내 파리로 진격했다. 콰드리가를 되찾아 베를린으로 돌아오는 위풍당당한 승리의 행렬, 그들이 지나는 도시와 거리마다 승리를 축하하는 인파로 넘쳤다. 콰드리가는 이제 예전의 콰드리가가 아니었다. 패배와 굴욕의 상징에서 승리와 영광의 상징이 되었다.

베를린으로 돌아온 콰드리가는 곧 보수되었다. 무엇보다 그사이 파손된 기수의 지팡이가 새롭게 제작되었다. 이전의 월계관 지팡이는 날개를 편 프로이센 독수리와 철십자상이 새겨진 참나무잎 월계관으로 장식되었다. 평화의 여신이 프로이센의 상징물을 높이 들어올린 승리의 여신 빅토리아로 변신한 것이다.[3] 이렇게 기수를 바꾼 콰드리가가 문 위에 다시 설치되자 베를린의 '평화의 문'은 승전국의 자긍심과 위용을 상징하는 프로이센의 개선문, '승리의 문'으로 탈바꿈했고, 문 앞 광장도 파리 정복을 기념해 아예 '파리 광장'으로 명명되었다.[4]

제2차 세계대전이 끝나자 콰드리가에 남아있던 것은 말의 머리 부분뿐이었다. 동베를린에 속한 브란덴부르크 문은 여러 번 복구 논의가 있었지만, 한동안 콰드리가 없이 붉은 깃발만 나부꼈다. 1956년에야 동독 예술아카데미의 제안으로 동서독이 함께 복원키로 합의했고,

•
철십자상과 독수리가 제거된 동독의 콰드리가(1958).
※출처: ddrbildarchiv.

••
프로이센의 독수리와 철십자가를 든 통일독일의 콰드리가(2002).

문의 건축물은 동독 측이, 콰드리가는 서독 측이 각각 복원 작업을 진행했다. 서독 측은 보존되어 있던 석고틀로 1957년 말 콰드리가를 제작해 동독 측에 인계했다.

그런데 문제가 불거져 나왔다. 서독 측이 전달한 콰드리가의 기수가 프로이센 독수리와 철십자상을 들고 있는 승리의 여신이었던 탓이다. 동독 측은 프로이센의 군국주의 상징물을 허용할 수 없다며 설치 직전에 다시 월계관 지팡이로 교체해 버렸다. 1958년 동독은 평화의 여신으로 바꾼 콰드리가를 설치하면서 브란덴부르크 문을 원래의 '평화의 문'으로 되돌렸다고 선언했다.

이 '평화의 문' 역시 잠시였다. 불과 3년 뒤 문 바로 근처 동-서베를린 경계에 베를린장벽이 세워졌기 때문이다. 장벽에 가로막힌 '평화의 문'은 출입금지구역이 되었고, 덕분에 오랫동안 방치되었다. 이때의 브란덴부르크 문은 평화의 문도, 승리의 문도 아닌 그저 장벽 뒤 냉혹한 '분단의 문'에 불과했고, 부식되는 기둥과 녹슬어 가는 콰드리가는 분단된 현실을 암울하게 드러내고 있을 따름이었다. 더욱이 동독은 콰드리가 아래에 비밀초소를 설치하고 장벽 주변을 내려다보며 감시했고, 후엔 전자 감시 장비까지 들여놓기도 했다.[5] '분단의 문'을 넘어 양 진영의 치열한 갈등과 대립을 상징하는 '냉전의 문'이었던 셈이다.

그러나 1989년 11월 9일 밤 수많은 동독 시민들이 문 뒤쪽 장벽 위에 서서 자유를 외치며 장벽을 깨고 넘었고, 12월 22일엔 공식적으로 인근 장벽이 철거되면서 브란덴부르크 문이 다시 열렸다. 비로소 동서독 시민들이 오갈 수 있는 '자유의 문', '통일의 문'이 된 것이다. 반면, 1989/90년 새해 전야 동서독 시민들의 문 앞뒤 광장에서 베를린 장벽 붕괴를 자축하는 동안 콰드리가가 심하게 훼손되었다. 동독의 붕괴를 상징이나 하듯, 일부 시민들이 꼭대기까지 올라가 상징물을 파손하고 가져가 버렸다.

그 뒤 2002년 콰드리가는 다시 프로이센의 독수리와 철십자가를 높이 든 여신이 고삐를 잡고 있는 현재의 모습으로 복원되었다.[6] 이렇게 지난 200여 년에 걸쳐 브란덴부르크 문을 상징하는 콰드리가는 이념과 권력에 따라 여러 차례 변모해 왔다. "권력의 상징정치를 위해 이보다 더 자주 사용되고 오용된 기념물은 없었고, 또 이보다 더 자주 재해석된 기념물도 없었다"는 평가가 과장만은 아닌 것이다.[7] 그렇다면 통일 30년이 지난 지금, 콰드리가를 모는 기수는 누구인가, 평화의 여신인가, 승리의 여신인가, 아니면 자유 또는 통일의 여신인가?

신위병소의 50가지 그림자

브란덴부르크 문 앞 운터 덴 린덴 길을 따라 걷노라면 '베를린의 심장' 박물관섬 바로 앞 오른편에 동서독 통일조약이 체결된 왕세자궁이 서 있다. 잘 알려진 대로 1990년 동독 자유총선 이후 급물살을 탄 동서독 통일은 그야말로 전광석화처럼 진행되었다. 불과 5개월 만인 8월 31일 서독의 기본법에 의거해 동독의 서독 편입을 명문화한 통일조약이 체결되었다. 이 역사적인 통일조약이 서명된 곳이 여기다.[8]

10월 3일 '통일의 날', 동독이 없어지자 동독의 많은 기억도 흩어져 역사의 뒤안길로 사라졌다. 브란덴부르크 문이 이전 '승리의 문'으로 복원된 것처럼, 동독이 변경했던 많은 거리와 교량 이름도 옛 이름으로 복원되었다. 거리 이름 역시 일종의 정치적 상징인 까닭에 동베를린 최고 중심지였던 이곳의 이름은 당연히 뜨거운 감자였다. 1991년 이미 운터 덴 린덴 길과 박물관섬을 잇는 교량과 박물관섬 안의 일부가 이전 이름을 되돌려받았다. 통일된 베를린에 없어진 동독 정권이 붙여놓은 이름을 그대로 놔둘 수는 없다는 정치적 의지의 결과였다.[9]

운터 덴 린덴 길을 사이에 두고 왕세자궁과 마주한 신위병소 또한 이런 선택적 변경에서 예외는 아니었다. 1818년 완공된 신위병소는 그렇지 않아도 이미 콰드리가 못지않은 변천사를 품고 있다. 애초 프로이센의 왕궁, 그러니까 맞은편의 베를린성Berliner Schloß을 지키는 위병소에서 20세기 초 독일제국의 군사시설로, 그리고 바이마르 공화국에서 "전쟁으로 죽어간 이들을 기억"하기 위한 추도 공간(1931)으로 극적인 전환을 이룬 뒤, 나치 치하에서는 전몰장병을 영웅시하는 위령소로, 동독에 의해서는 "파시즘과 군국주의를 경고"하며 그 희생자들을 기리는 추념관으로 몇 번이나 의미 전환을 되풀이했다.[10]

통독 후에는 우선 신위병소 실내 정면에 걸렸던 동독 국장(나라 문장)이 제거되었다. 중앙에 설치되었던 〈영원한 불꽃〉 유리 조각상은 케테 콜비츠의 〈죽은 아들을 안고 있는 어머니〉 작품을 확대한 피에타상으로 교체되었다. 이렇게 변화된 신위병소는 1993년 11월 새로 변경된 국민 애도의 날에 '전쟁과 폭정의 희생자들을 추모'하기 위한 중앙 추모 기념관으로 의미가 확장되었다. 전쟁과 폭정의 과거사를 부정하거나 회피하지 않고 희생자들을 추모하며 반성하는 통일독일의 추모관이 된 것이다. 동시에 신위병소는 "국가 의전 장소이자 상징"으로서 외국 정상들이 독일을 방문할 때 흔히 헌화하는 곳이 되었다.

천장의 원형 채광구를 통해 비치는 햇빛을 따라 피에타상의 그림자가 하루에도 수없이 변하듯, 신위병소도 권력을 따라 그 모습과 의미를 바꾸며 새로운 기억공간으로 변모해 왔다. 통일 후엔 동독이 설치한 상징물들이 제거되었지만, 오히려 국가적 추모 장소가 되었다.[11]

•
2005년 독일을 공식 방문한 고故 노무현 대통령의 신위병소 헌화 장면.
※출처: 독일 연방내무부/BReg 69405/Bernd Kühler.

••
통독 후 전쟁과 폭정의 희생자들을 추모하기 위한 독일의
중앙 추모 기념관으로 변모한 '신위병소(1993)'.

굿바이 레닌, 웰컴 레닌

기억문화 이론의 대가 알라이다 아스만은 자신의 사유지평을 기억에서 망각으로 넓힌 《망각의 형태》(2016)에서 망각을 7가지 형태로 분류하고, 특히 권력투쟁이나 정치권력의 급격한 변동과정에서 나타난 '징벌적·억압적 망각'이 기억문화에 어떻게 자리하고 있는지에 주목한 바 있다.[12] 아스만은 "과거를 정복하는 자가 미래를 정복한다. 현재를 정복하는 자가 과거를 정복한다"는 조지 오웰의 《1984》 문구를 인용하면서 이 망각을 권력 장악과 정당화를 위해 전략적으로 이전의 집단기억과 문화적 기억을 삭제하고 파괴하는 행위로 설명했다. 특정 인물의 동상이나 기념비를 파괴하거나 철거하는 행위, 나치에 의해 자행된 분서 만행 등이 여기에 해당된다. 그러나 이런 징벌적 망각은 파괴 행위가 강렬했던 만큼 훗날 더욱 선명하게 각인된 기억으로 되돌아오기도 한다.[13]

베를린은 아스만의 징벌적 망각이 짧은 기간 동안 쉴 새 없이 일어난 첨예한 현장이기도 했다. 독일제국–나치–동독을 거치며 줄곧 수도였던 탓에 베를린에는 '불편한' 정치적 기념물들이 유난히 많았다. 한때 베를린 도심의 풍경을 구성했지만 철거되거나 파괴되어 아예 없어진 기구한 운명의 '불편한' 정치적 기념물이 적지 않은 이유다.[14] 제2차 세계대전 이후 제거된 '승리의 길'이라는 뜻의 지게스알레, 당시 베를린 시민들이 '인형의 길'이라고 부를 만큼 그곳에 30개 넘게 줄줄이 서있던 브란덴부르크-프로이센 통치자들의 인물조각상(1901)[15]과 히틀러가 '신이 내린 예술가'로 칭송했던 아르노 브레커의 〈10종경기 선수〉(1936),[16] 그리고 통독 직후 분해되어 숲속 어딘가에 묻혔던 동베를린의 거대한 레닌 석상(1970)이 대표적이다. 이런 점에서 베를린은 전 세계 어디서도 찾을 수 없는 독특한 도시가 되었다.[17]

그러나 베를린은 역설적으로 이 기구한 운명의 불편한 기념물들을 모아놓은 박물관이 있다는 점에서도 독특한 도시다. 그 자체로도 특이한 형태와 평탄치 않은 역사를 간직하고 있는 '슈판다우 치타델레'.[18] 유럽 내에서 가장 잘 보존되어 있는 르네상스시대 성채라는 이곳의 창고 건물이 바로 이 갖가지 사연들이 겹겹이 쌓여있는 곳이다. 100여 개가 넘는 옛 기념물들이 흥망성쇠의 역사를 적나라하게 드러내며 서있다. 박물관으로 개조된 뒤 2016년 4월 이래 〈베일을 벗다. 베를린과 그 기념물〉이라는 제목의 상설 전시회가 열리고 있는 이곳엔 한때 베를린 시내를 호령했지만 지금은 깨지고 부서진, 일명 "코 없는 노인상들"이 즐비하다. 그중에서 박물관이 최고의 하이라이트로 꼽는 것은 동베를린에 있던 레닌 석상의 머리 부분이다.[19]

레닌 기념물은 1970년 레닌 탄생 100주년을 기념해 동베를린의

•
베를린 시내 티어가르텐에 설치되었던 '승리의 길' 지게스알레의 조형물들(1905).
브란덴부르크-프로이센 통치자들의 조각상이 길 양편에 줄줄이 서있었다.
※출처: Archiv des Stadtgeschichtlichen Museums Spandau.

••
동베를린 레닌 광장 앞 레닌 석상(1971).

고층아파트 단지 앞 레닌 광장에 세워진 19미터 높이의 석상이었다. 제막식에 20여만 명이 참석할 만큼 동독 전체의 큰 화젯거리였다고 한다.[20] 그런데 통독 후 1년 만에 석상이 분해되기 시작했다. 1991년 11월 먼저 머리 부분이 분리되었고, 이듬해 2월 초까지 해체 작업이 진행되었다. 단단한 화강암인 데다 겨울철이라 3개월이나 지속된 작업 끝에 석상은 모두 129개로 쪼개져 동베를린 외곽 숲 자갈밭에 매장되었다. 석상이 사라진 자리엔 5대륙을 연상시키는 몇 조각의 바위가 놓였고, 광장의 이름도 레닌 광장에서 '유엔 광장'으로 변경되었다.[21] 영화 〈굿바이 레닌〉의 마지막 장면이 그리고 있듯이 레닌 석상의 철거는 동독의 마지막을 상징했다.[22]

사실 통독 후 일부 동독의 대표적인 기념물에 대해서는 비체계적인 정치적 '청소'가 이루어졌다는 평가가 일반적이다. 동유럽 국가들에서와는 달리 동독의 평화혁명과 통일과정에서 동독 주민들의 분노는 주로 슈타지 본부와 베를린장벽에 집중되었을 뿐 정치적 기념물로 향하지는 않았다. 그래서 이 '청소'는 아래로부터의 자발적인 제거가 아니라 위로부터의 정치적 철거였다는 것이다.[23] 다만, 철거를 강행했던 정치인들은 시민들의 반발을 미처 예상치 못했다. 석상의 해체를 어렵게 한 것은 돌의 단단함이나 추위보다 이 정치적 결정에 대한 시민들의 강력하고 광범위한 반발과 저항이었다.[24]

레닌 석상이 사라진 뒤에도 시민들의 보존 요청은 계속되었고, 여러 우여곡절과 논란 끝에 약 25년간 숲속 깊숙이 묻혀있던 레닌의 두상은 결국 2015년 9월 7~10일 발굴되어 슈판다우 치타델레 박물관

•
동독의 마지막을 상징하는 레닌 두상 분리 작업(1991.11).
많은 시민들의 반발과 저항에도 불구하고 신속하게 강행되었다.
※출처: dpa/picture alliance/Bernd Settnik.

••
해체되어 숲속에 묻혔다 다시 발굴되어 현재 베를린 슈판다우
치타델레 박물관에 전시 중인 레닌 두상.

으로 옮겨졌다.[25] 땅속에서 꺼내는 작업부터 박물관에 도착하는 장면에 이르는 전 과정이 이목을 집중시켰고, 언론은 대대적으로 '레닌의 귀환'을 보도했다. 레닌 석상의 철거를 결정했던 당시 베를린시 장관과 같은 정당 소속의 관계자가 레닌 두상이 박물관 앞에 도착하자 외쳤다. "웰컴 레닌!"[26]

현재 슈판다우 치타델레 박물관엔 4개의 분해·운반용 철심이 그대로 박힌 레닌의 두상이 발굴 당시의 모습처럼 뉘어져 있다. 굳이 바로 세워놓지 않은 이유는 이것이 더 이상 기념물이 아니라 돌로 된 역사의 증언물이기 때문이다.[27] 그리고 가끔 특별기간에는 관람객들이 이 두상을 만지기도 하고 심지어 머리 위에 올라타기도 한다.[28] "기념비는 특정 시대에 대한 증거이며 문자 그대로 '돌에 조각된' 역사입니다. 그리고 우리의 과거에 대한 이러한 증언은 단어 그 자체의 진정한 의미대로 '베일을 벗어야' 됩니다. 마치 그들을 둘러싼 신화처럼 말입니다."[29] 레닌 두상의 '귀환'과 함께 최소한 독일에서는 기념물을 파괴해 없애는 시대는 지나갔다고 선언되었다.[30]

스러진 '황금빛 미래', 떠오르는 베를린 모더니즘

동독 국가 건설의 상징이자 동베를린의 1번지, 그러나 통독 후 차츰 기억에서마저 사라진 곳 칼-마르크스-알레KMA.[31] 레닌 광장과 그 석상이 정치적 결정에 의해 철거된 반면 이 대로는 여전히 화려하고 웅장한 건물들이 늘어서 있고 거리 이름 역시 동독 시절의 것을 그대로 유지하고 있지만 거의 잊힌 길이 되었다. 동독이 서독으로 편입되면서 거리의 건물을 채웠던 동독의 많은 공공기관들과 상업·문화 시설들이 사라지자 자연스레 사람들의 발길이 끊기며 유독 인적이 드문 텅 빈 거리가 되었기 때문이다. 길이 2.3킬로미터, 폭 90미터가량의 위압적인 대로변에 넘쳤던 활기와 많은 인파의 기억이 통일과 함께 사라진 것이다.

칼-마르크스-알레는 동독의 새로운 이념을 구현한 도시의 전형이었고, 성공 모델이었다. 전쟁으로 파괴된 폐허 위에 새로운 사회를 건설하겠다고 나선 동독은 동베를린을 동구 사회주의권의 대표적인 수도로 조성한다는 목표를 세우고 야심찬 첫 걸음으로 칼-마르크스-알레를 설계했다. 이 때문에 칼-마르크스-알레는 처음부터 동독의 정치적 이상과 이념, 새로운 건축·도시계획 개념을 통합한 거리로 구상되었다.[32] "내용적으로는 민주적이고 형태적으로는 민족적인" 새로운 이념과 사회주의 리얼리즘에 독일 건축의 고전주의 전통을 결합한 건축양식을 가장 상징적이고 이상적으로 구현한 콤팩트한 거리, 그곳이 칼-마르크스-알레였던 것이다.[33]

나아가 칼-마르크스-알레는 동독의 국가 건설에서 핵심적인 사업이었다. 동독 당국은 1951년 이 거리를 중심으로 한 동베를린 재건을 국가적 과제로 선언하고, 단계별·구간별 사업계획을 확정하는 한편 11월 국가건설처를 설치했다. 주민들의 자발적인 재건 작업 참여를 조직하기 위한 일종의 동원기구였다. 최우선 사업의 하나였던 대로 양편의 복합주거단지 '노동자 궁전' 건설비 충당을 위해서 노력봉사 시간 외에 기부금을 바탕으로 입주권 추첨제도도 실시되었다. 동베를린 주민들의 큰 호응 속에 1952년에만 5만여 명이 참여해 400만 시간 이상의 노력봉사 기록을 세웠고, 폐허를 정리해 부지를 만들고 잔해를 치워 3,800만 개 이상의 벽돌을 재활용했다.[34]

이듬해부터 입주가 시작되자 칼-마르크스-알레는 주민 모두가 합심해 이뤄낸 국가 건설의 빛나는 성과이자 새로운 사회의 자부심으로 선전되었다. 특히, 최대 13층 높이로 줄 서있는 황금색 노동자 궁전이 저녁노을을 반사해 황금빛으로 대로를 물들이는 장면을 빗대 동독은 '황금빛 동쪽', '황금빛 미래'라고 불렀다.[35] 평균 이상 넓은 도로 폭도 교통뿐만 아니라 수도 동베를린의 위용을 드러내는 퍼레이드와 국제

1950년대 초 건설된 동베를린의 칼-마르크스-알레(이전 스탈린알레).
동독의 정치적 이상과 이념, 새로운 건축·도시계획 개념을 통합해 실현한 최초의 거리였고,
동독 국가 건설의 성공 모델이자 체제 우월성을 상징하는 '황금빛 미래'였다.

•
동베를린 스탈린알레 홍보 브로슈어 '평화의 길'(1952).
연대와 평화의 이미지를 내세운 국제화된 거리로 조성된 동베를린 최고의 번화가였다.
※출처: Aufbauplan Berlin e.V.

••
서베를린 한자 지구 모델(1956).
칼-마르크스-알레 건설에 대항해 서베를린은 한자 지구를 중심으로
국제 모더니즘 양식의 주거단지를 조성했다.
※출처: Landesarchiv Baden-Württemberg/Willy Pragher.

적인 무역·축제의 중심가로서 면모를 갖추기 위한 것이었다. 그래서 칼-마르크스-알레는 동독에게 체제 우월성은 물론 "건물만이 아니라 감성까지 짓는다"는 미학적 품격을 과시하고, 사회주의의 미래를 보여주는 말 그대로 '황금빛 미래'였다.[36]

그러나 동시에 칼-마르크스-알레는 동서 베를린의 대결과 경쟁의 상징이기도 했다. 거의 같은 시기에 서베를린에서 수행된 또 다른 건설 프로젝트와 거의 모든 면에서 극명한 대조를 이뤘기 때문이다. 칼-마르크스-알레의 건설에 대항해 서베를린은 한자 지구Hansaviertel를 중심으로 국제 모더니즘 양식의 주거단지를 조성했다. 그 절정은 1957년 한자 지구에서 개최된 국제건축전시회 '인터바우INTERBAU'였다. '현대 건축의 아버지' 르 코르뷔지에Le Corbusier를 비롯해 13개국 53명의 세계적인 건축가들이 총동원되다시피 해 현대적인 아파트와 상업·문화·종교 시설이 세워졌다. 칼-마르크스-알레에 구현된 동독의 도시 개발 개념에 대한 신랄한 비판과 함께 분산적이고 친환경적인 '내일의 도시' 개념도 시도되었다.[37] 이렇게 칼-마르크스-알레와 한자 지구는 미래 도시 건설의 방향성과 방법론에 대한 동서 양 진영의 대결장이 되었고, 나아가 정치체제의 우월성과 사회체제의 효율성을 둘러싼 경쟁터가 되었다.[38]

통일 후 이데올로기로 점철된 길이라는 인식과 함께 정치적 젠트리피케이션으로 자연스레 망각의 길이 되어가던 칼-마르크스-알레가 20년 만에 다시 전기를 맞았다. 분단시절 대결과 경쟁의 상징이 통일 이후 경쟁을 통해 더불어 진화하는 공진화Coevolution의 상징으로 새롭게 해석된 것이다.[39] 사실 한 도시 내에 두 개의 체제가 서로 치열하게 경쟁하면서 가장 가시적으로 대비되는 도시 개발 모델과 주거단지를 개발했다는 사실은 "불편한" 정치적 기념물들의 운명과 마찬가지로 세계 어디서도 찾을 수 없는 베를린만의 특수성이고 독특함이다. 바로 이 사실에 근거해 전문가들과 시민단체들이 칼-마르크스-알레와 한자 지구를 유네스코 세계문화유산에 등재하자는 계획을 추진했고, 베를린시가 이를 수용해 2013년 신청서를 제출했다.[40] 이념과 대결의 시각을 벗자 새로운 세계의 지평이 열렸다. 극적인 패러다임의 전환인 셈이다.

20세기 분단된 두 개의 베를린이 각각 사회주의 모더니즘의 칼-마르크스-알레와 국제 모더니즘의 한자 지구로 서로 대결하고 경쟁하며 마치 이중나선 구조처럼 발전했다면, 21세기 통일된 하나의 베를린은 이 두 '모더니즘의 공진화'를 이룬 세계 유일무이한 도시로 거듭났다.[41] 칼-마르크스-알레와 한자 지구는 이제 KMA+INTERBAU로 하나가 되어 차기 유네스코 세계문화유산 등재를 준비하고 있다.[42] 칼-마르크스-알레의 '황금빛 미래'와 한자 지구의 '내일의 도시', '힘과 화려함-두 개의 베를린'이 유네스코에서 기다릴 미래는 무엇일까?[43]

망각의 교차로를 지나, 일어나 걸어라 '신호등우먼'

통독 30주년을 전후해 독일 곳곳에서는 때 아닌 신호등 열풍이 불었다. 보다 정확히는 보행자 신호등 모티브의 다양화다. 언뜻 어디서나 같아야 할 듯한 보행 신호등의 통일성이 허물어졌다. 어느 도시에서는 종교개혁가 마틴 루터가 신호등의 모티브로 사용되었고, 다른 도시에서는 동화 속 '피리 부는 사나이'가 등장했다. 또 광산이 몰려있던 루르 지방의 여러 도시들은 등불을 든 광부의 형상을 사용하기 시작했다. 심지어 마르크스와 엥겔스도 각각 태어난 서독 지역의 고향 도시에 몇몇 보행 신호등을 밝혔다.[44] 획일성이 아닌 다원화된 관점에 따른 특성화와 다양성을 추구하는 추세를 반영한 일상의 변화고, 통독 후 강화되어 온 이념의 탈각을 보여주는 또 하나의 사례다.

사실 독일 내 이 보행 신호등의 다양화는 동베를린에서 처음 도입된 동독의 '신호등맨Ampelmann'에 뿌리를 두고 있다고 해도 과언이 아니다. 베를린장벽이 건설된 지 몇 개월 지나지 않은 1961년 10월 동독의 교통심리학자 카를 페글라우Karl Peglau는 보행자의 주의와 안

신호등 모티브

루터(보름스, 2018).

피리 부는 사나이(하멜른, 2019).

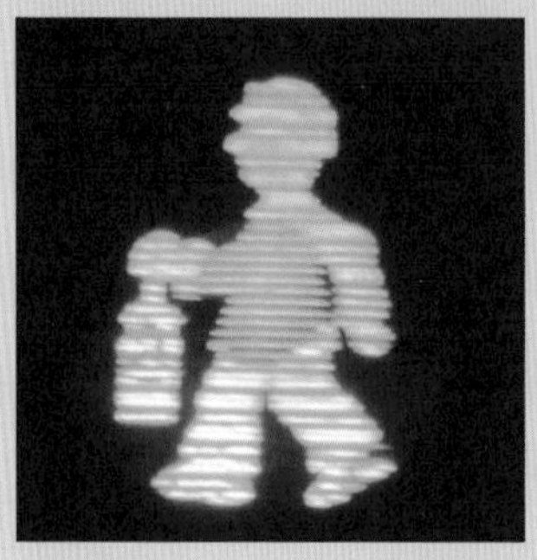

광부(루르 지역 도시, 2018~2020).

마르크스(트리어, 2018).

동독의 신호등맨.

서독의 보행 신호등.

전을 높이기 위해 작고 통통하며 햇빛에 모자를 쓰고 걷는 활기차고 유머러스한 캐릭터를 창조해 냈다. 당초 도안 단계에서 신호등맨은 모자를 쓰지 않았다. 남성의 모자가 동독에서는 자본주의를 상징한다고 여겼기 때문이라는데, 때마침 TV에 방송된 호네커 서기장의 모자 쓴 모습을 보고 달라졌다고 한다. 또 원래는 오른쪽 방향으로 걷는 모습이었지만, 설문조사 후 동독의 이념 방향인 왼쪽으로 바뀠다. 손가락도 제작 편의를 위해 단순화되었다.[45]

이렇게 완성된 신호등맨은 여러 차례 테스트 끝에 1969년 동베를린의 운터 덴 린덴-프리드리히 길 사이 교차로에 처음 설치되었고, 1970년부터 공식적인 보행자 신호등으로 사용되기 시작해 2년 뒤엔 동독 전역으로 확대되었다. 통독 전 20여 년 동안 신호등맨은 동독 거리 어디서나 볼 수 있는 보행 신호등이었고, 그곳 주민들에겐 늘 교차로에서 보행과 멈춤을 안내해 주는 친근한 아저씨였다. 그러나 통일이 되자 동독의 여느 일상과 마찬가지로 신호등맨도 서독의 보행 신호등으로 차례차례 교체되었다. 어느 날 갑자기 신호등맨이 사라진 곳에선 주민들의 항의가 빗발쳤고, 1996년엔 '신호등맨 구하기 위원회'가 설립되기에 이르렀다.[46]

신호등맨을 구하기 위한 활동에 동독 출신 인사들만 뛰어든 건 아니었다. 학창시절 동독을 방문했을 때 신호등맨의 매력에 주목했던 서독 출신의 젊은 디자이너 헤크하우젠Markus Heckhausen은 교체 후 폐기처분될 신호등맨을 모아 1995년부터 벽걸이 전등을 만들기 시작했다. 이듬해엔 페글라우와 평생의 협력관계를 맺으며 위원회 활동을 주도했다. 위원회의 공론화 노력 덕분에 여론이 정치권을 움직였다. 1997년 신호등맨은 통일독일의 도로교통법규에 공식 포함되어 다시 거리에 설 수 있게 되었다.[47] 헤크하우젠은 동시에 '신호등맨 유한회사'를 설립해 페글라우와 함께 신호등맨 디자인을 활용한 다양한 아이템을 개발했다. 신호등맨은 곧 오스탈기(동독Ost과 향수Nostalgie의 합성어)의 상표가 되었고, 베를린을 대표하는 관광상품으로 떠올랐다.[48] 이렇게 신호등맨은 동베를린을 넘어 2005년부터는 서베를린, 그리고 차츰 많은 서독 시민들의 교차로 신호등 아저씨가 되었다. 신호등맨의 기적이 이루어진 것이다.[49]

2013년 한 연구팀은 동–서독 보행자 신호등을 비교해 신호등맨이 동독의 아이콘일 뿐만 아니라 서독 신호등에 비해 더 간결하고 신호 인식 면에서도 더 효과적이라는 평가 결과를 내놨다.[50] 이 연구 결과에 대해 일부 언론은 "동독의 신호등이 승리했다", "동독 신호등이 서독을 점령했다"는 다소 자극적인 표현을 동원해 보도하기도 했다.[51] 그러나 신호등맨은 오히려 통독 후 사라질 운명에 처했지만 동서독 디자이너들의 협력을 통해 서독 도시로까지 확산되는 기적을 이뤄낸 화합과 통합의 상징, 통일의 아이콘 '통일맨'으로 인식되었다. 2015년 통독 25주년 기념식을 주관한 헤센주州는 주제를 '경계를 극복하자'로 정하고 신호등맨을 '통일맨'으로 각인시킨 다양한 예술행사를 여러 도시에서 선보였다.[52]

신호등맨이 통일독일의 새로운 문화 아이콘으로 부각되면서 자연스럽게 '신호등우먼Ampelfrau'도 등장했다. 1996년 한 그래픽 아티스

2015년 통독 25주년 기념 '통일맨' 동상(베를린).

통독 25주년 기념 '통일맨' 행사(비스바덴).
"경계를 극복하자"라는 주제하에 베를린을 비롯한 독일의 주요 도시에서
통일맨 미니어처 전시가 개최되었다.
※출처: 오트마르 회를(Ottmar Hörl)의 설치예술 프로젝트.

트가 신호등맨을 기반으로 신호등우먼을 디자인했고,[53] 이 아이디어와 디자인이 알려지면서 곳곳에서 신호등우먼 도입 목소리가 높아졌다. "교차로에서의 성평등",[54] "신호등의 여성해방"[55]을 둘러싼 격론이 벌어졌고, 신호등우먼에게도 여성 할당 비율을 적용해야 한다는 요구처럼 또 다른 차원의 젠더 논쟁도 불꽃을 튀겼다. 도시마다 "신호등우먼 때문에 싸움이 벌어지고 있다"는 보도가 쏟아져 나왔다. 다만, 머리를 땋고 치마를 입은 여성으로 디자인된 신호등우먼이 시대에 맞지 않는 캐릭터라는 비판으로부터 신호등맨과 달리 팔을 활짝 벌린 빨간색 신호등우먼의 디자인엔 금지 또는 불법의 이미지가 커서 성차별 의식을 유발할 수 있다는 문제 제기도 나왔다. 이런 논란 속에 2004년 츠비카우를 시작으로 독일 내 여러 도시에 신호등우먼이 부분적으로 도입되었다.[56]

물론 모든 도시에서 신호등우먼이 도입된 건 아니다. 베를린 트렙토우 지역에서는 바지를 입고 하이힐을 신은 현대적 여성 이미지의 디자인이 검토되면서 신호등우먼 설치가 보류되었다.[57] 더욱이 2014년 베를린시는 "교통안전을 위해 동일한 외형이 보장되어야 하기 때문에 다른 기호를 도입하지 않을 것"이라면서 "동독 신호등맨을 고루 사용하는 것만도 베를린 거리에서는 유용한 효과"를 거둘 수 있으므로 굳이 신호등우먼을 도입할 필요가 없다는 결정을 내렸다.[58] 또 신호등우먼 도입을 위해서는 성평등과 도로교통 관련 규정 등 여러 법률 개정이 필요하다며 난색을 표하는 곳도 있었고,[59] '신호등우먼의 팜므파탈'이 통하지 않은 듯 신호등맨만 고집하는 지역도 없진 않

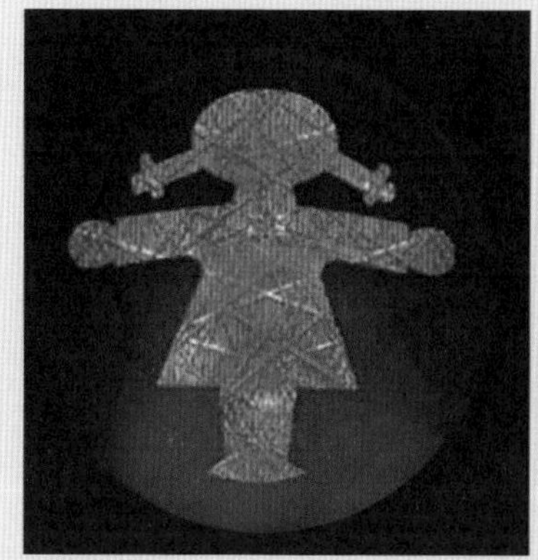

독일 여러 도시에 설치된 신호등우먼.
※출처: Karl-Josef Hildenbrand/dpa.

신호등우먼에 대한 대안 디자인.
※출처: watson(watson.ch).

다.[60] 일부 도시에서는 논란을 피하기 위해 아예 동물 디자인이 거론되기도 했고, 남녀가 모두 나란히 걷는 '연인' 모티브의 신호등도 제시되었다. 보행 신호등 모티브가 다양화되기 시작한 것이다.[61]

현재 신호등맨은 베를린 보행 신호등의 60퍼센트 이상을 차지하고 있다. 신호등맨은 '동독에 나쁜 것만 있었던 게 아니다'를 입증하는 대명사로 여겨지면서 동독의 일면 긍정적이고 인간적인 모습을 재발견하는 데 기여했다.[62] 그래서 신호등맨은 영화 〈굿바이 레닌〉과 함께 동독의 암울하고 억압적인 독재체제 아래 어두운 잿빛으로만 보였던 주민들의 이미지를 다소나마 밝고 활기차게 바꾸는 역할을 했다고 평가받는다. 통독 이후 동독에 대한 사통당 독재 중심의 시각과 독재 희생자 위주 인식을 동독 주민들의 '일상에 대한 기억문화'로 확장하도록 신호를 보냈다는 것이다.[63] 동독에서 온 "작은 거인"이라는 표현이 과장만은 아닌 셈이다.[64]

'동독의 기억' 신호등맨은 동서독 일상 통합의 중요한 성공 사례로, 또 '통일맨'으로 베를린 교차로마다 보행과 멈춤을 안내하고 있다. 신호등우먼 역시 논란 속에서도 여러 도시에서 뚜벅뚜벅 걷고 있다. 매년 신호등우먼 도입을 외치는 목소리가 커지고 있어서다.[65]

베를린의 세 번째 궁전, '의심의 궁전'

1991년 동베를린 레닌 석상의 정치적 철거의 파장은 컸다. 무엇보다 머리가 분해되어 쇠사슬에 달린 채 사라지는 레닌의 이미지는 많은 동독 시민들에게 "급격한 정치적 변혁과 폭력적인 정체성 상실의 상징"으로 여겨졌고, 통일의 여파로 평생의 일자리에서 쫓겨나 실업자로 전락하던 자신들의 인생과 기억, 역사의 소멸과 동일시되었다. 전문가들의 비판도 예상을 뛰어넘어 신랄했다.[66] 이 때문에 곧바로 동독의 정치적 기념물에 대한 보다 객관적인 검토가 추진되었고, 전문가들의 학술적인 논의도 이어졌다. 베를린시가 구성한 위원회가 1993년 동베를린 내 400여 개 기념물을 검토해 4개에 대해 해체를 권고했지만, 모두 논란 끝에 그대로 보존되거나 다른 곳으로 옮겨져 보관될 만큼 남아있는 동독 기념물 처리는 신중해졌다.[67]

그러나 베를린 위원회의 권고가 있은 지 10년 만인 2003년 베를린을 넘어 독일 전체를 들썩이게 한 결정이 연방하원에서 이루어졌다. 지금은 훔볼트포럼이 된 동베를린의 '공화국궁전'을 완전히 철거한다는 결정이었다. 1970년대 건설 당시 석면을 대량 사용했던 공화국궁전은 오염이 심한 건물로 평가되었고, 안전 문제로 통독 직전 이미 동독 정부에 의해 사용이 잠정 중단된 상태였다.[68] 몇 년 동안이나 연기되다 1998년부터 많은 예산을 들여 추진한 석면 제거 작업이 완료되어 다시 사용할 수 있게 되었음에도 불구하고 굳이 철거를 의결한 것이다. 한 해 전 '베를린성'을 현대적으로 복원한다는 방침이 결정되었을 때부터 분위기가 심상치 않긴 했다. 설마 하던 철거 반대론자들로부터 정치적 결정이라는 반발과 함께 "철거하는 것보다는 차라리 석면이 덜 해롭다"는 거센 항의가 빗발쳤다.[69]

사실 공화국궁전은 통독 직후부터 격렬한 논란의 대상이었다. 이를 철거하고 베를린성을 복원하자는 진영이 1992년 협회를 결성해 기금 조성에 나서고 이듬해 여름부터 1년 이상 대형 복원 상상도를 전시하면서 이후 30년간 계속되어 온 논란의 서막이 올렸다.[70] 일각에서는 독일 사상 최대의 논란이라고까지 평하는 베를린성 재건-공화국궁전 철거 논란이다.

베를린성은 프로이센의 왕궁으로 수백 년 동안 베를린을 대표하는 건축물이었고, 그만큼 베를린 최고 중심지의 상징이었다. 제2차 세계대전 때 크게 파손되어 일부만 남아있던 것을 동독이 1950년 프로이센 군국주의와 제국주의의 상징이라는 이유로 철거해 버리고 그 자리를 대규모 국가행사 개최 장소로 사용했다. 그 뒤 1960년대 이곳 주변에 동독의 국가 최고기관인 국가평의회 청사와 외교부 청사를 세웠다. 그리고 경제 상황과 국제적 지위가 안정되어 가자 20년이 지난

•

동베를린 공화국궁전Palast der Republik(1986) 전경.

※출처: Bundesarchiv Bild 183-1986-0424-304.

••

공화국궁전 로비와 중앙의 '유리꽃.'

궁전 내부에는 1만 개의 전등과 1, 2층 벽면을 따라 대형 작품들이 걸려있고,

만남의 장소인 로비 중앙에는 화려한 '유리꽃'이 세워져 있다.

※출처: Imago/SMID.

1973년부터 3년여에 걸쳐 철거된 베를린성 자리에 축구장보다 훨씬 더 큰 초대형 현대식 건물 공화국궁전을 신축했다. 공화국궁전까지 들어서자 이곳은 이전과는 전혀 다른 풍경으로 동독 권력의 심장부를 상징하게 되었다.

그래서 통일 직후부터 이 역사적 중심지를 어떻게 재구성할지는 당연히 초미의 관심사가 되었다. 베를린성 재건 찬성론자들에겐 동독 권력의 상징 공화국궁전이 계속 자리를 차지하고 있어서는 안 될뿐더러 유서 깊고 예술적인 다른 건축물들과는 전혀 다른 거대한 이 사회주의적 건물이 도무지 어울리지 않는 생뚱맞은 것이었다. 더욱이 유럽의 주요 도시 가운데 전통적인 왕궁이나 성이 없는 도시는 없다는 논리도 덧붙여졌다. 이곳이 역사적이고 예술적인 원래의 모습을 되찾으려면 동독 권력의 그림자를 지우고 베를린성을 복원할 필요가 있다는 것이다.[71]

실제로 도심 재개발을 위한 도시계획의 일환으로 과거 현대식으로 지어졌던 동독 외교부 건물이 몇 년 만에 사라졌다.[72] 그렇지만 그때만 해도 공화국궁전의 철거를 예상한 이는 많지 않았다. 오히려 비판은 베를린성의 복원 구상에 집중되었다. 민주주의시대에 프로이센 절대군주의 지배와 군국주의를 상징하는 왕궁을 복원한다는 건 어불성설이며, 설사 복원하더라도 결국 디즈니랜드와 같이 복제품에 불과할 뿐이라는 비판이었다. 베를린시의 재정도 어려운데 엄청난 재원을 투입해 꼭 복원해야 할 이유가 없다는 지적도 제기되었다.

베를린이 명실상부한 통일독일의 수도로서 면모를 갖춰가고 있는

데도 계속 '베를린의 심장'인 이곳의 미래에 대한 의견이 갈리자 연방 정부와 베를린시는 2001년 초 국제전문가위원회를 구성했다.[73] 그리고 1년 뒤 위원회는 베를린성 복원 진영의 손을 들어줬고, 연방하원은 위원회의 권고안을 근거로 다시 1년 뒤 공화국궁전 철거를 결정했다.[74] 철거 결정과 함께 베를린성 복원 논쟁이 공화국궁전 철거 논란으로 전환되면서 반대와 항의가 곳곳에서 봇물 터지듯 쏟아졌다. 논란의 2막이 시작된 것이다.

전혀 예기치 않은 일들이 벌어졌다. 우선 세계적인 건축가들이 비판 대열에 대거 합류했다.[75] 정치적 성향이나 이념을 불문하고 공화국궁전은 동독 건축의 모더니즘을 대표하는 걸작이며, 이를 중심으로 한 박물관섬 역시 현대와 전통이 조화를 이룬 뛰어난 도시설계의 모범이라는 평가였다.[76] 학계와 문화계에서는 동독의 1950년 베를린성 철거와 마찬가지로 역사를 담고 있는 건축물을 없애는, 몰역사적인 정치적 행위가 되풀이되어서는 안 된다는 입장이 강하게 표출되었다. 《뉴욕타임스》와 같은 해외 언론도 "한 사회가 과거의 가장 민감한 요소를 단절하지 않고 미래를 바라볼 수 있는 방법을 보여주기에 이상적인" 건물이라며 철거 반대 입장을 옹호하기도 했다.[77] 그러나 무엇보다 일반 시민들의 반대와 항의가 전례 없을 정도로 광범위하고 거셌다. 시위와 농성이 그치지 않았다.

공화국궁전은 동독에서 단지 한 건물이 아니었다. 건물 이름 그대로 동독 민주공화국의 '궁전'이었기 때문이다. 공화국의 대의제와 인민주권의 정치적 이상을 실현하고 과시할 전당이었다. 그래서 동독은 '인민

•
과거 베를린성 전경(1900년대).
※출처: picture-alliance/dpa.

••
베를린성 철거(1950, 동독).
동독은 2차 세계대전 중 크게 파손되어 일부만 남아있던 베를린성을 프로이센 군국주의와 제국주의의 상징이라는 이유로 1950년 철거했다.
※출처: picture-alliance/dpa.

회의 의사당'과 '인민의 집'을 한 지붕 아래 통합하되 당시 모든 기술역량을 총동원하고 사상 최대의 공사비를 들여 현대적이고 고급스러운 초대형 건축물을 신축했다.[78] 자신들이 지향하고 꿈꾸는 유토피아를 보여줄 일종의 모델하우스 같은 것이었다. 공화국궁전이 완공되어 가자 서베를린은 마치 칼-마르크스-알레에 맞선 인터바우INTERBAU처럼 이보다 더 큰, 당시로서는 세계 최대의 은빛 국제회의센터ICC로 맞불을 놨다. 동-서베를린의 또 다른 경쟁 사례였던 셈이다.[79]

이 때문에 공화국궁전은 전통적인 궁전과 전혀 다른 형태였지만 황금빛 창문으로 사방을 둘렀고, 내부 바닥엔 흰색 대리석을 깔고, 천정엔 1만 개가 넘는 둥근 볼-램프를 설치해 화려함의 극치를 보였다.[80] 넓은 로비엔 5.2미터 높이의 유리 조각품 '유리꽃'[81]을 세우고 주변에 붉은색 가죽소파들을 들여놔 여유로운 만남과 휴식의 공간을 연출했고, 벽면엔 당시 최고 예술가 16명의 대형 작품들을 걸어 '궁전 갤러리'를 꾸몄다.[82] 최신 장비와 고급 가구·소품들을 갖춘 극장과 공연장, 크고 작은 모임/회의/파티를 할 수 있는 방과 홀, 그리고 13개의 레스토랑 외에 바와 카페, 청소년 클럽과 볼링장이 구비되었다.

내부에 인민회의 회의장은 있었지만 의원들을 위한 사무실은 제공되지 않았고, 몇 개 소회의실 외에는 모두 주민들을 위한 문화·위락 시설이 들어섰다. 연간 2~3차례의 인민회의 개최 기간을 제외하고는 모든 시설이 연중 주민들에게 개방되었다. 자연스럽게 동독, 특히 동베를린 주민들에겐 최상의 만남 장소였고, 최고의 문화 위락센터였다. 1976년 4월 개장한 이래 매일 평균 1만 5,000명, 1990년 9월 잠정 폐쇄될 때까지 총 7,000만 명 이상이 이곳을 찾았다고 한다. 이들에게 공화국궁전은 어디서도 누릴 수 없었던 소비 욕망의 해방구였고, 자신들이 즐긴 "전설적인" 고급 일상문화와 기억을 간직한 곳이었다.[83] 세계 유례없는 특이한 '궁전'이었던 셈이다.

이런 공화국궁전을 철거한다는 소식은 동독 주민들에겐 슬픔과 충격이었다. 연방하원엔 수백 건의 철거반대 청원이 접수되었고, 정치권에서도 녹색당과 민사당을 중심으로 서명운동과 함께 철거 연기와 건물보전 신청이 제출되었다.[84] 격렬한 반대 외에도 기술적 우려와 예산 문제로 철거가 계속 연기되는 사이 후에 사회적 혁신모델로 평가받는 '한시적 중간사용'이 본격화되었다.[85] 석면 제거 후 껍데기만 남은 공화국궁전을 문화·예술 공간으로 임시 사용하자는 구상이 우여곡절 끝에 성사된 것이다.

동독의 문장이 사라진 자리에 '인민궁전'이라는 현수막을 내걸고 900건이 넘는 각종 전시회와 토론, 설치예술, 공연, 콘서트가 열렸다. 자발적으로 결성된 주관단체가 1,000일 동안의 프로그램도 준비했다.[86] 2006년 초 연방하원이 모든 청원과 신청을 부결하고 철거를 확정할 때까지 '궁전'은 텅 빈 골조건물에서 약 65만 명이 참여하거나 방문한 알차고 핫한 문화·예술 공간으로 탈바꿈했다.[87] "시민들이 가는 시간을 붙잡았고",[88] 실제로 1,000일간의 작별 시간을 가졌다.

당시 프로젝트 가운데 특히 주목을 받은 작품은 '궁전' 꼭대기에 8미터×40미터 크기의 '의심'이라는 단어 'ZWEIFEL'을 세운 노르웨이 예술가의 설치예술이었다. 조명 덕에 밤낮 없이 멀리서도 간판처럼

•
동베를린 공화국궁전(1976).
※출처: picture-alliance/dpa.

••
서베를린 국제회의센터 ICC. 동베를린 공화국궁전 개관 3년 후인
1979년 동독에 대한 시장경제의 우월성을 과시하고 서베를린의
경제 활성화를 위해 당시 세계 최대 규모의 ICC가 문을 열었다.
막대한 유지관리비 때문에 논란의 대상이 된 지 오래다.

•

••

•
공화국궁전 철거 반대 시위. 2005년 1만 명 이상이 서명한 철거중단 요구서와 건물보전 신청 등이 제출됐지만 철거는 신속히 진행되었다.
※출처: REUTERS.

••
공화국궁전 옥상에 설치된 노르웨이 예술가의 작품 〈의심ZWEIFEL〉(2005).
이 문구 때문에 당시 공화국궁전은 '의심의 궁전'이라고도 불렸다.
※출처: Lars Ø. Ramberg

〈의심〉이 시민들의 눈에 들어왔다. 베를린 상공 비행기 안에서도 보인다며 〈의심〉이 마치 베를린시의 로고처럼 보인다는 지적이 나올 지경이었다.[89] 예술가는 공화국궁전 철거 논란이 단순히 어떤 한 건물의 철거 여부가 아니라 국가 정체성에 대한 것으로 인식되었다고 했다. 그리고 "독일은 통일되었습니까 아니면 여전히 서독과 동독입니까?"라는 의문을 던지게 되었고, "의심이라는 단어가 건물에 대한 이데올로기적인 판단이 아닌 성찰의 계기로 작용하기를 원했다"고 설명했다. 작품이 설치되자 '의심의 궁전'이라는 신조어가 생겨났다. 이 '의심의 궁전'은 미심쩍은 통일독일의 정체성과 미래, 의심스러운 '궁전'의 운명에 대한 논쟁에 불을 붙이면서 그 자체로 정치적 상징물이 되었다.[90] 베를린의 세 번째 궁전이 된 것이다.

1,000일 동안의 작별 시간이 끝난 뒤 여론조사 결과 전체 독일 국민의 3분의 2가 '궁전'의 보존을 원했다.[91] 그러나 철거는 강행되었고 '궁전'을 떠받치던 철골은 해체되어 두바이의 최고층 빌딩 '부르즈 칼리파'의 건축에 사용되었다.[92] 마지막 인민회의가 스스로 서독에 편입되는 방식의 통일조약을 의결하고 해산했던 바로 그 역사적 현장, 공화국궁전은 그렇게 통일된 지 18년 만에 역사 속으로 사라졌다. 많은 이들에게 공화국궁전의 이상과 유토피아는 추억으로 남았고, 또 다른 많은 이들에게는 '의심의 궁전'이 기억에 새겨졌다.[93] 그리고 '의심의 궁전' 역시 이내 눈앞에서 사라졌지만, 그것이 남긴 의심은 여전히 궁전의 터 위를 맴돌았다.

훔볼트포럼, 같기도 하고 아니 같기도 한

"아름답지는 않지만 독일 역사에서 가장 중요한 상징 중 하나"[94]였던 공화국궁전이 없어진 자리는 한동안 잔디밭으로 채워졌다.[95] 독일 최고 권력의 핵심이었던 이 자리의 두 번째 텅 빈 공허함은 또 한 번 힘겨운 산고를 예고하는 것이었는지도 모른다. 동독이 1950년 베를린성을 철거한 뒤 여러 구상과 시도 끝에 결국 20년 이상 비워두었다가 세운 공화국궁전이 14년 만에 잠정 폐쇄되어야 했고, 다시 많은 우여곡절을 거쳐 정확히 30년 만인 2006년 철거되기 시작했던 것처럼 말이다. 2008년 철거 작업이 완료된 뒤에도 계획된 재건공사를 위한 첫 삽을 뜨기까지는 4년이, 그리고 완공해 지금의 훔볼트포럼이 개관하는 데도 꼬박 10년이 걸렸다. 그동안의 진통은 이루 말할 수 없을 정도였다. 처음부터 논쟁과 논란으로 점철된 베를린성 복원의 대서사극은 이제 클라이막스를 향해 가고 있었다.

2007년 말 연방하원이 복원 예산을 책정하고 이듬해 국제공모에서 이탈리아 건축가 프랑코 스텔라Franco Stella의 설계가 선정되면서

현재의 베를린궁전/훔볼트포럼 전경(2023).
많은 반대와 숱한 논란 속에 베를린성을 복원한 3개 면과 현대적 외형을 갖춘
1개 측면을 결합한 독특한 건축물로 재건되었다.

새로운 논쟁의 막이 올랐다. 재건될 건축물은 돔을 포함한 건물 3면의 파사드(외벽)와 내정(안뜰)인 슐뤼터호프Schlüterhof의 3면을 원래의 바로크 양식으로 복원하되 한 측면은 현대식으로 세워 "전통과 현대를 조화시키는" 독특한 형태였다. 한때 알프스 북쪽 최고의 바로크 건축물로 꼽히던 베를린성을 만든 슐뤼터의 뛰어난 예술성을 계승하면서도 독일 군국주의의 상징이라는 비판을 의식해 애초 건물 전체를 그대로 복원할 수는 없는 상황에서 바로크 건축과 현대 건축을 창조적으로 융합한 설계로 평가되었다. 슐뤼터호프 역시 그리스의 아고라를 지향한 르네상스의 이상적인 광장 모델을 따라 재건되었고, 현대적으로 설계된 통로(주랑)를 통해 안팎이 연결되었다. 공식적으로는 "역사적 단절을 반영할 뿐만 아니라 차이점을 연결하는" 건축물로 재건된 것이다.[96]

그러나 비판적인 시각에서 본 분석은 달랐다. 정면에서 보면 복원한 게 맞는데 측면에서 보면 아니고, 외형은 비슷해 보이는데 내부는 아닌, 이 건축물의 정체성은 도대체 뭐냐는 질문이 바로 불거져 나왔다. 완전히 복원한 것도 아니고 그렇다고 재건한 게 아니라고 하기에도 애매한, 그래서 전통과 현대의 조화라기보다 오히려 일부 외관만 비슷하게 복제하고 마치 "이케아 책장"을 붙여놓은 듯한, 기이한 타협의 소산이라는 정반대의 평가가 쏟아졌다.[97] 베를린성 복원을 둘러싼 오랜 논란이 결국 같기도 하고 아니 같기도 한 이 절충을 만들어낸 것이다. 그렇지만 건물의 외관과 형태를 둘러싼 논란은 빙산의 일각이었다. 건물의 외형은 내용을 담는 그릇이기 때문이다. 어찌되었건 공사가 개시되어 조금씩 모양을 갖추어가자 자연스럽게 새로 세워질 이 건물에 무엇을 채우느냐의 문제에 이목이 집중되었다. 논란은 이전과는 전혀 다른 새로운 맥락과 차원에서 전개되기 시작했다.

발단은 재건과 완공 후 운영을 맡을 '베를린성 내 훔볼트포럼 재단'이 2009년 중반 설립되고, 프로이센 문화유산재단 산하 민족학박물관과 아시아미술관을 새 건물로 옮겨 소장 유물들을 전시한다는 구상을 확정하면서 비롯되었다.[98] 주로 유럽의 유물과 예술작품을 전시하고 있는 북쪽 박물관섬 내 박물관들과 대비되는 비유럽권 박물관 건립으로 방향을 잡고, 이들을 서로 연계해 전 세계를 아우르는 명실상부한 국제적 박물관 지구를 완성하겠다는 계획이었다.[99] 베를린성/훔볼트포럼의 하이라이트는 그래서 아프리카를 비롯한 아시아, 오세아니아 등지의 귀중한 문화유산 약 50만 점을 소장한 민족학박물관이었다. 그러나 의도와 달리 이 계획은 그렇지 않아도 뜨거웠던 베를린성 복원 논란에 난데없는 식민주의와 약탈 유물이라는 기름을 쏟아부었다. 1897년 옛 베냉 왕국(오늘날의 나이지리아 남서부)을 침략한 영국군이 잔인하게 약탈해 온 이른바 '베닌 브론즈'와 같은 식민시대 약탈 유물이 포함되어 있었기 때문이었다.[100]

순식간에 수많은 비판과 탈식민지화 요구가 들불처럼 번졌다. 독일제국주의를 상징하는 건물 안에 식민지에서 약탈하거나 구입한 약탈 유물을 전시하다니, 이야말로 21세기에 있을 수 없는 민족주의와 유럽 중심주의로의 퇴행적 역사정치이자 문화적 제국주의의 재현이라는 비판이 사방에서 쏟아졌다. 당장 2013년 수십 개의 반인종주의/

•
측면에서 본 베를린궁전/훔볼트포럼의 복합 구조.
3면은 원래의 바로크 양식으로 복원하되 한 측면은 현대식으로 세움으로써 과거와 현대를 잇는다는 의미로 건축물이 복원되었다.

••
베를린궁전/훔볼트포럼 돔 위 십자가와 원 안의 문장(2020).
복원된 이후에도 특히 모든 민족과 종교가 십자가 아래 무릎을 꿇어야 한다는 성경 구절이 여러 비판과 논란의 대상으로 남아있다.

탈식민주의 시민단체와 전문가 단체들이 모여 연대 캠페인 'No 훔볼트21'을 발족하고 훔볼트포럼의 계획에 대한 사회적 토론과 합의를 요구하며 공사 중단을 요구하고 나섰다. 전시품들의 출처가 명확히 조사되어 약탈 유물이 아닌 것으로 판명된 것들만 전시될 수 있을 때까지 개관해서는 안 된다는 주장이었다.[101] 아프리카 약탈 유물의 반환을 요구하는 국제적인 이니셔티브 Afric Avenir도 합류했다.[102] 자연스럽게 유럽 내 식민지 과거사 사죄와 아프리카 약탈 유물 반환 논란이 훔볼트포럼과 더불어 다시 불타오르기 시작한 것이다. 베를린성 재건 논란은 이제 아프리카 약탈 유물 전시계획을 매개로 베를린과 독일을 넘어 유럽 전체로 확산되어 갔다.[103]

이 와중에 2017년 5월 당초 설계에 없던 베를린성 돔 위에 십자가와 돔 아래 원형 테두리 안의 옛 성경 문구를 그대로 복원한다는 계획이 발표되었다. 다시 벌집 쑤신 듯 날선 비판들이 밀려왔다. 무엇보다 훔볼트포럼이 지향해야 할 종교와 문화의 다양성, 보편적 평등의 이념에 배치되는 위험한 발상이라는 지적은 뼈아팠다.[104] 복원 비용 모금에 일부 극우인사들이 참여했다는 얘기도 돌았다.[105] 이를 두고 심지어 '문화적 나치'라는 비난이 나오기까지 했다.[106] 설상가상으로 두 달 뒤 훔볼트포럼의 자문위원이었던 프랑스 출신의 예술사학자 사보이Saboy 교수가 "훔볼트포럼은 체르노빌과 같다"는 폭탄선언을 하며 2년 만에 전격 사퇴했다. 논란은 절정으로 치달았다. 그녀는 약탈 유물에 대한 훔볼트포럼의 미온적 태도와 출처의 불투명성을 비판하면서 이 유물들에서 "얼마나 많은 피가 떨어지고 있는지" 공개적으로

인정하지 않은 한 훔볼트포럼을 개관해서는 안 된다고 주장했다.[107]

당연히 파장은 컸다. 독일 학자들도 훔볼트포럼이 "식민지 기억상실증"에 걸렸다며 비판 물결에 힘을 실었다.[108] 외국에서의 움직임도 빨라졌다. 그해 11월 말 아프리카 순방길에 약탈 유물의 반환을 공개 약속한 프랑스 마크롱 대통령은 사보이 교수에게 구체적인 이행 방안에 대한 종합보고서 작성을 의뢰했다. 이듬해 식민지 유물에 대한 새로운 규칙과 반환, 배상을 촉구하는 보고서가 제출되었고, 곧 독일어 축약본이 《반환》이라는 제목으로 출간되었다.[109] 나아가 베를린성 재건과 알렉산더 폰 훔볼트의 학문세계를 연결시킨 것은 복원계획과 그 안의 전시품을 정당화하려는 의도였다는 외국 학자의 가시 돋친 지적이 제기되었다.[110] 훔볼트포럼은 "독일의 억압, 헤게모니, 식민주의의 상징"이라는 사보이 교수의 직격탄도 이어졌다.[111] 더욱이 식민주의 잔재의 극복과 약탈 유물의 정당한 처리를 요구하는 시민사회와 예술가, 박물관 관계자들의 탈식민화 단체 결성과 캠페인이 줄을 이었다.[112]

시간이 지날수록 국내외 압력은 높아졌고, 탈식민화 물결은 거세졌다. 베를린성/훔볼트포럼이 마침내 떠밀렸고 움직였다.[113] 2016/17년 인근 독일역사박물관의 〈독일 식민주의: 그 역사와 현재의 파편〉 전시회를 계기로 변화의 조짐이 눈앞으로 다가왔다.[114] 독일 기억문화의 사각지대가 열리기 시작한 것이다. 식민지 수집품에 대한 디지털화와 공개 방침으로부터 출처 조사를 위한 인력 충원과 국제협력 확대, 박물관협회의 지침 개정에 이르기까지 체계적인 조사와 연구, 공개를 위한 작업이 진행되었다. 아울러 약탈 유물 반환계획도 구체화되었다. 2019년 5월 공식적인 반환 방침 발표에 이어 2021년 4월 '베닌 브론즈'에 대한 공동선언문, 그해 10월 독일 대표단의 나이지리아 방문과 의향서 서명이 이어졌다.[115] 아울러 베를린시 자체적인 탈식민화 움직임도 가시화되었다. 2019년 식민주의 잔재인 일부 거리명을 개명하기로 의결했고, 탈식민화 단체들과 공동으로 5년에 걸쳐 '탈식민화—베를린 시내 기억문화' 프로젝트를 개시했기 때문이다.[116]

그리고 이 변화에서 훔볼트포럼이 롤 모델이 되어야 한다는 데 이견이 없었다. 연방 문화장관은 2020년 말 준공식에서 "식민지시대의 문화유산을 다루기 위한 벤치마크이자 롤 모델이 되어야 한다"면서 훔볼트포럼이 "민족 간 화해와 문화 간 평등한 대화로 가는 길을 제시"하는 새로운 유형의 박물관이라고 설명했다.[117] 계속되는 반대 시위 속에서 이듬해 9월 열린 민족학박물관 개관식에서는 "인간 존재의 중대한 (식민지) 문제에 빛이 비춰지고 있으며 유럽과 세계에 대한 새로운 논쟁이 시작되고 있다"고 선언했다.[118] 슈타인마이어 대통령은 한걸음 더 나아갔다. 베를린성 재건을 둘러싼 그간의 논란과 쟁점을 되짚으면서 독일 역사에 대한 통렬한 반성을 촉구했다.[119]

> ……우리 유럽인들은 이 역사 앞에서 책임이 있습니다. 재건된 베를린성이 우리에게 독일제국의 군국주의와 민족주의, 식민주의를 상기시키고 훈계해야 하는 이유입니다.……오랫동안 독일 식민시대는 우리의 집단기억에서 미화되거나 완전히 잊혔습니다.……20세기 초에

독일(제국)군은 남서아프리카에서 피비린내 나는 세기의 첫 번째 집단학살을 저질렀습니다. 이 범죄를 인정하기까지 한 세기가 넘는 시간이 걸렸습니다.……식민시대의 범죄와 억압, 착취, 수탈, 수만 명의 살해는 우리 기억 속에 적절히 자리 잡아야 합니다. 우리는 이 부분에 대한 역사적 책임도 직시해야 합니다. 우리의 미래이자 공존의 문제이기 때문입니다.

실제로 훔볼트포럼은 이제 스스로를 "다양한 관점의 비판적 교류와 토론을 위한 열린 플랫폼"으로 규정하고 그간의 모든 논란과 쟁점, '불편한 과거'를 공개하고 있다. "이곳에 전시된 많은 전시품은 식민지시대의 것입니다. 이러한 긴장을 인식하고 이 장소와 그 역사에 대한 비판적 검토의 책임을 공개적이고 반성적으로 대면하고 있습니다."[120]

물론 아직도 지적과 비판은 계속되고 있다. 준공식 때는 훔볼트포럼이 "선천적 기형"이라는 비판이 있었고, "억압의 상징인가 아니면 진보적 미술관인가"란 질문도 나왔다.[121] 외국에선 "진보적 콘텐츠와 보수적 형식의 기이한 결합"이라거나 "이상과 이념의 충돌"이라는 차가운 시선도 여전히 표출되었다.[122] 그러나 훔볼트포럼 측은 실제로 탈식민화 작업과 해당 국가와의 협력 사업을 진행하고 있다. 2022년 2월 프로이센 문화유산재단이 보관하고 있던 32구의 유해를 넘겼고,[123] 5월에는 "식민지 과거에 맞서고 창조적 미래를 꿈꾸다" 프로젝트의 일환으로 출처 조사를 마친 23점의 유물을 나미비아 국립박물관에 대여했다.[124] 그사이 반환을 넘은 배상 문제로 다시 불똥이 튀었다.[125] 아직 시작 단계지만 그래도 영국과 프랑스에 이은 독일의 약탈 유물 반환 움직임은 사보이 교수가 전한 대로 "베를린장벽의 붕괴에 버금가는 일"이다.[126]

공화국궁전 철거를 둘러싼 불꽃 튀는 논쟁은 훔볼트포럼을 단지 '토론과 논쟁의 포럼'을 넘어 논란의 용광로로 만들면서 의도하지 않은 극적인 나비효과를 낳았다. 동독 지우기를 지나 독일의 식민주의 과거를 들춰내고 광범위한 탈식민주의운동을 확산시키는 계기가 되었다. 알라이다 아스만의 비유대로 동독과 통일독일의 '핑퐁'이었다. 훔볼트포럼 때문에 "독일인들이 거의 완전히 잊었던 역사, 역사적 죄책감으로 가득찬 식민지 착취와 폭력의 역사가 갑자기 발아래 툭 떨어진" 것이다.[127] 나아가 독일 역사뿐만 아니라 유럽제국주의와 식민주의 역사에 대한 반성과 성찰을 촉구하는 움직임에 불을 붙였고, 약탈 유물 "반환의 올림픽 경기"를 촉발했다.[128] 그리고 다시 나치 약탈 예술품의 반환운동으로도 불길이 번지고 있다.[129] 더불어 독일이 그동안 홀로코스트에 대한 반성에 집중한 나머지 이전 과거사의 과오에 대한 반성을 소홀히하지 않았냐는 의견이 제기되면서 '역사가 논쟁 2.0'까지 거론되는 상황이다.[130]

훔볼트포럼은 아직 구성되고 형성되고 있는 중이다. 그러나 분명한 것은 훔볼트포럼을 통해 독일의 불편한 과거사가 빛으로 나오고 있다는 사실이고, 독일의 기억문화가 세계화되고 있다는 점이다.[131] 많은 시민단체들과 전문가들의 깨어있는 양심과 날카로운 역사의식

베를린궁전/훔볼트포럼에 설치된 강선구의 작품 중 아랫부분.
높이 22미터의 돛대에 검은색 청동 깃발이 식민지 개척을 상징한다. 과거 식민주의 역사에 대한 반성의 의미가 있다. 작품의 윗부분은 2022년 3월 베를린의 한 아프리카 구역에 세워졌다.

베를린궁전/훔볼트포럼 앞에 세워진 산치-문Sanchi-Tor(2023).
인도의 가장 역사적이고 중요한 불교성지 관문의 하나로 유네스코 세계문화유산인 이 문이 설치(복제)됨으로써 훔볼트포럼의 지향점을 가늠하는 입구가 되고 있다.

이 지금의 훔볼트포럼을 빚어왔다면,[132] 훔볼트포럼 건물 중앙 계단 홀에 "가시처럼" 박힌 강선구 작가의 작품은 앞으로 계속 독일과 유럽의 식민주의 역사를 되새기며 반성케 할 것이다. 그래서 이제 다시 이 논란의 용광로에서 또 무엇이 빚어져 나올지 긴장감 있게 두고 볼 일이다.[133] 그의 작품은 "무화과나무 잎이 아니라 다모클레스의 검"이기 때문이다.[134]

통합의 광장 위로 '평화의 새' 날다

탈식민화의 물결이 훔볼트포럼을 독일 식민주의 과거를 녹여내는 반성의 용광로로 변모시켜 가고 있을 때조차 한 외국 언론이 꼬집은 대로 "통일 30년이 지나도록 베를린의 위대한 건축적 재탄생에 대한 견해는 여느 때처럼 분열"되어 있었다.[135] 그만큼 훔볼트포럼은 분열의 대표적인 사례로 여겨졌다. 통일 30주년을 맞으며 분열에 대한 독일 사회의 우려는 깊었다. 1989년 평화혁명 당시 "우리는 한 민족이다"라고 외치며 그렸던 팻말은 20년 후 공화국궁전 철거를 둘러싼 논란처럼 양편으로 갈라진 경계를 꿰맨 그림이 되었고, 다시 10년 흘러 훔볼트포럼이 완공되던 통일 30주년엔 더 이상 통합되지 못할 듯 아예 서로 다른 사과와 배를 묶어놓은 형상이 되었다.

훔볼트포럼 논란도 좀처럼 수그러들지 않고 오히려 더 날카로워졌다. 공화국궁전의 추억과 향수가 여전히 어른거리고 있었기 때문이다. 2019년 3월 "동독의 UFO가 베를린 서쪽에 내려앉았다."[136] 서베를린의 유명한 공연장 베를린 축제무대Berliner Festspiele가 건물 외관을

1989년 동독 시위 현장의 손팻말.
“우리는 한 국민이다”는 문구와
함께 동서독이 삼색 국기로
통합된 형상을 하고 있다.
※출처: 독일역사박물관.

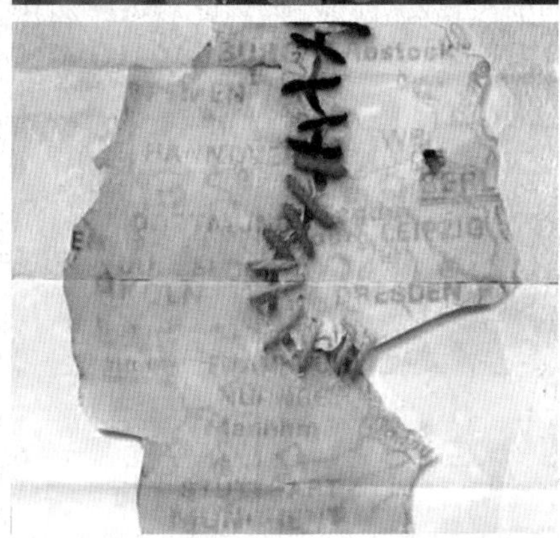

평화혁명 20주년 기념 책자 표지(2009).
동서독이 아직 통합되지 못한 채
실로 꿰매져 아슬아슬하게
붙어있는 모습이다.
※출처: Zeitbild-Verlag.

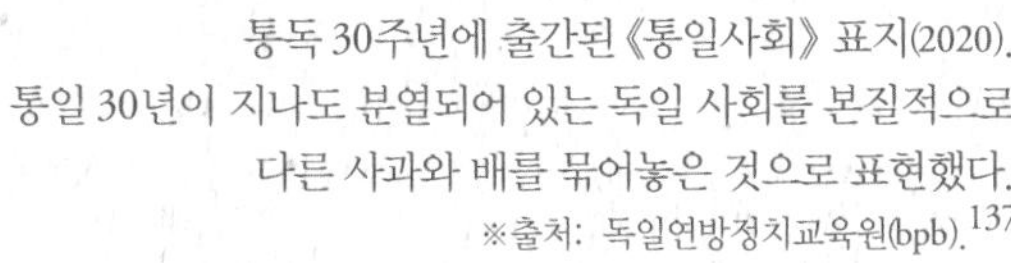

통독 30주년에 출간된 《통일사회》 표지(2020).
통일 30년이 지나도 분열되어 있는 독일 사회를 본질적으로
다른 사과와 배를 묶어놓은 것으로 표현했다.
※출처: 독일연방정치교육원(bpb).[137]

공화국궁전처럼 장식한 것을 빗댄 기사 제목이었다. UFO 안에서는 사보이 교수를 비롯해 예술가들과 학자들, 전문가들이 모여 3일 동안 토론과 공연, 전시 등 종합적인 '공화국궁전 축제'가 개최되었다.[138] 평화혁명 30년을 맞아 "공화국궁전을 상징적으로 재건하겠다"는 도발적인 시도였다.[139] 공화국궁전 부활의 꿈을 세상에 던졌다. 석 달 뒤엔 북부 항구도시 로스톡에서도 공화국궁전에 대한 집단기억의 담론을 다시 열겠다는 '유토피아, 영감, 정치 – 공화국궁전에서 인민궁전으로' 전시회가 개최되었다.[140]

홈볼트포럼의 발걸음도 바빠졌다. UFO가 내려앉아 비장한 부활의 전야제를 벌인 지 두 달 만에 훔볼트포럼 안에 공화국궁전의 '흔적Spuren'을 남기기 위한 계획이 발표되었다.[141] 역부족이었다. 이듬해 말 공화국궁전의 재건을 목표로 한 협회 결성을 막지 못했다.[142] 다시 2022년 4월엔 아예 〈공화국궁전은 현재다〉라는 1년짜리 장기 프로그램을 편성해 전시축제를 가졌다. 이번엔 공화국궁전을 "오늘날까지도 많은 사람들의 의식 속에 존재"하는 "동독 정체성의 상징"이라면서 "사라졌지만 잊히지 않았다"고 했다. 그리고는 베를린성 재건이 "누군가에게는 불법국가 동독의 대표 건물로부터의 해방이었지만, 다른 누군가에게는 역사의 삭제였고 동독[주민] 생애에 대한 평가절하로 느껴졌다"고도 했다. 심지어 그런 공화국궁전이 "훔볼트포럼의 DNA에 새겨져 있다"고까지 고백했다.[143]

대반전이었다. 어떤 이는 "(공화국)궁전의 유령이 성 안을 떠돌고 있다"고 했다.[144] 어떤 이들은 철거가 애초부터 정치적이었고 이제 훔

•
베를린 축제무대(2016). 건물 외관을 공화국궁전처럼 장식한 후
'공화국궁전 축제'를 개최함으로써 여전히 공화국궁전의 부활을
꿈꾸고 있음을 상징적으로 보여주었다.
※출처: Berliner Festspiele/Eike Walkenhorst.

••
훔볼트포럼의 〈공화국궁전은 현재다〉 프로그램(2022~2023).
과거 동독의 흔적과 역사를 지우는 것이 아니라 적극적으로 포용하고
현재화하려는 노력의 일환이다.

볼트포럼이 대안적 유토피아를 찾고 있다고 했다.[145] 독일 식민주의, 그 불편하고 어두운 망각의 역사를 꺼낸 훔볼트포럼이 이제 다시 부수어 없앤 공화국궁전을 끌어안는 '통합의 용광로'로 되어가고 있는 것이다. 통독 직후의 '삭제'와 '평가절하'가 시간이 흐를수록 차이보다 우열을 부각시키고 성취감보다 상실감을 부추겼다는 반성의 결과이기도 하다. 평가절하의 상처가 상실감의 깊은 환부가 되고, 환부가 곪아 치유와 통합이 점점 더 어려워지고 있다는 자각이기도 하다.[146] 훔볼트포럼의 변모과정은 그래서 통일독일의 또 다른 변화를 표상한다.

변화는 훔볼트포럼 밖에서도 나타났다. 2007년 연방하원 의결 이후 역시 숱한 논란 끝에 15년 만에 완공되어 훔볼트포럼 바로 옆에 서게 될 '자유통일기념비Freiheits-und Einheitsdenkmal'가 그것이다.[147] 1990년의 통일을 자유와 민족통합을 향한 독일 역사의 성취와 승리로 보고 이를 부각시키려는 의도에서 시작된 이 기념비 건립은 연기를 거듭하다 결국 근본적인 의미 전환을 겪었다. 이내 '통일은 완성되었는가'라는 아픈 질문과 함께 통합으로부터 멀어져만 가는 현실, 그리고 바로 옆 공화국궁전 논란과 탈식민화의 폭풍 속에 빛이 바랬기 때문이다.[148] 결국 훔볼트포럼이 안에서 공화국궁전을 끌어안을 때 밖의 기념비는 통일을 가능케 한 평화혁명의 주역, 동독 주민들의 용기와 헌신을 기리기 위한 것으로 변모했다.

이런 변화를 두고 어떤 외국 학자는 동독 과거사에 대한 초기의 지배적인 내러티브였던 위로부터의 승자 관점이 많은 논쟁과 토론을 거치며 아래로부터의 다원주의적 관점으로 발전하면서 정상화 과정을

•
자유통일기념비 조감도.
1990년의 동서독 통일을 독일 역사의 성취와 승리로 보고
이를 부각시키려는 의도에서 시작되었지만, 연기를 거듭하다
결국 근본적인 의미 전환을 겪었다.
※출처: dpa.

••
훔볼트포럼 옆 자유통일기념비.
통일을 가능케 한 평화혁명의 주역, 동독 주민들의
용기와 헌신을 기리기 위한 것으로 의미가 전환됨으로써 냉전으로부터 이어진
이분법적 서사와 승자적 관점이 비로소 해소되었다는 평가다.
※출처: Milla&Patner.

•
훔볼트포럼 오른쪽의 마르크스–엥겔스 동상.
동독 시절 만들어진 동상은 베를린 시민들과 여행객들이
올라타거나 사진을 찍는 대상이 되었다.

••
피카소의 '평화의 새'.
1987년 베를린 750주년을 계기로 동독 당국이
훔볼트포럼 대각선 건물에 '베를린은 평화의 도시'임을
선언하며 부착한 것이다.

밟는 것이라고 평가했다.[149] 또 어떤 이는 통일 직후부터 독일 사회를 지배해 온, 냉전으로부터 이어진 이분법적 서사가 비로소 해소되고 있는 것으로 봤다.[150] 덕분에 통일 이후 지난 30년 동안 분열과 갈등의 대명사처럼 들끓었던 훔볼트포럼의 안과 밖이 통합의 공간으로 점차 바뀌고 있다. 동서독 분열을 넘어 격동의 100년 역사를 없애거나 숨기지 않고 전후좌우 돌아가며 끌어안은 '특별한' 광장이 된 것이다.

앞쪽엔 나치에 저항하다 처형된 수십 명의 유대인 그룹을 기리는 기념비가 서있고, 자유통일기념비 반대편에선 역시 논란이 많았던 마르크스-엥겔스 동상이 훔볼트포럼을 마주하고 있다.[151] 그리고 그 슈프레강 건너 "베를린-평화의 도시"라는 문구를 큼직하게 부착해 놓은 건물엔 피카소의 '평화의 새'가 둥지를 틀었다.[152] 훔볼트포럼 주변이 온통 동독이 남긴 흔적들로 채워져 있는 모양새다.[153]

통일은 완성된 것이 아니라, 아직도 통합을 향해 가야 할 과정이라는 관점의 전환은 지금도 계속되고 있다. 그래서 사라진 많은 것들이 이제는 다시 돌아오거나 새로운 맥락으로 옮겨지고, 또는 달리 평가되거나 새롭게 해석되고 있다.[154] 나아가 독일 정부는 '독일 통일과 유럽 변혁 미래센터' 건립을 서두르고 있다. 베를린장벽 붕괴와 통일 이후 오늘날까지 "동독 시민들이 경험하고 실천해 온 것들을 가시화"하고 미래를 향한 이해와 공감의 기반을 확대하자는 취지다. 이런 의미에서 미래센터는 옛 동독 지역에 2028년까지 세워질 예정이다.[155] 통합을 위한 또 하나의 발걸음인 셈이다. 그 발걸음의 끝이 어딘지, 그 종착지는 어딘지 지켜볼 일이다.

격렬했던 논란과 갈등의 현장, 그러나 그 갈등의 역사를 끌어안고, 부정했던 역사의 흔적으로 둘러싸인 통합의 광장, 통일독일 수도 베를린의 심장 위로 '평화의 새'가 날고 있다. 그리고 멀리 브란덴부르크 문 위의 콰드리가가 오늘도 보리수 아래 길을 따라 이 광장을 향해 달리고 있다. 통일 30주년 분열과 통합의 광장, 과연 지금의 콰드리가를 몰고 있는 기수는 누구인가.

과거사 정리는 결코 끝나지 않았다

베를린 옛 유대인 고아원 건물의 한 벽면이 새로 들어선 주택가 사이에 고스란히 남아있다. 벽에는 나치에 의해 절멸장소로 끌려가 살해당한 갓난아이로부터 10대 청소년, 보육교사 140여 명의 이름과 나이가 그들의 키 높이 즈음에 새겨져 있다. 눈에도 잘 띄지 않은 고아원 입구엔 아이들이 차고 놀던 축구공이 안내표지와 함께 홀로 놓여있다. 살아남아 이곳을 기억하는 이의 노력이 70년 만에 되찾은 기억의 공간이다. 벽 앞 나무 아래 동그란 벤치의 이름은 '평화와 반성의 자리'다.[156]

베를린엔 1만 2,000여 개의 기념물이 등록되어 있다고 한다. 포화상태라는 지적도 있다.[157] 그래도 베를린엔 누군가를 기억하며 누군가를 기리는 기념물이 오늘도 들어서고 있다. "(과거사) 정리는 결코 끝나지 않았다." 최근 제2차 세계대전 당시 나치 독일이 유럽 점령지에서 저지른 범죄를 다룰 새로운 문서센터의 건립을 호소한 연방 문화장관의 연설 일부다.[158] 외부에선 이미 2000년대 초반 독일을 과거사

•

••

•
남겨진 고아원 담과
'평화와 반성의 자리.'

••
베를린의 옛 유대인 고아원 앞에
설치된 축구공 조형물.
이곳 안내판에는 축구공을 차고 노는
어린이들이나 당시 유치원에서
생활하던 아이들의 실제 모습이
담겨져 있다.

정리의 "세계 챔피언"이자 정확한 독일 표준의 대명사 "DIN 규격"과도 같다고 했다.[159] 독일의 반성과 노력이 오늘날 유럽 통합의 밑거름이 되었다고도 평가한다.[160] '독일에서 배우라'는 외침도 들린다. 그래도 독일의 과거사 정리는 계속되고 있다.[161]

어떤 기념비든 기억과 역사를 담고 있고, 논쟁의 가치를 갖고 있다. 때론 그 논쟁 자체가 또 다른 기념비가 되기도 한다.[162] 그래서 기념비의 도시 베를린은 곧 기억문화를 둘러싼 논쟁의 도시다. 흔히 얘기하듯 "역사적 진실을 위한 투쟁"의 현장인 셈이다.[163] 알라이다 아스만의 말을 빌리면 베를린은 역사의 변형과 덮어쓰기, 침전이 집중된 팔림프세스트palimpsest(거듭 덮어 기록한 양피지) 같은 도시다. 독일의 과거사가 지워졌다 다시 쓰이고 다시 또 수정되고 다르게 읽히는, 기억문화의 이전이 계속되는 곳이다.[164] 오늘도 잊힌 기억의 한 조각이 다시 발굴되어 묻힌 역사가 새롭게 조명되고, 기존의 얘기가 다른 맥락에서 달리 해석된다. 그런 의미에서 베를린은 현대사의 폼페이다.

양피지 한 겹 아래 또 어떤 얘기들이 숨어있을지 모르지만, 과거에 대한 비판적 시각과 성찰적 기억문화는 결국 민주주의에 닿아있다. 왜냐하면 '평화와 반성'은 민주주의의 기본 전제이기 때문이다.

> (그러나) 독일 역사는 민주주의 사회가 얼마나 취약할 수 있는지 보여줍니다.……자유와 민주주의는 당연한 것이 아니라 매일매일 살려야 하고 형성되고 싸워나가야 하는 것입니다.[165]

가라앉는 장벽, 떠오르는 방화벽

— 베를린장벽의 기억

2

브란덴부르크 문 ❶ 〈가라앉는 장벽〉 조형물 Invalidenpark, 10115 Berlin ❷ 마리엔펠데 긴급수용센터 Marienfelder Allee 66-80, 12277 Berlin(지면상 위 지도 내 미표기) ❸ 장벽 희생자 페터 페흐트 추모 조형물 Zimmerstr. 26-27, 10969 Berlin ❹ 베르나우어 장벽 기념관 Bernauer Str. 111, 13355 Berlin

❺ 장벽 최초 희생자 귄터 리트핀 추념관 Kieler Str.2, 10115 Berlin ❻ 1989년 11월 9일 광장/장벽길 Bornholmer Str. 61, 10439 Berlin ❼ 이스트사이드 갤러리 Mühlenstr. 3-100, 10243 Berlin ❽ 눈물의 궁전 Reichstagufer 17, 10117 Berlin ❾ 문화양조장(동독 일상생활 상설 전시관) Schönhauser Allee 36, 10435 Berlin

가라앉는 장벽, 떠오르는 기억

분단과 단절이 해소되고 통합과 이어짐이 현실로 자리한 곳, 베를린의 새로운 중앙역 앞은 눈부시고 역동적이다. 슈프레Spree강 쪽으로 바라보면 강 건너 좌우로 펼쳐진 연방하원 의사당과 의원회관, 연방총리실 청사를 뚫고 저만치 통독의 상징 브란덴부르크 문이 보인다. 모두 통독 후 새 단장을 했거나 새로 지었다. 역 앞 트램 길을 따라 우측으로 조금만 걷다 보면 조그맣게 다시 조성된 공원이 나온다. 동독의 국경 경비대 시설물이 있던 이곳이 공원으로 복원되면서 1997년 기념 조형물 〈가라앉는 장벽Sinkende Mauer〉이 세워졌다.[1]

〈가라앉는 장벽〉은 상단 부분에 설치된 분수에서 흘러나온 물로 장벽이 잠기는 모습을 형상화했다. 통일 후 베를린장벽의 '사라짐'을 기억하기 위해 만들어진 작품이다. 아니, 정확히 말하면 장벽이 '있었음'을 기억하기 위해 만든 작품이다. 공원엔 이제 동서 베를린을 갈라놓았던 장벽의 흔적은 없다. 냉전의 장벽 대신 그 '있었던' 장벽을 소재로 한 예술작품만이 기억으로 서있을 뿐이다.

〈가라앉는 장벽〉(1997).
이 작품은 베를린장벽의 붕괴를 기념하기 위해 만들어진 조형물로
장벽이 물에 가라앉는 모습을 형상화했다.

우리가 그것을 허물어뜨렸을 때, 우리는 알지 못했다
그것이 얼마나 높은지
우리 안에서

우리는 익숙해졌다
그것의 지평선에

그리고 바람도 멎은 그 잠잠함에

그 그림자 안으로 드리우지 않았다
누구도 그 어떤 그림자도

이제 우리는 맨몸으로 서있다
그 모든 변명과 사죄 앞에

베를린장벽이 붕괴된 후 동독 출신의 시인 라이너 쿤체Reiner Kunze가 1990년에 쓴 〈장벽Die Mauer〉이란 제목의 시다. 베를린장벽의 무너짐을 보면서 동서독 사이의 내면적 차이와 그 지속성, 그리고 분열에 대한 자성과 우려를 드러낸 글이다.[2] 실제로 베를린장벽으로 가시화된, 높이 4미터도 채 되지 않는 물리적 벽보다 이념과 시각의 차이가 쌓아올린 내면의 벽이 높고도 길었다. 모두는 아니지만 대다수가 익숙해져 있었고, 어쩔 수 없다고 순응하고 있었다. 분단과 단절과 고

•
첫 장벽 희생자 권터 리트핀Günter Litfin 추념비.
동독의 숙련 재단사로 서베를린을 오가며 일했던 리트핀은 베를린장벽이 세워진 지 11일 만에 슈프레강을 헤엄쳐 월경하다 총에 맞아 숨진 최초의 희생자였다. 그의 시신이 인양된 베를린 중앙역 근처 슈프레강 변에 이 추념비가 세워졌다.

••
슈프레강을 넘다 희생된 이들을 위한 추념 표지 〈흰 십자가〉.
베를린장벽 건설 10주년을 계기로 시민단체에 의해 슈프레강 변을 따라 부착되기 시작해 현재도 계속 새롭게 정비되고 추가되고 있다.

립은 그렇게 조용히 고착화되어 갔다. 마치 미풍도 없는 것처럼.

〈가라앉는 장벽〉 너머 멀지 않은 곳에 슈프레강을 건너 서베를린으로 헤엄쳐 오려다 사망한 젊은 청년을 위한 추념관이 있다. 무너진 장벽을 선로로 이은 중앙역사 바로 옆 아래엔 그를 위한 추념비가 서 있다. 다시 그 아래쪽 연방하원 의사당 옆 슈프레강 변엔 결국 강을 넘지 못한 이들을 위한 여러 개의 흰 십자가가 놓였다. 순응을 거부했던 장벽 희생자들. 장벽이 가라앉으며 이들에 대한 기억이 떠올랐다. 베를린에 남겨진 냉전의 차가운 흔적과 생채기는 또렷하고 깊다.

그러나 장벽이 서있던 28년의 기간보다 이제 무너져 없어진 세월이 더 지났건만, 여전히 시인이 우려한 높고 긴 내면의 벽이 온전히 다 무너졌다는 진단을 찾기는 어렵다. 베를린장벽의 길을 따라 걷는 걸음이 여간 조심스럽고 무거운 게 아닌 이유다. 장벽을 벗어나려 할수록 그것이 얼마나 높고 멀리 우리 안에 들어와 있는지, 시인의 지적은 뼈아프다. 그래서 이 장벽을 어떻게 기억하고, 미래에 무엇을 남길 것인가의 문제는 현재 독일인들에게 과제처럼 남아있다.

자유로 가는 문, 장벽으로 가는 길

1945년 종전과 함께 베를린을 포함한 독일이 4개 연합군에 의해 분할되고 1949년 동서독이 각기 별도의 정부를 수립하며 분단이 고착되어 가긴 했지만, 1961년 장벽이 세워지기 전까지 베를린은 거의 하나의 생활권이었고 주민들 간의 왕래도 어렵지 않았다.[3] 상대편 지역에 고용되어 매일같이 경계를 넘나드는 노동자들도 상당수였고, 공연 예술가, 음악가들도 정부의 통제 아래 베를린 양쪽을 모두 왕래할 수 있었다. 동베를린의 주민 배급품과 생활용품을 저렴하게 긁어가는 서베를린 주민들을 비꼬아 "헤어 심프Herr Schimpf(미스터 창피), 프라우 샨데Frau Schande(미스 수치)"라는 신조어가 생기고, 포스터까지 나붙을 정도였다.[4]

심지어 변호사들은 법 개정이 이루어지기 전까지 한동안 이쪽과 저쪽의 법정을 오가며 베를린 전체에서 변호할 수도 있었다.[5] 교회도 동서독 모두를 아우르는 개신교협회EKD를 통해 장벽이 세워진 이후 1969년까지도 상대 진영으로 목사 파견이 가능한 상태였다.[6] 덕분에

•
마리엔펠데 긴급수용센터 '임시 수용시설'.
1953년 4월 14일 약 2,000명을 수용할 수 있는 10개 수용시설 중 첫 건물이 개장되었다.
※출처: 마리엔펠데 긴급수용센터 기념관.

••
마리엔펠데 긴급수용센터(현재).
수용센터 바로 앞에는 당시 서베를린으로 건너온 동독 주민들이 들고 있던
'여행가방'을 표현한 '여행가방 조형물'(2005)이 설치되어 있다.

수백만 명의 동독 주민들이 서독으로 이주할 수 있었다. 이로 인해 동독에서도 서독에서도 여러 문제들이 야기되었다. 무엇보다 동독에게는 주로 청년들과 숙련공, 전문가와 같이 재건에 필수적인 인력의 막대한 손실이었고, 실제로 심각한 타격을 입었다. 정치적 자존심에 상처가 나고, 문화적 자산도 함께 빠져나갔다. 서독은 경제발전에 엄청난 보탬이 되었지만, 이들을 수용하고 통합해야 할 과제를 안았다.[7]

1953년 4월 서베를린 마리엔펠데 지역에 동독 이주민들을 위한 긴급수용센터Notaufnahmelager Marienfelde가 문을 열었다.[8] 그 전해부터 동서독 경계 전체에 걸쳐 통제가 강화되면서 상대적으로 이동이 자유로운 베를린으로 몰려든 이들을 위한 심사/승인 창구이자 임시 거처였다. 초기엔 총 15개 동에 1,200명을 수용할 수 있는 정도였지만, 2년 만에 11개 동이 추가되어 수용 능력이 총 2,800명으로 늘었다. 이곳에선 대체로 1~2주 기간 동안 서독 당국의 간단한 의료 검진부터 신원 조사, 주민 등록 등 11개 절차를 거쳐 서독 주민으로 받아들이는 승인 수속이 진행되었다. 승인된 동독 이주민들은 서독의 각 주로 분산 이동해 주거와 구직, 정착 지원금, 당장 필요한 생필품 등의 지원을 받으며 새로운 곳에서 뿌리를 내렸다.

초기에 그리 높지 않았던 승인 비율은 서독의 노동력 부족과 함께 계속 상승해 장벽이 세워질 쯤에는 거의 99퍼센트에 이르렀다. 승인을 받지 못한 경우, 동독으로 다시 송환되지는 않았지만 취업과 정착이 불가능한 상태로 장기체류 시설에 수용되었다고 한다. 다만, 미승인자 역시 시간이 지나면서 대부분 재심사를 거쳐 서독 사회에 통합되었다. 1989년까지 마리엔펠데 긴급수용센터를 거쳐간 이들이 약 135만 명에 이를 정도로, 이곳은 동독 주민들의 서독행에 주요 통로이자 결정적인 첫 관문이었다.[9]

동시에 마리엔펠데 긴급수용센터는 동서독 체제 경쟁과 격화되는 냉전의 상징적 장소이기도 했다. 서독에서는 이곳을 '자유로 가는 문'이라고 불렀다. 그러나 동독에게는 주민들을 서독으로 유인하고 탈주를 부추기는 '서독의 미끼'였고, 동독 내 정보를 서방 정보 당국에 제공해 안위를 위협하는 '적대 시설'이었다. 자연히 이곳은 양측 첩보원들이 서로를 견제하며 은밀히 활동하는 공공연한 무대가 되기도 했다.[10] 동독 이탈 주민들의 수가 증가하면서 동독의 위기감도 높아갔다. 이탈 행렬은 1961년 정점에 이르러 7월에는 3만 명이, 장벽이 세워지기 전날 하루에만 3,190명이 서독으로 빠져나갔다.[11]

이에 따라 경제적 측면에서뿐만 아니라 존립 자체에 위기의식을 느낀 동독 지도부는 8월 13일 전격적으로 '장미 작전Aktion Rose'을 개시, 동서 베를린 경계를 순식간에 철조망으로 봉쇄하고 그 자리에 장벽을 세우기 시작했다.[12] '자유로 가는 문'이 '장벽으로 가는 길'이 된 셈이다. 동베를린 지역을 통과하던 전철역들이 폐쇄되고, 승하차가 더이상 불가능해졌다. 이른바 유령역이라 불리는 역사驛舍가 생겨났다.[13] '자유로 가는 문'은 막히고 대신 긴 장벽이 어느 날 갑자기 익숙했던 곳을 막아서고, 이웃과 살던 동네를 나누고, 가족 친지들의 왕래길을 끊었다.

전, 전, 전…… 장미의 전쟁 10년

'장미 작전'으로 오가던 길이 막히고 장벽이 들어서자 베를린은 충격에 휩싸였다. 서베를린 주민들은 격앙했고, 시청 앞에선 대규모 항의 시위가 벌어졌다.[14] 그러나 잘 알려진 대로 동독 지도부의 장벽 건설 계획을 미리 감지하고 있었던 미국과 서독 당국이 별다른 대책을 강구하지 않고 있던 터에 "좋은 건 분명 아니지만 장벽이 전쟁보다는 낫다"라는 당시 미국 J. F. 케네디 대통령의 의중이 전해진 후 장벽 저지/철거 요구는 최소한 공식적으로는 힘을 잃게 되었다.[15]

장벽은 신속히 서베를린을 빈틈없이 둘러싸며 자리를 잡아갔고, 베를린 주민들은 장벽에 적응해 살아갈 수밖에 없었다. 대신 장미 작전이 남긴 장벽을 사이에 두고 그야말로 가시 돋친 숱한 전쟁들이 장벽과 함께 일상화되었다. 땅 위에서는 장미 가시보다도 날카롭고 아픈 말의 전쟁, 사진 전쟁, 확성기 전쟁과 같은 상호 비방이 이어졌고, 때로 우편 전쟁과 우표 전쟁도 벌어졌다. 하늘에서는 전단 전쟁과 방송 전쟁이, 그리고 심지어 땅 아래 지하에서는 땅굴 전쟁이 펼쳐졌다.

•
철조망을 사이에 두고 갑자기 이별한 주민/가족들 모습(1961).
※출처: Gedenkstätte Berliner Mauer.

••
동독의 '반파시스트 방호벽' 25주년 기념 우표(1986).

서독에선 곧 장벽을 '울브리히트의 강제수용소', '강제수용소 장벽', '피의 벽', '감옥 벽', '공산주의 봉쇄 벽', '살인 장벽' 등으로 부르며 비난했다. 반면, 동독은 서독 제국주의 파시스트로부터 동독을 보호하고 전쟁광들로부터 평화를 지키기 위한 '반파시스트 방호벽'이라고 강변했다.[16] 말을 넘어 전혀 다른 사진과 이미지가 양측 언론과 정부 간행물을 뒤덮었다. 탈주자들에게 총격을 가하는 '비인간성'과 자유를 가로막고 인권을 침해하는 '불의'의 이미지를 집중적으로 담아낸 서독 사진에 대해, 동독은 누구나 자신의 현관문을 잠글 권리가 있는 것처럼 국경을 보호할 권리가 있고 이를 위반하는 자에겐 책임이 있다며 장벽을 지키는 '영웅적인' 인민군들과 장벽 앞에서 웃고 있는 동독 주민들의 '평안한' 모습을 담은 사진으로 대응했다.

서독의 심리전 부대PSK가 대폭 규모를 늘려 주로 동독 인민군 장병들에게 탈출을 독려하고 탈주자들에게 총격을 가하지 말라고 호소하는 전단과 책자, 물품을 풍선에 실어 쉼 없이 날려보내자, 동독은 허접한 전단 로켓과 우편 전단으로 응수했다. 그 덕에 양측에서 우편물 검열이 강화되어 전단 우편물을 걸러내고, 선전용 우표가 붙여진 우편물을 반송시키거나 우표를 아예 검게 칠해 보이지 않도록 처리한 뒤 배달했다. 선전방송도 불꽃이 튀었다. 서독에선 전후 미군이 설치한 RIAS방송국 외에 여러 방송국이 새로 출범했고, 동독은 '장병방송 935'와 '자유방송 904'의 선전방송으로 맞섰다.[17]

장벽과 함께 베를린의 일상에 보다 더 직접적으로 들려온 건 시끄러워서 못살겠다는 아우성이 나올 지경이었던 확성기 소리다. 장벽 건설 닷새 후 서베를린 당국은 '철조망 스튜디오Studio am Stacheldraht(SaS)'를 설립해 동베를린 쪽으로 방송을 개시했다. 8월 22일 아데나워 총리의 브란덴부르크 문 앞 연설이 인근 동독 경비초소 스피커 소리에 묻히자 아예 이동식 고출력 확성기 차량부대를 만들었다. 차량 4대로 시작해 이듬해 6대로 확대되었고, 베를린 시내 장벽을 따라 15분 간격으로 하루 평균 17.5시간 방송했다. 이에 대해 동독은 처음엔 소음으로 방해하다 9월 말부터 '8월 13일 스튜디오'로 이름붙인 자체 이동식 확성기 차량으로 맞대응했다. 이른바 확성기 전쟁이 본격화된 것이다. 동독은 차량 15대를 편성해 수적으로 앞섰지만, 확성기 출력과 기술 면에서는 서독에 압도당했다. 100폰phon 내외의 동독 확성기 소리에 비해 서독 확성기 소리는 120폰이었던 데다 크레인을 이용해 스피커를 최대 13미터 높이까지 올려 가청 거리를 수 킬로미터까지 넓혔기 때문이다.

양측의 신경전이 격화되자 때로 동독 국경경비대는 장벽 너머 SaS 버스에 가스폭탄을 날렸고, 서독 측은 최루탄으로 맞불을 놨다. 거의 밤낮 없이 울려나오는 엄청난 확성기 소리 때문에 특히 장벽 주변 주민들의 고통이 이만저만이 아니었다. 이 확성기 선전전에 대한 비판뿐만 아니라, 기술적 우위를 앞세운 서독의 공세를 감당하지 못한 동독이 먼저 확성기 차량을 철수시키면서 1965년 10월 확성기 전쟁은 중단되었다. 그러자 차량 위에 여러 개의 현수막을 매단 이동식 선전판으로 소리 없는 전쟁이 계속되었다. SaS는 한때 확성기 방송에 더해 짧은 선전 문구를 보여주는 3개의 대형 조명시스템을 운영하기도 했

는데, 이번엔 크레인 차량을 활용해 선전 현수막을 높이 달고 다닌 것이다.[18]

땅속에서도 양측의 대치는 매서웠다. 특히, 불과 약 100미터 거리를 두고 서베를린과 동베를린 주택가가 위치한 시내 한복판의 베르나우어 길Bernauer Straße은 치열한 땅굴 전쟁터였다. 초기에는 대개 서베를린의 일가친척들과 학교 친구들이 자발적으로 나서 동베를린 지인들의 탈주를 도왔지만, 경비가 삼엄해지고 탈주가 어려워지면서 주로 땅굴을 이용한 상업적인 전문 탈출 도우미들이 등장했다.[19] 전체적인 땅굴 개수는 아직까지 정확한 공식 통계가 나오지 않았지만, 1962년과 1971년 사이 베르나우어 길에만 12개 정도의 땅굴이 만들어진 것으로 알려져 있다.

이 가운데 가장 유명한 것이 1964년 10월 4일 일요일 저녁 남녀노소 57명의 탈출 경로가 된 '터널 57'이다. 당시 유명한 전문 탈출 도우미를 포함해 30여 명이 참여해 약 6개월에 걸쳐 완성한 길이 145미터, 깊이 12미터의 땅굴로, 가장 길고 깊을 뿐만 아니라 가장 비싸고 또 가장 성공적인 탈출용 터널이었다. 비용은 서독 정부의 비밀자금과 국내외 언론사에 넘긴 영상/사진 판권으로 충당되었다. 2년 전엔 서베를린 대학생 탈출 도우미 그룹이 만든 땅굴로 29명이 탈출한 바 있다.

이에 대해 동독은 이른바 '슈타지 터널'이라는 땅굴 적발용 땅굴로 대처했다. 동독 비밀경찰 슈타지가 땅굴 모니터링 시스템을 설치하고 탈출용 땅굴의 동-서 방향을 수직으로 가로지르는 남-북 방향의 땅

•
동/서 베를린 사이의 확성기 전쟁(13미터).
※출처: imago/ ZUMA.

••
베를린 베르나우어 길의 땅굴 '1964'(오른쪽)과
땅굴 적발용 '슈타지 땅굴'(왼쪽).

굴을 판 것이다. 베르나우어 길의 땅굴 중에 동베를린 주민들이 파들어 간 동→서 방향의 땅굴은 2개지만, 반대로 서→동 방향의 땅굴이 10개였고, 여기에 '슈타지 터널'이 엉켜있다는 사실에서 당시 땅굴 전쟁이 얼마나 치열했는지를 엿볼 수 있다.[20]

'수치의 장벽'에 쪽문이 생기기까지

장벽이 만든 일상의 전쟁이 한창이던 1962년 8월 중순, 한 동독 청년의 죽음은 또 한 차례 베를린을 흔들었다. 서베를린으로 탈주하던 중 총격을 받아 사망한 27번째 장벽 희생자, 18세의 벽돌공 페터 페흐터 Peter Fechter였다. 서독에 살고 있던 누나를 만나기 위해 8월 17일 친구와 함께 탈주를 시도하다 체크포인트 찰리 근처에서 동독 국경경비대가 쏜 총탄을 맞고 경계에 쓰러진 그는 피를 흘리며 간절히 도움을 청했다.[21] 그러나 청년은 약 1시간 동안이나 양측 어느 쪽에 의해서도 구조받지 못하고 방치되었다. 안타까움에 오열하거나 붕대라도 던져주려던 시민들, 인근 언론사 기자들이 지켜보는 가운데 그는 결국 죽음에 이르렀다.

나중에 동독 경찰과 경비대원들이 축 늘어진 그를 옮기기까지 이 참혹한 광경이 고스란히 사진에 담겼다. 언론은 페흐터의 사진과 관련 기사로 도배되었다.[22] 동독 측의 비인간적인 총격뿐만 아니라 "우리 일이 아니다"며 눈앞에서 죽어가는 청년을 구하지 않은 미군과 서

18세의 벽돌공으로 누나를 만나기 위해 '체크포인트 찰리' 인근 베를린장벽을 넘다 총탄을 맞고 쓰러진 페터 페흐터 이송 장면(1962. 8. 17).
※출처: Wolfgang Bera/dpa.

페흐터 사망 장소 바로 앞에 설치된 추모 조형물(1999). 조각가 칼 비더만Karl Biedermann의 작품으로 기둥엔 "그는 단지 자유를 원했을 뿐이다"라는 문구가 적혀있고, 그 옆으로 '장벽의 흔적'이 지나가고 있다.

베를린 당국의 안일한 대처를 비난하는 시위가 연일 벌어졌다. 당시 서베를린 시장이던 빌리 브란트는 구조에 적극적이지 않았던 서독 측의 실책을 인정하고, 시위대 앞에서 부끄러운 '수치의 장벽'이라고 재차 강조했다. 이후 베를린장벽은 서독에서 '수치의 장벽'으로 일반화되어 갔다.[23]

물론 페흐터의 죽음과 유사한 사례는 그전에도 있었다. 그러나 이번에는 파장이 달랐다. 동독과 미국을 비난하는 여론이 비등했다. 시위대가 장벽으로 몰려들었고, 미국을 비난하는 피켓을 든 이들도 나타났다. 그러자 동독은 엿새 후 장벽을 따라 구급차를 상주시켰다. 미군도 체크포인트 찰리 인근에 응급차를 배치했다.[24] 나아가 이 '수치의 장벽'에 조그만 균열과 틈새가 만들어졌다. 장벽 건설 이후 전혀 이루어지지 않던 인적 교류가 조금씩 가능해진 것이다.

페흐터 사망 몇 개월 뒤 이른바 '프라이 카우프Häftlingsfreikauf'로 불리는 동독 내 정치범 석방이 시작되었다. 동베를린 친지들의 탈주를 도우려다 동독에 구금된 서베를린 주민들도 포함되었다.[25] 이어서 적어도 인도주의적 차원에서 크리스마스와 신년 또는 부활절 때만큼은 헤어진 가족을 만날 수 있도록 해주자는 '통행증협정'이 체결되었다. 덕분에 1963년 12월 크리스마스부터 이듬해 초까지 70만 명의 서베를린 주민들이 동베를린을 방문할 수 있었다. 이후 협상이 결렬되면서 1972년까지 중단되긴 했어도 동서독 가족들의 상봉은 1966년 중반까지 계속되었다. 그 이후에도 긴급한 가족 문제나 출장, 박람회 참석과 같은 특별한 경우에는 방문이 허용되었다.[26]

무엇보다 페흐터의 죽음은 브란트 시장에게 큰 충격을 안겼다. 그 해 5월 라디오 방송을 통해 '수치의 장벽'에 대한 폭발물 공격에 반대 입장을 표명하면서 장벽에 내야 할 틈은 다른 종류의 것이라고 강조했던 그였다.[27] 이 '수치의 장벽'에 만들어야 할 다른 종류의 틈, 그것이 무엇이 되어야 할지 실질적으로 고민하는 계기가 되었다. 그건 우선 최소한 가족들의 왕래만큼은 가능해져야 한다는 것이었다. 그리고 분단과 적대가 가져올 또 다른 불행을 막는 것이었다. 그의 유명한 동방정책, '접근을 통한 변화'와 '작은 걸음의 실행'이라는 기본 원칙이 구체화되기 시작했다. 이듬해 7월 한 컨퍼런스에서 그의 측근을 통해 공개된 이 구상은 12월의 '통행증협정'으로 첫 열매를 맺었다.[28]

동독을 인정하지 않고 힘의 우위를 통해 통일한다는 기존 정책은 근본적인 전환을 맞게 되었다. 1969년 연방총리에 취임한 브란트가 동방정책을 본격적으로 추진하면서 장벽의 틈새로 큰 쪽문이 생긴 것이다. 1970년 두 차례의 동서독 정상회담에 이어 이듬해 우편/전화 교류 합의, 1972년 통과·교통 협정과 역사적인 동서독 기본 조약이 체결되었다. 이후 1987년 과학기술 협정에 이르기까지 장벽을 넘은 공존과 긴장 완화, 장벽을 뚫은 소통과 교류가 진행되고, 훗날을 기약하는 통일의 기반이 단단해지고 넓어졌다. '수치의 장벽'을 더 부끄럽게 한 페흐터의 죽음이 장벽을 넘어서려는 동방정책의 징검다리가 된 것이다.

이제 '수치의 장벽'이라는 표현도 일상적으로나 공식적으로 거의 사라졌다. 여전히 계속되던 상호 비방도 중단되었다. 1972년 6월 30

일 서독 연방군은 전단을 더 이상 날리지 않고, 대신 동독도 선전 방송을 하지 않기로 합의했다. 그러나 장벽을 넘으려다 희생된 이들은 1989년 벽이 무너지기 전까지 최소 140여 명에 이른다.[29] 훨씬 더 많은 사람들이 탈주를 시도하다 부상당했고 또 체포되었다. 안타깝고 부끄러운 장벽은 여전했다. 20세기 냉전의 가장 첨예한 현장이자 상징, 베를린장벽은 그렇게 28년 동안 높고 길게 서있었다. 그래서 장벽 붕괴 30년이 지나도 '수치의 장벽'은 동독의 '반파시스트 방호벽'과 대비되는 서독의 대표적인 수사로 기억되고 있다.

그 높던 장벽이 바닥의 줄이 된 이유

1989년 11월 9일 국경이 전격 개방되면서 장벽이 기능을 상실하자 곧이어 베를린 시내 곳곳에서 망치 소리가 요란했다. 너도나도 장벽을 깨고 부수는 대열에 동참했다. 전날 첫발을 내딛은 동독의 과도 개혁정부는 이미 다음 날 필요 없는 장벽 패널을 매각할 용의가 없냐는 문의를 접수했다. 문의가 늘어나자 동독 과도정부는 바로 매각을 결정했다. 어쩔 수 없이 제거해야 할 장벽이라면 막대한 철거 비용이라도 충당해 보자는 의도였다. 매각 결정에 대해 비판이 일자 과도정부는 자금이 필요한 상황에서 국유재산인 장벽을 팔아 국민을 위해 사용하겠다는 입장을 내놓으며 업체 리멕스Limex사에 판매권을 부여하는 한편, 그해 연말 전면 철거를 결정했다. 미국의 한 회사는 60톤가량을 그해 크리스마스 시즌 영업용으로 수입해 갔다.

예술가들이 그린 그래피티가 있는 서베를린 쪽 L자형 패널이 주된 판매 대상이었다. 철거 결정이 내려진 지 2개월 만에 브란덴부르크 문 주위의 장벽이 깨끗이 철거되었고, 이후 몇 개월 동안 베를린 시내

거의 모든 장벽이 사라졌다. 1990년 10월 3일 공식 통일과 함께 철거 주체가 동독 인민군에서 독일 연방군으로 바뀌면서 철거 작업에 속도가 붙었다. 1992년 중반에 이르러 서베를린을 둘러쌌던 장벽과 시설물 전체가 완전히 사라졌다. 판매된 장벽은 아주 일부에 불과했고, 나머지는 뜯겨 없어지거나 분쇄되어 건설 자재로 재활용되었다.[30]

용도 폐기된 냉전의 상징은 순식간에 인기상품이 되었다. 약삭빠른 사업가들은 장벽을 뜯어 패널 통째로 팔거나 조각내 관광상품으로 판매해 엄청난 이득을 남겼고, 많은 이들이 장벽을 쪼개 기념물로 소장했다. 70여 개국 이상에 '수출'도 되었다. 상당수는 박물관에 설치되었지만, 심지어 레스토랑 화장실에 서있는 것도 있다고 하니 남은 장벽의 운명도 가지각색이다. 분단국인 우리나라에도 상대적으로 꽤 많은 패널이 옮겨져 여러 곳에 서있다. 해외로 판매된 장벽 패널 중 대부분은 미국에 가있는 것으로 파악되었다. 사회주의에 대한 승리, 냉전에서 이긴 미국의 승리를 상징하는 기념물로 특히 미국에서 수요가 많았기 때문이라고 한다.[31]

오늘날에도 장벽 비즈니스는 여전히 성업 중이다. 장벽 조각의 진위를 판별해 주는 서비스가 등장하는가 하면, 최근엔 초기에 뜯어가 그동안 양돈농장에 사용되던 장벽 패널이 경매에 붙여질 정도다. 서독에서는 한때 냉전과 분단, 그 아픔의 상징으로 다크 투어리즘의 대상이었던 장벽이, 그리고 동독에서는 나쁜 자본주의로부터 스스로를 지키고 보호하기 위해 세웠다는 '반파시스트 방호벽'이 가장 자본주의적인 투기상품이 되었다는 힐난 섞인 촌평이 나오는 것도 무리는

•

베를린장벽을 깨고 있는 "장벽 딱다구리"(Mauerspecht, 1989).
장벽 붕괴 후 사방에서 망치로 장벽을 깨는 소리가 들렸다고 해서
그 모습을 비유한 신조어다. ※출처: picture alliance.

••

의정부 평화통일 테마 공원에 전시된 베를린장벽의 일부(2014).
※출처: 의정부시 공식 블로그.

아니다.[32]

베를린 시내에 남아있던 꽤 긴 장벽의 일부가 2020년 초 마지막으로 철거되었다. 60미터가량의 이 장벽은 몇몇 기관이 계속 유지해야 한다고 주장하며 애써왔지만, 보호물로 지정된 10미터 정도만 남기고 주거단지 신축을 위해 사라지게 되었다. 현재 베를린 외곽에 남겨진 총 약 2.5킬로미터의 장벽과 마찬가지로 보호물로 지정되지 못했기 때문인데, 결국 개발 논리에 밀린 것이다.[33] 초기부터 베를린장벽을 기념물화 해야 한다는 주장이 없지는 않았다. 그러나 그 목소리는 묻혔고, 장벽이 거의 흔적도 없이 사라지고 난 뒤 한참만에야 장벽 보존에 대한 인식이 달라졌다.

장벽이 사라지자 이곳을 어떻게 남기고 표시해야 할지에 대해서는 여러 방안이 제안되었다. 장벽이 서있던 바닥에 한 줄의 구리밴드 설치하기, 구리판과 돌로 구성된 바닥 이중밴드 설치하기, 양쪽 장벽 바닥에 각각 선형 콘크리트를 설치하고 빨간색과 파란색으로 표시하기, 장벽이 있던 자리에 루피너스Lupine 꽃밭 조성하기, 장벽을 따라 역사정보판 설치하기 등이 그것이다.[34] 폭 7센티미터와 길이 50미터짜리 한 줄 구리밴드가 시범 설치되기도 했지만, 장벽 길 전체를 깔기에는 비용 부담이 너무 컸다.[35] 또 통독 전에 이미 루피너스 꽃밭 조성 방안도 실제로 시도되어 10톤가량의 씨앗이 동독 국경경비대 병사들과 시민들에 의해 뿌려졌다. 결과는 기대에 크게 못 미쳤다. 좋은 취지를 알아채지 못한 야속한 새들이 씨앗을 쪼아 먹어버린 것이다.[36] 결국 미관과 비용, 지속가능성 측면에서 최종적으로 구리판과 돌로 만든 이중밴

•
베를린장벽이 사라진 자리에 루피너스 씨앗을 뿌리고 있는 동독 군인들.
장벽이 서있던 자리를 남기고 표시하기 위한 노력의 일환이었지만,
성공하지는 못했다. ※출처: Deutsches Rundfunkarchiv.

••
슈프레강 가 옆 남겨진 장벽 흔적.

드 설치 방안이 채택되었다.[37] 베를린 시내 바닥을 놀라울 정도로 촘촘하게 잇고 있는 이중밴드가 그 높던 옛 장벽을 기억하고 있는 셈이다.

동독의 마지막 유작, 이스트사이드 갤러리 쿠오 바디스

베를린 시내에 남겨진 장벽 가운데 가장 길고 또 가장 잘 알려진 이스트사이드 갤러리. 베를린 방문객이라면 누구나 빼놓지 않고 찾는 1.3 킬로미터의 옥외 미술관, 세계에서 가장 긴 오픈 에어 갤러리다. 워낙 유명한 탓에 그 주변도 가려지고, 그 역사마저도 엉키고 잊힐 정도다. 갤러리의 북쪽 끝자락에서 슈프레강을 가로지르는 오버바움 다리 Oberbaumbrücke는 1890년대 지어진, 베를린에서 가장 아름답다는 2층 교다. 위로는 전철이 달리는 철로가 놓여있고, 아래로는 차량과 보행자들이 부산하게 지나는 차도와 인도가 있다. 슈프레강을 경계로 동서 베를린이 나뉘었기 때문에 다리 자체도 분단의 역사를 담고 있다.

장벽이 건설되면서 동서 베를린을 오가던 전철이 끊기고 모든 왕래가 중단되었지만, 1963년 말 '통행증협정'이 체결되면서 통행사증 소지자만큼은 다시 걸어서 오버바움 다리를 건널 수 있게 되었다. 또 프라이 카우프를 통해 동독에서 석방된 이들이 서베를린으로 건너가는 주요 통로로도 이용되었다.[38] 이곳의 장벽은 1960년대 후반 강도

•
이스트사이드 갤러리 근처 오버바움 다리. 동베를린과 서베를린을 가른 슈프레강을 1층 도로와 인도, 2층 철로로 잇는 중요한 통행로였다.

••
베를린장벽에 그려진 〈형제의 키스〉. 제목은 "신이여 이 치명적인 사랑에서 살아남도록 도와주세요." 당시 소련의 브레즈네프 서기장과 동독 호네커 서기장이 열정적으로 키스하는 장면을 연출했다.

를 크게 높인 '국경 장벽 75' 패널로 설치되어 당시 동독을 방문한 고위 인사들을 위한 일종의 의전 루트가 되기도 했다.[39] 국경경비대의 시야 확보를 위해 1970년대부터 점차적으로 주변 주택들이 철거되어 한때 낡고 거대한 창고만 흉물스럽게 남았던 북쪽 강변이 지금은 첨단 문화산업단지로 탈바꿈했고, 오버바움 다리도 이제 다시 옛 명성과 기능을 되찾았다. 다만, 갤러리에 가려 잘 보이지 않을 뿐이다.

이 오버바움 다리보다 더 눈에서 멀어진 게 갤러리의 역사다. 이 역시 사실은 장벽이 무너진 직후 동·서독 화가의 자발적인 이니셔티브를 당시 동독 정부가 최종 승인하면서 시작된 것이다. 처음엔 시내 중심의 상징적인 브란덴부르크 문과 포츠담 광장 사이의 장벽에 세계 최대의 야외 갤러리를 조성하겠다고 건의했지만, 결국 지금의 장소가 승인되었다. 전제조건은 장벽에 그려질 그림이 인본주의 정신의 진지한 예술작품이어야 하고, 반유대주의와 인종차별, 정치적 선동의 내용을 담아서는 안 된다는 것이었다. 우여곡절 끝에 전 세계 21개국에서 118명의 예술가들이 이곳으로 몰려와 자비로 작품을 완성시켰다.

드디어 1990년 9월 28일 개막. 동독 정부의 승인을 받아 추진된 데다 개막일도 통독 며칠 전이어서 명칭은 '동독의 이스트사이드 갤러리East Side Gallery DDR'였다.[40] 며칠 뒤 10월 3일 통독이 선포되면서 곧 동독을 가리키는 DDR은 삭제되었다. 자유와 평화, 민주주의, 그리고 분단과 냉전의 아픔, 통일에 대한 희망과 감격을 표현한 100편 이상의 작품으로 1.3킬로미터 장벽을 꽉 채운 이 갤러리가 아이러니하게도 동독의 마지막 유작이었던 셈이다. 덕분에 베를린은 연간 수

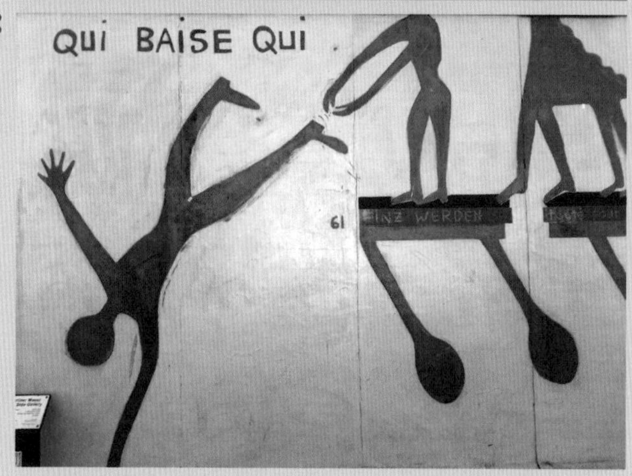

•

베를린장벽을 뚫고 나오는 동독 자동차 '트라비'를 묘사한 비르깃 킨더의 작품. 트라비의 멀쩡한 모습과 뚫고 나온 방향이 다양한 해석의 여지를 남기고 있다.

••

서독 국기 색깔의 배에서 누군가를 밀어 떨어뜨리는 키디 시트니의 작품. 동·서독 통일을 서구의 승리로만 보는 당시 일반적인 분위기에 대해 "누가 누구를 엿 먹였나"라는 도발적 질문을 던졌다.

백만 명이 찾는, 유례를 찾아볼 수 없는 희귀한 장벽 갤러리를 보유하게 되었다.

그러나 이 역사는 한 세대도 지나지 않아 잊혔고, 심지어 사실과 다른 역사가 만들어지기도 했다. 갤러리 조성을 제안하고 협상했던 당사자들의 이름은 거의 사라졌고, 승인과정에서 중요한 역할을 했던 동독 관리들도 역사에서 지워졌다.[41] 의도적인 왜곡은 아니었겠지만 미국의 한 세계적인 방송사가 장벽 붕괴 30주년을 기념해 보도한 갤러리 특집기사가 공개적인 반박 성명의 대상이 된 적도 있다.[42] 비판의 핵심은 갤러리마저도 승자의 관점에서 다른 역사로 재구성되었다는 것이다.

하긴 갤러리 자체도 예술가들의 상충되는 역사 해석을 담고 있기는 하다. 갤러리에서 가장 인기 있는 그림의 하나로 알려진 킨더Birgit Kinder의 작품은 "TEST THE REST" 문구 아래로 장벽을 뚫고 나오는 동독의 상징 '트라비Trabi' 자동차를 묘사했다. 동독 출신인 그녀는 자신의 그림이 자유를 향한 염원을 형상화했고, 벽을 뚫고 나왔지만 멀쩡한 트라비로 유혈과 전쟁 없는 평화혁명을 메타포했다고 설명했다. 다만, 그녀는 이 트라비가 서에서 동으로 뚫고 들어갔다고 보았다.[43] 통독 후 한참 뒤에야 자리 잡는 '평화혁명' 담론에서라면 트라비는 분명 동에서 서로 뚫고 갔을 터다.

반면, 베를린장벽 그림으로 세계적인 명성을 얻은 서독 출신의 화가 키디 시트니Kiddy Citny는 서독 국기 색깔의 배에서 누군가를 밀어 떨어뜨리는 그림에 "누가 누구를 엿 먹였나"는 아주 도발적인 문구를 붙였다. 그의 말을 빌리면, 통일을 서구의 승리로 보는 장벽 붕괴 후의 분위기를 형상화하려고 했다고 한다.[44] 마치 철거된 장벽의 일부가 승리의 상징으로 팔려나간 것처럼, 남겨진 장벽, 갤러리의 역사에서도 어쩌면 승자만 남겨졌을지도 모른다.

시간이 지날수록 갤러리의 관리가 어려워졌다. 벽의 침식과 훼손 문제가 대두되면서 2009년 전체 벽의 그림들이 복원되거나 대체되었다. 유일한 원본은 〈손Hands〉이라는 작품뿐이다. 원본 작가 중 15명은 베를린시가 충분한 보상을 제공하지 않는다며 작품 복원을 거부했고, 일부는 소송을 제기하기도 했다.[45] 벽의 침식만이 아니라 보상, 돈의 문제이기도 했던 것이다. 더욱이 탁 트인 슈프레강과 아름다운 오버바움 다리를 바라볼 수 있는 갤러리 뒤편 슈프레강 변 부지가 고급 주택 건설부지로 매각되면서 문제가 더욱 심각해졌다. 시 재정 충당을 위해서였다지만, 갤러리 예술가들에게 일언반구 없이 이루어진 조치였다. 1991년부터 보호물로 지정된 갤러리였음에도 불구하고 2013년 초 건설 작업이 본격화되면서 23미터 정도가 뜯겨나갔다. 예술가들은 격앙했고, 수천 명이 모여 반대 시위를 벌였다.[46]

"비인간적인 장벽을 비인간성에 대항하는 곳으로" 바꾸려던 예술가들의 자발적인 노력도 개발 논리에 묻혔다.[47] "더 이상 전쟁은 없다. 더 이상 벽은 없다. 하나로 통일된 세계"라는 갤러리의 또 다른 유명한 작품이 꿈꾼 세상과 달리 현실은 녹록지 않았다.[48] 2018년 관리 주체가 '베를린장벽재단'으로 변경되면서 보다 체계적인 관리가 시도되고 있지만, 여전히 갤러리 보존과 운영 방안에 대한 논란은 지속되고 있다. 일각에서는 갤러리를 '기쁨으로 생동하는 기념물'로 전환하자는 제안을 내놓기도 했다. 그러나 갤러리를 더 이상 볼 수 없게 될지도 모른다는 비관적인 예측마저 나온다.[49] 당시 참여했던 예술가들이 최근 함께 모여 토론한 주제가 그래서 더욱 심상찮다. 이스트사이드 갤러리, 쿠오 바디스Quo Vadis![50]

장벽, 베를린의 현대사 폼페이

장벽이 거의 철거되고 난 뒤에야 장벽을 기억하고 역사에 남겨야 한다는 목소리가 들리기 시작했다. '전쟁과 폭력을 반대하는 나무들의 의회'와 같이 개인적인 차원에서 소규모로 장벽 희생자들을 위한 추념 조형물이나 분단에 대한 기억공간을 조성한 사례가 생겨나긴 했다.[51] 그렇지만 공적인 차원에서의 논의는 많지 않았다. 1991년 장벽 건설 30년이 되자 다시 장벽이 주목 대상이 되었다. 그러나 이때는 사라진 장벽이 아니라 동서독 주민들 속에 남아있는 생각의 장벽, 마음의 장벽이 더 큰 이슈였다. 베를린시가 베르나우어 길에 중앙기념관을 설립하기로 결정했지만, 실제로 공모하는 데까지는 3년을 더 기다려야 했다.[52] 물론 그사이 장벽의 상품가치와 이스트사이드 갤러리의 세계적인 성공이 확인된 터였다.

1998년에야 베르나우어 길에 장벽 희생자를 기리고 분단을 기억하기 위한 '베를린장벽 기념관'의 일부가 들어섰다. 장벽이 사라진 이곳으로 그때까지 '생존해 있던' 70미터가량의 장벽과 시설물이 옮겨

•
연방하원 옆 '전쟁과 폭력에 반대하는 나무들의 의회'(1990).
예술가 벤 바긴Ben Wagin에 의해 베를린 한복판에 조성된 특이한 정원으로
베를린장벽 희생자들을 기리고 전쟁과 폭력을 반대하는 메시지를 담고 있다.

••
장벽 희생자를 기리고 분단을 기억하기 위한
'베를린장벽 기념관'의 일부가 베르나우어 길에 들어섰다.

져 다시 세워졌다. 나머지 구간엔 장벽을 추상적으로 형상화한 녹슨 쇠기둥이 자리를 채웠다. 실물과 예술적 상상력의 절묘한 조합이다. 이듬해엔 장벽에 관한 시청각 자료와 상세한 스토리텔링을 제공하는 장벽정보센터가 문을 열었고, 또 다음 해엔 '화해의 예배당Kapelle der Versöhnung' 봉헌식도 개최되었다.[53]

이로써 2000년 장벽 붕괴 11년 만에 분단의 고통과 장벽의 비극을 집약적으로 간직한, 베를린에서 가장 뜨거운 냉전의 현장 베르나우어 길이 장벽의 기억을 담은 공공역사의 공간으로 조성되었다.[54] 베를린 장벽과 관련된 예술, 정보, 그리고 종교의 세 요소가 모두 여기에 녹아있다는 설명도 있다. 그런데 아이러니하게도 이스트사이드 갤러리가 동독의 마지막 유작이라면, 베르나우어 길은 동독의 마지막 유산이라고나 할까. 통독 하루 전 동독 당국이 이곳을 보호구역으로 지정해 두지 않았더라면 아마 이 베르나우어 길 장벽 기념관은 들어설 수 없었을지도 모를 일이다.

2002년부터는 장벽길 트레킹 코스도 개발되기 시작했다. 4년에 걸쳐 총 14개 구간에 산책로와 자전거길이 마련되었다. 7~21킬로미터 길이의 각 구간 시작점과 끝점은 대중교통으로 쉽게 접근할 수 있도록 선정되었다.[55] 그러나 장벽 전체에 대한 종합적인 구상은 여전히 나오지 않았다. 장벽 붕괴 이전부터 존재하던 몇몇 시설물과 새로 만들어진 장벽 기념관, 그리고 일부 조성된 장벽길을 아우르면서도 통합적인 개념 속에 베를린장벽과 그 역사를 전체적으로 그려내려는 시도는 장벽이 무너진 지 15년이 지나서야 이루어지기 시작했다.

•

현재 베르나우어 길에 남겨진 장벽 흔적.
남겨진 장벽과 주택가가 어우러져 당시의 역사가 생생하게 증언되고 있다.
어른 두 사람의 키를 합친 것과 같은 장벽의 높이도 확인할 수 있다.

••

〈장벽에서의 고통〉(1965).
베를린 마테우스교회 앞에 설치된 1.7미터의 조형물로 분단의 아픔과
희생자들을 기억하기 위해 제작되었다.

2006년 베를린 시내 전체를 새로운 틀로 개념 지우는 '베를린장벽을 기억하는 총괄 개념'이 발표되었다. 베를린 전체를 냉전과 분단을 기억하는 기념관으로 탈바꿈시키려는 야심찬 계획이었다. 크게 세 부분으로 구성된 이 총괄 개념을 통해 베를린은 이제 시내 전체가 냉전을 기억하는 세계 유일의 도시 기념관으로 다시 정의되었다. (1) 브란덴부르크 문을 '분단을 기억하고 극복하는 중심지'로 지정해 분단의 상징이었던 곳이 장벽 붕괴와 '평화혁명'을 통해 어떻게 변화해 왔는지를 보여주고, 나아가 화합과 만남의 장소로 발전시킨다. (2) 베르나우어 길을 '장벽의 역사를 정보화하는 중앙기념관'으로 개념화해 장벽의 역사와 분단의 현장을 보존하되 기념관과 주변을 정보센터와 통합, 지속가능한 형태로 미래에 전수해야 할 기억의 공간으로 발전시킨다. (3) 인간 중심적 개념하에 '분단의 희생자들을 기리는 기억문화'를 강화한다.[56]

'총괄 개념'은 확실히 전환점이었다. 이후 베를린 곳곳에 '베를린장벽 표지 기둥'과 '베를린장벽 역사 정보판'이 세워졌다. 장벽길은 더욱 확장되고 깔끔하게 정비되었다. 분단을 증언하는 증인으로서 장벽의 역사에 대한 보다 세밀한 정보 수집과 조사도 추진되었다. 2008년엔 베를린장벽재단이 발족했다.[57] '인간'에 초점을 맞춘 장벽 희생자 기림문화가 체계화되어, 2011년 장벽 건설 50주년엔 장벽을 따라 모두 29개 장소에 50명의 장벽 희생자들을 기리는 기억표지도 설치되었다.[58] 브란덴부르크 문은 실제로 분단과 '평화혁명'의 상징적 지점으로 자리 잡았다. 나아가 베를린장벽이 베를린을 넘어 냉전과 독일 전체의 분단을 상징한다는 의미에서 특히 '체크포인트 찰리'를 2차 세계대전 후 베를린 점령국들과 국제정치의 역학관계를 보여주는 중심지로 개발하려는 프로젝트도 진행 중이다.

무엇보다 놀라운 건 베르나우어 길의 변모다. 그사이 4개 주제별 공간으로 구획된 1.4킬로미터로 대폭 확장되었지만, 여전히 발굴 중이다. 숨겨져 있던 땅굴과 사라졌던 탈주의 길, 체포된 자리, 사망 장소가 장벽 '고고학자'들에 의해 하나씩 그 모습을 드러내고 있다. 그곳엔 사람이 있고, 사연이 있고, 고통과 아픔이 있다. 마치 흙더미 속에 감추어져 있던 유물들이 발견되듯 사람들의 사연이 발굴된다. 발굴된 장소와 사연은 곧 장벽의 역사가 된다. 그래서 이곳은 베를린의 폼페이인 셈이다.[59] 이렇게 베르나우어 길은 계속해서 새로운 역사가 씌어지고 새로운 표지들로 채워지고 있다. 경계가 되어야 했던 건물 외벽은 당시 상황을 증언하는 사진 갤러리가 되고, 장벽이 있던 골목엔 어김없이 새로운 정보판이 발굴된 사연을 들고 서있다. 그래도 이곳엔 여전히 흙을 비집고 튀어나오는 무명의 생애와 그 흔적들이 있다.

전후 60주년인 2005년 평화의 호밀밭 〈기억의 풍경〉이 화해의 예배당 바로 앞에 조성되었다. 냉전과 분단의 장벽길 가에 평화의 씨앗이 심겨진 것이다. 다툼과 전쟁 대신 화해가, 아픔과 고통 대신 평화가, 죽음과 절망 대신 생명의 꽃이 장벽 기억의 풍경이길 바라서일 게다. 해가 갈수록 호밀밭 자체도 자라고 있다고 한다.[60] 밭에서 수확한 호밀은 일 주일에 한 번 화해의 예배당 방문객들에 제공되는 빵으로, 기금 조성을 위한 판매용으로, 또 일부는 평화의 상징으로 다른 11개

첫 장벽 희생자
귄터 리트핀 추념관(2003).
벽의 추념판에는 "우리가 역사를 잊는다면, (이런) 역사는 되풀이된다"고 적혀있다.
주변은 장벽길 산책로로 조성되어 있다.[61]

'화해의 예배당' 앞 〈화해〉 동상과 호밀밭(2005).
베를린장벽 때문에 1985년 해체된 화해교회(1892)를 대신해 베를린장벽 붕괴 10주년에 예배당과 〈화해〉 동상이 선을 보였다. 조형물은 무릎을 꿇고 있는 두 남녀의 부둥켜안은 모습을 통해 통일의 기쁨과 화해를 표현하고 있다.

국의 곡물들과 섞여 '평화의 빵'으로 활용되고 있다.[62] 장벽을 기억하는 방식의 진화고, 장벽을 되새기는 의미의 전도다.

즉시 지체 없이, 장벽은 누가 열었나, 누가 허물었나

베르나우어 길 화해의 예배당 앞마당에 평화의 호밀이 첫 싹을 틔울 무렵, 그러니까 통독 15주년이 되던 해 독일의 사정은 좋지 않았다. 통일 이후 경제 침체가 이어지면서 이미 '유럽의 병자'로 불린 지 오래였지만, 경제는 더 어려워졌고, 정치는 조기 총선으로 요동쳤다. 전후 최고치를 기록한 실업률은 특히 구동독 지역에서 20퍼센트를 훌쩍 넘기며 서독 지역에 비해 두 배가량 높았다. 통일에 대한 볼멘소리가 여기저기서 다시 터져나왔다. 동서독 통합의 길은 멀고 험하다는 목소리는 더 커졌고, 스킨헤드와 네오나치 극우세력의 득세를 우려하는 경고등은 더욱 붉어졌다. 호밀의 꿈과 달리 화해와 평화는 아직 오지 않은 것이다. 그러나 실망보다는 여전히 희망이 앞섰다. 당시 한 여론조사에 의하면 구동독 주민의 90퍼센트 이상이 통일을 긍정적으로 평가하고 있었다.[63] 장벽 붕괴와 통일을 동독 주민들의 입장에서 바라보고 재정의하려는 논의가 점차 힘을 얻게 된 것도 이런 상황과 무관하지 않다.

초기부터 장벽이 무너진 것이냐 아니면 장벽을 무너뜨린 것이냐는 견해차가 없지 않았고, 통일까지의 급속한 변화를 혹자는 '전환', 혹자는 '대변혁', 또 다른 이들은 '붕괴' 또는 '평화혁명'으로 불렀다. 그런데 이제 여러 시각과 용어 가운데 하나였던 '평화혁명'이 대세가 되기 시작했다.[64] 그리고 장벽 붕괴 20주년이 되는 2009년엔 연방정부의 입장이 공개되기까지 했다. 요컨대, "동독 주민들의 평화혁명을 통해 장벽이 무너졌다"는 것이다.[65] 이후 학계는 물론 공식적인 행사에서 거의 예외 없이 '평화혁명'을 사용하는 추세가 굳어졌다. 동독 내 반反정부운동과 동독 주민들의 역할이 중요했음을 강조하는 인식의 변화다.

이 변화는 장벽에 대한 기억에도 투영되었다. 대표적인 예가 보른홀머 길Bornholmer Straße이다. 잘 알려진 대로 1989년 11월 9일 밤 갑작스럽게 장벽이 개방된 건 우연과 실수와 오해가 겹쳐진 우발적인 일이었다. 임명된 지 사흘밖에 안 된 동독 정부 대변인이 여행 자유 확대에 관한 방침을 발표하는 내외신 기자회견장에서 예정에 없던 "즉시, 지체 없이"라는 역사적인 말실수를 한 것이 기폭제였다. '앞으로 조만간'을 의미했던 '즉시'가 전파를 타고 '지금 당장'이라는 말로 전해졌고, 또 베를린 시내 장벽 검문소가 마치 열린 것처럼 생방송되었다.

순식간에 수만 명의 동독 시민들이 검문소로 몰려들었다. 당연히 검문소 대원들은 상부로부터 아무런 지시를 받지 못한 상태였다. 시민들이 늘어나고 문을 열라는 압력이 커지는 만큼 검문소마다 일촉즉

발의 긴장감이 감돌았다. 밤 11시가 지나 언제 어떤 사태가 벌어질지 모를 상황에서 보른홀머 길-뵈제 다리Bösebrücke 검문소의 차단봉이 올라갔다. 담당관들이 상부 승인 없이 직권으로 장벽을 열어젖힌 것이다. 이 조치사항은 곧 본부로 보고되었고, 자정쯤 다른 검문소들에도 개방 지시가 내려졌다. 다음 날 새벽까지 이곳에서만 약 2만 명의 동독 시민들이 그야말로 자유롭게 아무 제지나 통제 없이 서베를린으로 건너갔다고 한다.[66] 동독 시민들의 물결이, 이곳 담당관들의 용기 있는 행동이 장벽을 허문 예로 꼽히는 이유다.

2010년 보른홀머 길-뵈제 다리 검문소가 서있던 자리에 야외기념관이 조성되었다. 이미 장벽 붕괴 1주년 때 장벽 패널에 기념 동판을 새겨넣은 기념비가 설치되긴 했지만, 이번엔 공식적인 기억공간으로 확대된 것이다. '1989년 11월 9일 광장'이라는 장소명이 새로 붙여지고, 바닥엔 당시 동독 시민들의 흥분과 감격이 담긴 말들이 새겨졌다. "미쳤어, 미쳤어", "문 열어요, 문을 열어요!", "저쪽으로 넘어갈 겁니다", "돌아올 겁니다!"라는 문구가 새겨진 강철판이 시간대별로 박혔다.[67] "평화로운 군중, 수준 높은 국경경비대, 독일 분단의 역사는 여기서 해피엔딩을 맞이했습니다. 그날 밤 세계사를 쓴 것은 권력을 가진 자들이 아니라, 동베를린의 평범한 시민들과 제복을 벗고 인도적으로 행동한 이들이었습니다."[68]

장벽 붕괴 25주년엔 차단봉을 올리는 데 핵심적인 역할을 한 담당관의 이야기가 TV 영화로 제작되어 방영되었고, 30주년에도 그는 언론의 특별한 주목을 받는 인물이 되었다. 다만, 그는 통일 후 일자리

•

1989년 11월 9일 베를린장벽 붕괴로 이어진 보른홀머 길-뵈제 다리 검문소 개방 현장에 조성된 야외전시관(2010). 남겨진 장벽 일부와 함께 '1989년 11월 9일 광장길' 표지가 세워져 있고, 당시 검문소를 지나 서베를린으로 향하던 동독 주민들의 모습을 담은 사진들이 전시되어 있다.

••

베를린 남부 리히텐라데/말로우시 접경에 설치된 장벽 기념물(2009). "장벽을 극복하고, 관통하고, 열다."

를 잃고 오랫동안 실업자로 지내거나 닥치는 대로 막노동을 하며 생계를 유지해야 했다.[69] 2009년엔 서베를린 남쪽 리히텐라데/말로우 검문소 자리에도 장벽 기념물이 설치되었다. 시민들이 장벽을 뛰어오르고 뚫고 여는 모습을 형상화한 작품이다. 서베를린 경계에 접한 조그만 동독 지역 마을이었다.[70]

그해 5월 또 다른 중요한 전시회가 열렸다. 광장에 총 300미터의 전시 패널을 세워 오가는 모든 시민들이 보고 체험할 수 있게 한 대규모 옥외전시였다. 제목은 〈평화혁명 1989/90〉, 장소는 장벽이 무너지기 직전 11월 4일 동독 사상 최대의 민주화 시위가 열렸던 동베를린 알렉산더 광장 그 현장, 내용은 당시 동독 반정부세력과 시민들의 역사적인 평화혁명을 수백 점의 사진과 텍스트로 생생하게 재현하고 설명하는 것이었다. 동독의 대표적인 반정부 인사 하베만을 기리는 '로베르트 하베만협회'가 내용을 채웠다.[71] 장벽 붕괴 20년 만에 처음으로 동독 시민운동단체에 의해 동독 시민운동가들과 시민들이 공식적이고 공개적으로 장벽을 무너뜨린 주체로 전면에 부각된 것이다.[72] 당초 6개월간 전시하려던 계획이 이듬해 통일의 날까지 연장되었다.

그로부터 몇 년 후 전시물의 일부를 활용해 다시 슈타지 박물관과 슈타지 문서청 앞 마당에 '혁명과 장벽 붕괴'라는 제목의 상설 옥외전시장이 만들어졌다.[73] 1990년 초 격동의 시절 수천 명의 동독 시위대가 억압과 두려움의 상징이었던 슈타지 본부를 점령함으로써 사통당 독재권력의 기반이자 최후의 보루를 무너뜨린 바로 그 역사적인 자리였다. 그리고 다시 2019년 '평화혁명–장벽 붕괴 30주년' 기념주간에

•
장벽 붕괴 20주년 기념 옥외전시회
〈평화혁명 1989/90〉(알렉산더 광장, 2009).
※출처: ddp/DDP.

••
옛 슈타지 본부 앞에 조성된
〈혁명과 장벽 붕괴〉
상설 옥외전시관(2016).

는 알렉산더 광장을 비롯한 7곳에서 야외전시회가 열렸고, 밤이면 3D 영상이 베를린 곳곳의 건물 외벽에 비춰졌다.[74]

> 이 장벽, 그것은 쉽게 무너지지 않았습니다. 평화혁명가들이 이것을 무너뜨렸습니다. 동독의 용기 있는 그들이 역사를 썼습니다, 민주주의의 역사, 세계사를 썼습니다. 30년이 지난 후에도 여전히 우리는 그들에게 아무리 감사해도 부족합니다.[75]

멀고 먼 자유, 박물관으로 간 일상

장벽은 무너졌고, 곧 사라졌다. 아주 일부만이 기념물로 남았을 뿐 지평선 아래로 가라앉은 바닥의 두 줄만이 그것이 있었음을 증언하고 있다. 대신 장벽은 무너진 것이 아니라 무너뜨려졌다는 것, 그 장벽을 허문 건 동독의 반정부 운동가들과 시민들의 '평화혁명'이었다는 인식이 사라진 장벽의 자리를 채웠다. 동독 정권이 세운 것을 동독 시민들이 허물고, 다시 허문 이들과 허물어진 터를 동독 출신들이 남기고 기억하는 이 역설이 장벽 속에 오롯이 담겼다.

그러나 문제는 사라진 게 비단 장벽만이 아니라는 사실이었다. 갑작스럽게 허물어진 장벽을 넘어 이듬해까지 1년 사이에 약 80만 명이 서독으로 이주했다. 장벽이 서있던 28년 동안의 탈주민 수와 맞먹는 규모였다.[76] 기업과 일자리도 사라졌다. 1990년 중반부터 불과 몇 년 만에 동독의 국영기업 대부분이 문을 닫거나 매각되어 구조조정을 거치며 약 300만 명이 일자리를 잃었다. 상점과 음식점, 호텔을 포함해 국영 사업체는 모두 예외가 아니었다.[77] 공공기관은 말할 것도 없이 대학과 연구소, 각급 학교의 대다수 직원들도 순식간에 사라졌다. 이를 두고 누군가는 "역사상 유례가 없을 정도로 많은 인적 자본이 쓰레기통에 버려졌다"고 평했다.[78] 언론·출판계도 마찬가지였다. 모두가 매각되거나 문을 닫았고, 편집장을 비롯한 직원들도 거의 모두 사라졌다. 정권의 통제가 사라지면서 우후죽순 생겨났던 많은 매체들은 얼마 지나지 않아 자취를 감췄다. 덩달아 동독 주민들의 의견과 입장을 전달할 통로도 사라졌다.[79]

통독 후 5년 동안 동독 취업자의 거의 80퍼센트가량이 장·단기적으로 실업자로 지내야 했다. 동시에 다시 서독으로의 이주 물결이 일어났다. 일자리를 찾아, 좀 더 나은 미래를 찾아 1991년부터 2017년까지 약 370만 명, 동독 인구의 4분의 1이 빠져나갔다. 대부분 젊고 배운 청년층이었고, 특히 여성들이 많았다. 이 때문에 아이의 울음소리가 사라졌다. 유치원과 학교, 스포츠 시설 같은 사회 인프라도 점차 사라졌다.[80] 장벽이 허물어지자 동독 주민들의 일상도 함께 허물어져간 셈이다.

그 무렵 자못 충격적인 뉴스가 들려왔다. 장벽을 넘은 탈주의 대표적인 아이콘이자 가장 극적인 장면을 순간 포착한 장벽 사진의 대명사 〈자유로의 도약〉의 주인공 콘라트 슈만Conrad Schumann이 1998년 6월 자살했다는 소식이었다. 이유는 아무도 몰랐다. 사실 그는 이 사진과 함께 일약 세계적인 유명 인사가 되었고, 서독으로의 자유 찾기에 성공한 모범 사례로 여겨졌었다.[81] 〈자유로의 도약〉은 국내외 신문과 잡지, 포스터는 말할 것도 없이 심지어 성냥갑과 재떨이, 오이피

클 유리병에도 담기는 마케팅 아이템이었고, 서독 측이 동독에 뿌린 탈주 유도 물품에도 새겨졌다. 그 역시 좋든 싫든 많은 공개 강연에 나섰고, 장벽 관련 행사에도 수시로 초청되었다. 늘 슈타지가 자신을 노리고 있다는 두려움 속에서도 그는 한 번도 탈주를 후회한 적이 없다고 강조했다.[82]

통독 후 슈만은 몇 번이나 고향, 작센의 조그만 마을을 찾았다. 형제가 살고 있던 고향으로 이사할 계획까지 세웠다. 이전에는 마을에 학교와 우체국이 있었고, 소규모 맥주 공장과 쇼핑몰도 있었다고 한다. 그러나 그가 다시 고향을 찾았을 때 이것들은 다 없어졌고, 장벽이 무너지기 직전 700명 이상이 살고 있었던 마을엔 200명 남짓, 그것도 대부분 노인들만 남아있었다. 이 "몰락한" 마을을 보고 그는 몹시 우울해했다고 한다. 후에 어떤 기자는 그가 '자유로의 도약'의 영웅 역할에서 벗어나지 못했고, 내면적인 자유를 찾지 못했다고 추측했다. 영웅이기 이전에 오히려 냉전의 희생양이었을 수 있다는 것이다.[83]

지금도 슈만의 〈자유로의 도약〉은 베르나우어 장벽 기념관 길에 큼직하게 새겨져 있다. 어쩌면 그는 〈자유로의 도약〉으로부터 영원히 자유롭지 못한 것은 아닌지. 다만, 분명한 건 다시 찾은 고향이 그의 어렸을 적 모습에 가까웠다면 그는 생전에 좀 더 자유로웠을지도 모른다는 점이다.

슈만의 고향처럼 많은 동독 마을은 극심한 변화를 겪어야 했고, 대다수 주민들은 이 급속한 변화에 적응해야 했다. 일상도 동독 것에서 서독 것으로 대체되었다. 대부분의 일상용품을 자체 생산해 온 동독 기업들이 사라지면서 매일 사용하던 모든 것이 새로운 서독 제품들로 채워졌다. 저렴하면서도 질 좋은 제품이 많았지만, 동독시절 서독의 친지들이 보내주던 소포 속의 그 좋던 물건과 커피가 저가 슈퍼에서 팔던 값싼 것임을 발견하고 실망하는 이들도 많았고, 그만큼 고마움을 잊었다는 서독 친지들의 불만도 생겨났다고 한다.[84]

동독 주민들의 입장에선 나와 이웃들이 함께 만들던, 그리고 내 고장에서 만들어진 정겨운 물건들도 덩달아 사라졌다. 모든 것이 변한 낯선 환경에서 일상까지도 새로운 것들로 대체되자 곧 동독시절 생활에 대한 향수병이 번졌다. 일명 오스탈기Ostalgie. 동독을 의미하는 오스트Ost와 향수병을 의미하는 노스탈기Nostalgie의 합성어다. 익숙했던 동독 물품들을 다시 찾고 동독 상표를 단 제품이 인기를 끌었다. 옷도, 음악도, 심지어 동독식 실내장식과 분위기를 살린 호텔과 파티 행사도 다시 생겼다. 2003년 공전의 히트를 친 영화 〈굿바이 레닌〉이 오스탈기에 더 불을 붙였다. 잃어버린 고향, 사라진 인생이라는 상실감이 오스탈기의 원인이라는 분석도 따라왔다. 후에 오스탈기는 끝났다는 분석도 있었지만, 일부에서는 여전히 계속되고 있음을 부정할 수는 없다고 얘기한다.[85]

오스탈기 붐 속에 2006년 민간 차원의 '동독박물관DDR Museum'이 문을 열었다. 2013년엔 정부 지원을 받는 박물관이 베를린 문화양조장에 마련되어 동독에서의 일상을, 그리고 그보다 앞서 2년 전엔 옛 동–서베를린 경계 이별 장소였던 '눈물의 궁전Tränenpalast'이 재현되어 독일 분단의 일상이라는 제목으로 상설 전시하고 있다. 눈물의

•
베르나우어 길 건물 외벽에 그려져 있는 한 동독 병사의 〈자유로의 도약〉.
자유를 향한 '탈주의 아이콘'으로 기억되고 있는 세계적 히트작인
이 사진 속 주인공인 콘라트 슈만은 정작 자살로 생을 마감했다.

••
베를린 '눈물의 궁전'. 동서독 주민들의 최종 종착역으로
눈물의 이별 장소였던 동베를린 프리드리히 슈트라세역의 출입국 관리구역이
2011년 이래 "분단된 독일의 일상생활" 상설 전시관으로 사용되고 있다.

궁전은 서독의 친지들이 동독의 가족을 만난 뒤 작별해야 하는 곳이었다. 늘 이별의 눈물이 끊이지 않아 당시 눈물의 궁전이라는 별명을 갖게 된 일종의 동독 측 출입국 검문소였다. 냉전과 분단의 슬픔과 아픔을 간직한 베를린의 대표적인 장소다.[86]

가라앉는 장벽, 떠오르는 방화벽

장벽이 무너지고 통일이 이루어진 지 30년, 한 세대가 지났다. 동독의 일상은 박물관으로 들어갔지만, 동독 주민들의 경제적 생활수준은 현저히 향상되었고, 소득과 삶에 대한 만족도도 높아져 통일 후 최고 수준에 이르렀다. 독일 경제가 통일 후유증에서 벗어나 호조세를 이어온 데다 실업률도 지속적으로 떨어져 2019년엔 통일 이후 최저치를 기록했다. 아직 동서독 주민 사이의 임금과 연금 차이가 다소 남아있지만, 경제적인 불만과 불안감은 누그러졌고 동독시절로 되돌아가겠다는 이는 거의 없다.[87]

독일 정부도 많은 예산을 들여 장벽 붕괴 30주년과 통일 30주년 기념 행사를 대대적으로 준비했다. 이를 위해 특별위원회도 구성했다.[88] 흔히 얘기되듯 여전히 동서독 사이의 통합이 완결되지 않았다는 평가가 일반적이지만, 그동안 이룬 성과를 고려하면 기쁨과 감격의 축제가 되는 게 마땅하고, 최소한 서로에게 감사와 격려를 전하는 가볍고 따뜻함이 넘치는 분위기가 자연스러울 터다.

그러나 꼭 그렇지만은 않았다. 기쁨보다는 근심이, 가벼움보다는 무거움이, 따뜻함보다는 경계의 분위기가 함께 흘렀다. 동서독 주민 서로가 서로에 대해 배워야 하며 좀 더 상대방의 얘기에 귀를 기울여야 한다는 촉구, 많은 동독 주민들이 인생의 단절과 공백을 경험하면서 더 이상 쓸모없다는 느낌마저 가졌음을 이해해야 한다는 호소, 그러나 그들의 용기와 경험은 소중하다는 인정, 이것이 2020년 통일엑스포 〈우리 함께〉 개막식에 전한 메르켈 총리의 주된 메시지였다.[89] 이 행사조차 코로나19 때문에 제대로 열리지 못했다.

실제로 동서독 주민 사이의 인식 격차와 그 무게감은 그간 여러 여론조사에서 반복적으로 확인되어 왔다. 통일 직후 동독 출신 주민들을 오씨Ossi로, 서독 주민들을 베씨Wessi로 부르며 서로 구분하던 정서적·문화적 차이가 한 세대가 지나도 줄어들지 않고, 오히려 어떤 면에서는 확대되었다. 동독 주민들의 상당수는 여전히 자신들의 삶에 대해 서독 주민들이 이해하지 못하고, 심지어 거만하고 무례하다고 느낀다.[90] 자신들이 평화혁명을 통해 장벽을 무너뜨렸고 통일을 이루었다는 게 동독 주민들의 대체적인 인식인 반면, 서독 주민들은 동독이 정치적으로나 경제적으로 모두 엉망이었기 때문에 스스로 무너진 것이고 그래서 어쩔 수 없이 통일로 이어진 것이라고 생각한다. 그래서 대다수 동독 주민들은 평화혁명에 대한 사회적 인정이 더 필요하다는 입장이지만, 서독 주민들은 통일 비용을 부담하면서 어려워진 여건을 감내한 것에 대한 인정을 요구한다. 통일 이후 겪을 수밖에 없었던 상실과 적응의 고통을 토로하는 동독 주민들에게 서독 주민들은

•

베를린 브란덴부르크 문 앞에서 개최된
장벽 붕괴 30주년 기념 행사(2019). 행사의 하이라이트인
〈평화의 기원—움직이는 비전〉 작품과 불꽃놀이가 보인다.
※출처: Martin Diepold.

••

장벽 붕괴를 기념해 베를린 장벽 기념관 앞에서는
남겨진 장벽 틈으로 시민들과 함께 꽃을 헌화하는
기념식이 매년 열린다(2022).

내심 고마움을 모른다고 불평한다.[91] 동독 주민의 60퍼센트가량이 차별대우를 받고 있으며 스스로를 하등시민이라고 여기는 데 비해 대다수 서독 주민들은 이런 생각이 잘못된 것이라고 비판한다.[92]

더 심각한 경종은 민주주의와 시장경제, 옛 동독 사회에 대한 동독 주민들의 인식이 악화되고 있다는 사실이다. 통일 이후 개인의 자유는 나아졌지만, 민주주의적 참여와 의사표현의 자유는 같거나 오히려 악화되었다는 의견이 거의 절반에 육박했다.[93] 나아가 옛 동독에 더 좋은 점이 많았고 결코 모든 게 나쁜 것만은 아니었다는 평가도 대폭 늘었다. 이미 2009년 "동독 정권의 독재보다 지금의 자본독재가 더 심하다", "지금은 노예사회로 더 민주적이지 않다"는 인터뷰 기사가 보도되어 우려를 자아냈는데도 옛 동독에 대한 연대의식은 더 강해졌다.[94] 이 때문에 동독 주민들 사이에 "동독이 먼저 속였고 나중엔 서독이 속였다"는 인식이 커졌고, 서독 주민들 사이엔 "동독 주민들이 호적에서 모두 사라져야 통일이 이루어질 것"이라는 냉소가 생겨났다.[95] 앞날에 대한 비관적인 전망도 늘어났다.[96]

이와 함께 동독 주민들의 인식 변화에 객관적인 근거가 없지 않다는 연구가 쏟아져 나오고 있다. 통일 직후 일자리를 잃으면서 "난 이제 쓸모없는 존재"라는 자괴감이 살아온 인생의 자긍심을, 미래에 대한 불안이 통독의 기쁨과 희망을 무너뜨리고 있었던 그때부터[97] 옛 동독을 슈타지와 동일시하면서 나치와 동일한 전체주의 국가로 규정하고 불의한 독재국가라는 부정적인 이미지 일색으로 몰아붙였기 때문에, 동독 주민들이 잘못 살았다는 자책이나 인생 전체를 부정당했다

는 패배의식에 더욱 갇히게 했다는 분석이 그 하나다.[98]

또 통일 이후 현재 동독 지역을 누가 지배하고 있는가, 누가 소유하고 있는가, 누가 돈을 벌고 있는가, 그리고 누가 이용하고 있는가라는 직설적이고도 다소 도발적인 제목으로 이곳 현황에 대한 종합적인 조사 결과가 잇따라 방송을 탔다. 조사 결과는 서독 출신 인사들과 서독 기업이라는 것이다.[99] 이런 요인들이 상호작용하면서 초기부터 서독 지역에서는 동독 주민들에 대한 선입견과 편견이, 동독 지역에서는 상실감과 박탈감, 차별감이 싹텄고, 오씨-베씨의 구분과 함께 동독 주민들의 분리된 자의식, 특히 스스로를 마치 실향민이나 외국인 이주자와 유사하게 느끼는 독특한 정체성이 형성되었다는 연구 결과도 파장을 일으켰다.[100] 더욱이 통일이라기보다 서독의 동독 인수였다는 연구와 주장이 부각되고, 동독 지역에 대한 탈식민화 또는 두 번째 통일이 필요하다는 의견이 제기되기까지 했다.[101]

> 이 거대한 (베를린)장벽, 많은 희생자를 낸 이 비인간적인 축조물은 이제 더 이상 서있지 않습니다. 단 한 번에 영원히 사라졌습니다. 그러나 새로운 벽이 나라 전역에 생겨났습니다. 좌절의 벽, 분노와 증오의 벽, 보이지 않지만 분열시키고 있는 침묵의 벽과 소외의 벽, 우리의 결속을 가로막는 벽.[102]

결국 장벽은 가라앉았지만, 장벽의 잔영은 뚜렷이 남은 셈이다. 물리적인 장벽은 사라졌지만, 만져지지 않는 새로운 벽이 드러났다. 그

〈가라앉은 장벽, 남은 잔영, 그리고 떠오르는 방화벽〉.
가라앉는 장벽인가, 떠오르는 방화벽인가? 동서독을 가르는 베를린장벽은 가라앉았지만,
분단이 남긴 상처와 후유증은 여전히 잔영처럼 어른거리고,
통일 30년이 지난 독일 사회에서 떠오르는 극우 포퓰리즘에 대항해
방화벽을 새롭게 세워야 한다는 목소리가 확산되고 있음을 다층적으로 은유한 사진이다.

리고 그 사이를 극우 포퓰리스트 정당, 독일대안당AfD이 치고 올라왔다. 장벽의 잔영을 양분 삼아 2017년 연방하원에까지 진출하며 급속히 세를 넓혔다. 급기야 장벽 붕괴 30주년에 실시된 옛 동독 지역 지방선거에서 이 당은 1989년 평화혁명 당시 시민들의 슬로건을 그대로 내걸고 "전환 2.0", "당신들의 나라를 되찾고, 전환을 완성하라!"는 선거 캠페인을 벌여 모두를 경악케 했다.[103] 평화혁명을 참칭하면서 그 역사적 의의를 완전히 전도시키는 역사 왜곡이자 평화혁명의 기여를 정치적으로 악용하고 편취하려는 시도라는 비판이 줄을 이었다. 충격만큼 반발과 논란도 컸다.

그럼에도 불구하고 독일대안당은 당시 2개 지방선거에서 평균 25퍼센트 이상의 득표율을 기록하며 각기 제2당이 되었고, 그 기세가 꺾이지 않고 있다.[104] 이 때문에 정치권을 중심으로 극우세력에 대한 '방화벽'을 가능한 높이 세워야 한다는 목소리가 드높다.[105] 옛 동독 사회주의 정권이 세운 '반파시스트 장벽'이 무너진 자리에 한 세대가 지나 '반극우 포퓰리스트 방화벽'이 다시 세워지고 있는 것이다. 이처럼 장벽의 거울상이 잔영으로 남아 오래 흔들리고 있는 지금, 이 방화벽은 또 언제 누가 어떻게 허물 것인가.

토마토는 얼마나 멀리 날아갔을까

— 베를린의 68 기억

3

🏛 브란덴부르크 문 ❶ 두취케 테러 피습 장소(서베를린) Kurfürstendamm 141, 10709 Berlin ❷ 둡체크 정보 기둥(동베를린) Dorotheenstr. 27, 10117 Berlin ❸ 잉에보르크 훈징어 작품 〈지구〉 Monbijoupark, Oranienburger Str., 10178 Berlin ❹ 오네조르크 피살 장소(도이체 오퍼 앞) 추모 조형물 Bismarckst. 35, 10627 Berlin

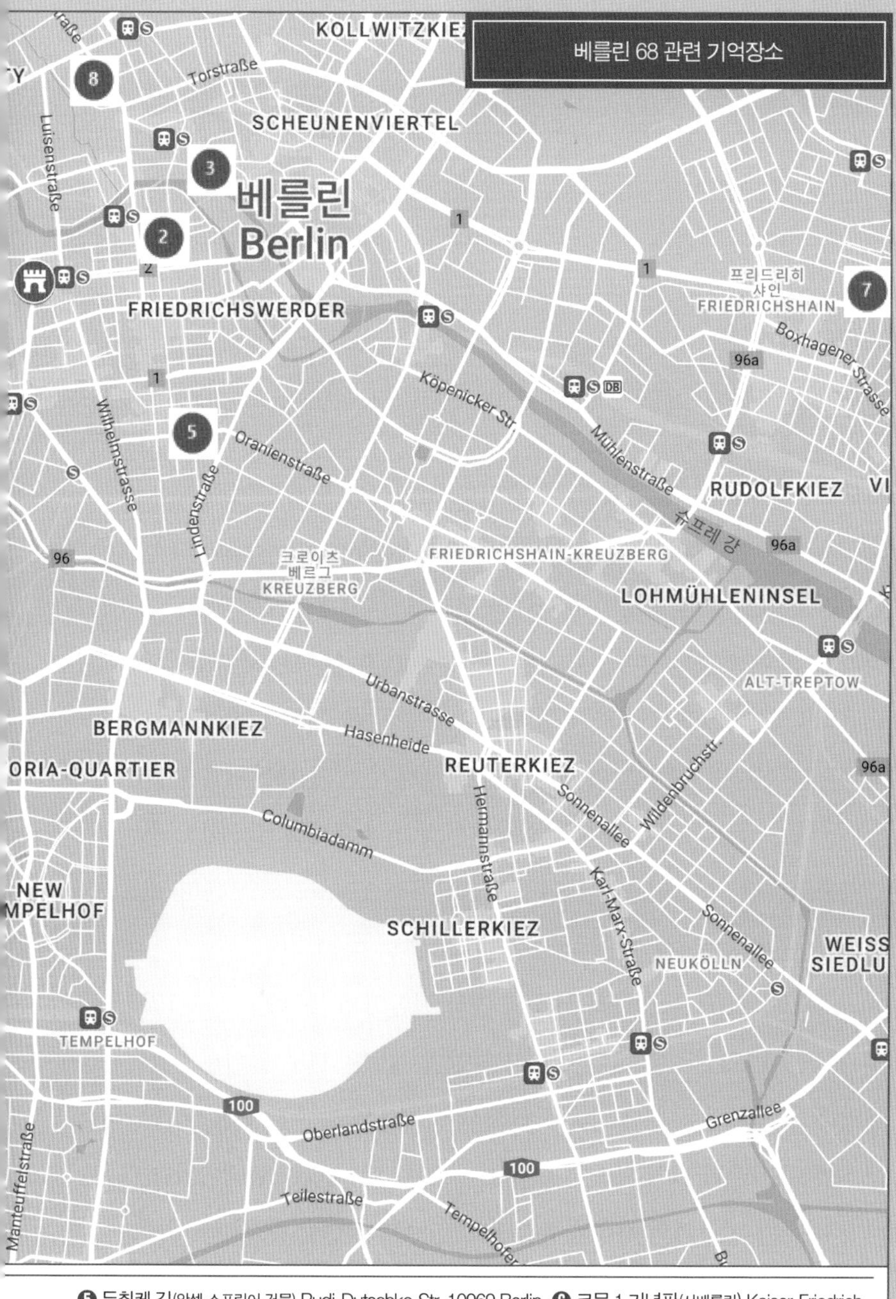

❺ 두취케 길(악셀-스프링어 건물) Rudi-Dutschke-Str. 10969 Berlin ❻ 코뮨 1 기념판(서베를린) Kaiser-Friedrich-Str. 54A, 10627 Berlin ❼ 동베를린의 〈코뮨 1〉 Samariterstr. 36, 10247 Berlin ❽ 마르쿠제 묘지 Chausseestr. 126, 10115 Berlin ❾ 두취케 묘지 St.-Annen Kirchhof, Königin-Luise-Str. 57, 14195 Berlin

동독에도 68이 있었다?

베를린 최고의 두 중심거리, 정확히는 서베를린의 중심거리 쿠담Ku'Damm과 동베를린의 중심거리 운터 덴 린덴Unter den Linden. 그곳엔 거리의 화려함과 웅장함에 가려져 희미해진, 그래서 오히려 더 선명한 68의 흔적들이 남아있다. 애써 찾지 않으면 쉬 보이지 않을, 그러나 분단된 독일에서 각자의 세상이 가야 할 길을 앞서 외친 인물들의 비극적이지만 희망을 머금은 역사가 생채기 위의 새살처럼 돋아있다. 때로 어떤 기억은 강제된 망각에서 우연의 형태를 띠고서도 필연적으로 다시 되돌아오곤 한다. 쿠담의 '두취케Dutschke'와 운터 덴 린덴의 '둡체크Dubček'가 그렇다.

독일의 1968년은 전복적 사유와 인식 전환의 모퉁이였다. 시간의 길 곳곳이 1968년 이전에는 가보지 않았던 새로운 길로 들어서는 입구였다. 변화를 원하는 청년들에 의해 이전 세대의 보수성과 권위주의가 거부되면서 이 길의 모습은 모든 분야에서 낯설지만 역동적이었다. 가장 중요한 변곡점의 하나는 서독을 중심으로 청년들이 부모세대에

서베를린 쿠담 거리의
'두취케' 총격 피습 기억 동판(1990).
서독 68학생운동의 카리스마적 지도자였던
루디 두취케가 백주 대낮에 총격 테러를
당한 현장에 설치된 이 바닥 동판에는
"1968년 4월 11일 루디 두취케에 대한 테러:
루디 두취케는 총상 후유증으로
1979년 사망했다. 학생운동은 가장 뛰어난
인물을 잃었다"고 적혀있다.

동베를린 운터 덴 린덴 거리 옆 '둡체크' 기념 기둥(2012).
1968년 동베를린 국립도서관 뒤 귀퉁이 벽에 스프레이로 급히 씌어진 지 44년 만에
우연히 발견된 '둡체크' 글씨를 기념하기 위해 세워졌다. 둡체크는 1968년 초 체코슬로바키아
공산당 제1서기로 취임한 직후 개혁과 민주화를 이끈 '프라하의 봄'의 상징적 지도자다.[1]

게 던진 도발적 질문으로부터 시작되었다. "부모님, 당신들은 그때 어디서 무얼 했나요?" 청년들은 나치의 학살 만행에 대해, 역사의 과오에 대해 책임을 지려는 사람들이 없다는 사실과 실제로 상응하는 처벌을 받은 자가 너무나 적다는 사실을 도저히 받아들이기 어려웠다.[2]

나치 과거청산을 비롯해 과거와 현재에 대한 총체적인 물음이 던져졌다. 나아가 1950년대의 냉전과 재건을 거쳐 60년대 새롭게 고착된 분단 속에 폭력을 마다않는 체제 경쟁이 펼쳐지던 때, 대학생들을 중심으로 베트남전쟁에 반대하는 반전反戰운동과 반권위주의 집단행동이 본격화되었다. 보수적 이념과 사회 부조리, 권위를 둘러싼 세대 간 갈등의 수위가 정점에 이르렀고, 새로운 사회를 향한 젊은이들의 거친 외침과 새로운 변혁의 실험이 불길처럼 번져갔다.[3]

동독에서도 1968년은 '프라하의 봄'의 영향으로 자유와 민주적 사회주의에 대한 꿈과 열망이 싹트는 시간이었다. 프라하에서 '인간의 얼굴을 한 사회주의'를 외치며 둡체크를 중심으로 새로운 개혁이 추진되고 8개월여 자유화와 민주화의 실험이 감행되고 있을 때, 적지 않은 동독 시민들이 내심 부러움과 기대 속에 이 변화를 지지하고 희구했다. 하지만 1968년 8월 21일 소련을 포함한 동유럽의 바르샤바 조약군의 개입으로 탱크에 의해 개혁의 꿈이 좌절되자, 프라하 시민뿐만 아니라 동독의 상당수 젊은이들과 지식인들도 큰 충격에 휩싸였다.[4] 청소년 시절 이 변화를 경험한 한 학자가 지적하듯 "동독의 68세대는 프라하의 봄을 통해 자신들의 비판적인 사유와 이상적인 상상력을 펼쳤지만, 짧은 시간에 큰 좌절을 겪었다. 그러나 그 생각을 포기

한 것은 아니었다."[5]

이렇게 1968년은 서독에서나 동독에서나 이전 세대와는 분명히 다른 균열과 변화의 파동이 각기 다른 모습으로 분출되는 반란의 해였다. 뿌리와 전망은 서로 달랐지만, 동서독 젊은이들의 현실 부정은 또 68을 계기로 하나의 공동전선을 형성했다. 서독에서의 반권위주의 반란과 동독에서의 꿈틀거림은 공통적으로 현실 체제를 넘어서는 새로운 길에 대한 모색이었고, 냉전에 갇힌 세상과 사고에서 벗어나려는 시도였다. 그리고 제3의 길에 대한 꿈이었다.

비록 이들의 반란 또는 개혁 시도는 바로 직접적인 성공으로 이어지지 못했지만, 서독에서는 청년들이 외친 이때의 변혁이 점진적인 개혁의 추동력으로, 동독에서는 이때 무너진 개혁 열망이 1989년 장벽 붕괴로 이어지는 평화혁명의 원동력으로 발전했다.[6] 베를린은 이 뜨겁고 비장했던 동서독 68의 가장 치열한 현장이었고, 그래서 독일 현대사의 중요한 변곡점 68을 가장 선명하게 기억하고 있는 도시다.

산 권력과 죽은 투사의 결투, 그 길을 묻다

1968년 서독엔 극명하게 다른 두 길이 존재했다. 한 길이 반항과 변혁을 꿈꾸던 길이었다면, 다른 한 길은 기존 질서에 대한 순응을 요구하는 보수의 길이었다. 한 길이 두취케를 중심으로 한 젊은 청년세대들의 길이었다면, 다른 한 길은 언론재벌 악셀-슈프링어Axel Springer로 대표되는 기성세대의 길이었다. 한 길이 강요된 관행과 냉전 이데올로기에 의문을 던지며 "우리는 바꿀 수 있다", "우리는 희망 없는 역사의 바보들이 아니다" 외치는 길이었다면,[7] 다른 한 길은 철부지 젊은이들의 위험한 불장난이라고 호통 치며 가만히 있으라 훈계하는 길이었다. 그리고 한 길이 악셀-슈프링어에 항의하며 돌을 던지던 길이었다면, 다른 한 길은 학생운동을 비난하며 그 과격성을 강조한 문구를 큼직하게 인쇄해 돌리던 길이었다.[8]

두취케는 서독 68학생운동의 아이콘이었다. 논리 정연한 이론에다 카리스마 넘치는 연설로 학생운동의 '머리와 입'이라 불렸고, 곧 핵심적인 지도자로 부상했다. 동시에 악셀-슈프링어그룹의 집중적인 증오와 공격의 대상이 되었다. 특히, 당시 서베를린 신문시장의 70퍼센트를 점유했던 《빌트》는 두취케에 대해 지속적으로 "폭력 시위 주모자", "국민의 적 1호"라는 제목을 붙여 그의 사진과 함께 보도했고, 급기야 "청년 빨갱이, 테러를 중단하라", "주모자를 공격하라"는 악의적이고 선동적인 기사를 내보내기도 했다.[9] 이로 인해 1968년 2월 학생들의 국제베트남회의 개최 이후 베를린시가 조직한 대규모 학생 시위 반대 관제데모에서 두취케에 대한 증오와 저주를 담은 구호가 쏟아져 나올 지경이었다. 게다가 때마침 한 청년이 두취케로 오인되어 시위대로부터 죽을 지경까지 구타당하는 일이 벌어지기도 했다.

그 뒤 4월 11일 두취케는 백주 대낮 쿠담 대로 한복판에서 한 극우 청년에 의해 "이 더러운 공산주의자 돼지"라는 욕설과 함께 머리와 어깨에 총격을 당했다. 긴 수술 끝에 목숨은 건질 수 있었지만, 언어·기억 장애로 몇 년 동안 어린 아들과 함께 다시 언어를 배워야 했다.[10] 학생들은 즉각 "살인자 슈프링어"를 외치며 악셀-슈프링어그룹 본사로 몰려가 거세게 항의했고, 《빌트》지 배포를 저지하기 위해 배송 차량을 불태우기도 했다. 결국 서독의 68은 두취케와 악셀-슈프링어의 대립과 비극적인 결말로 상징되고, 또 이런 점에서 68의 두 길은 단적으로 두취케의 길과 악셀-슈프링어의 길이라고 불러도 무방할 정도였다.

68의 이 두 길은 2008년 40주년을 맞아 베를린 거리에 묘한 대비를 이루며 다시 등장했다. 악셀-슈프링어그룹 본사 건물 앞에 먼저 생긴 '악셀-슈프링어 길'에 연이어 '루디-두취케 길'이 만들어진 것

•
두취케의 연설 장면.
※출처: 클라우스 메너Klaus Mehner의 특별사진전
(2022년 2월 18일~2022년 8월 14일, 베를린 판코우박물관).

••
1968년 쿠담 대로변 두취케 피습 현장.
※출처: dpa/Chris Hoffman.

이다. 정확히는 기존의 길 이름을 '루디-두취케 길'로 개명한 것이다. 대개 길은 단순히 통로만을 의미하지 않는 경우가 많다. 길의 이름을 정하거나 바꾸는 것은 흔히 정치적 문제다. "일반적으로 지배집단이 과거를 기억하는 방법을 결정하기 때문에 불가피하게 권력관계를 반영하는 논쟁"이 수반되고, "사회의 문화적 기억에서 해석의 주권에 대한 지형 변화"를 의미하는 것일 수 있기 때문이다.[11]

자연스럽게 루디-두취케 길은 다시 갈등과 분쟁의 길이 되었다. 68에 대한 평가를 둘러싼 해석 주권의 지형에 균열과 변화가 생기고 있음을 상징했다. 어떤 이는 당시 거리 개명 분쟁을 두고 이미 사망한 슈프링어와 두취케를 빗대어 '죽은 자들의 결투'라고 부르기도 했다.[12] 그러나 보다 엄밀히는, 여전히 엄청난 영향력을 가지고 있는 살아있는 언론 권력과 죽은 투사의 결투라고 불러야 좀 더 적절할지도 모른다. 그래서 당연하게도 루디-두취케 길로의 거리 개명과정은 지난했다.

2004년 두취케 사망 25주년을 맞아 일간지 《타쯔*Taz*》는 악셀-슈프링어 길과 교차하는 기존의 길 이름을 루디-두취케 길로 개명하자고 제안했다.[13] 악셀-슈프링어그룹의 언론매체에 맞서 1978년 시민들의 기금 조성을 통해 만들어진 《타쯔》다운 구상이었다. 그러나 베를린의 수많은 길을 마다하고 하필 악셀-슈프링어 길 앞으로 루디-두취케 길을 지나가게 하자는 건 분명 도발적인 제안이었다. 그 도발성에도 불구하고 이 제안은 2005년 해당 지역 구의회에 정식 안건으로 상정되었고, 2006년 4월 1일 실제로 개명 결정이 이루어졌다.[14]

하지만 자사 건물 바로 앞에 루디-두취케 길이 생길 거라는 사실에 악셀-슈프링어그룹이 가만히 있을 리는 없었다. 그룹을 포함해 이 거리에 청사를 둔 독일상공회의소, 지역 주민 27명이 반발하며 베를린 행정법원에 소송을 제기했다. 2005년 당시 《빌트》 하나만도 발행부수가 350만 부 이상이었던 데 비해 《타쯔》는 약 6만 부 정도였으니 사실 골리앗과 다윗의 싸움이라고 할 만한 형국이었다. 정치적으로는 기민당이 반대 입장을 보였다.[15]

2006년부터 각기 찬반세력들의 거리투쟁이 시작되었다. 《타쯔》가 개명 찬성 서명운동을 벌이는 동안, 기민당은 개명 반대 구민투표 청원 서명을 모으기 시작했다. 길 주변에 거주하는 주민만이 아니라 구민 전체를 대상으로 주민투표를 실시해 개명을 저지해 보겠다는 심산이었다. 그러나 2007년 1월 주민투표 결과 57퍼센트가 개명에 찬성했다. 몇 개월 뒤 법원은 개명이 합법적이고 주민의 기본권을 침해하지 않는다면서 소송을 기각했다.[16] 이듬해 고등행정법원이 다시 항소를 기각하면서 수년에 걸친 개명 투쟁과 법적 분쟁이 마무리되었다.

2008년 4월 30일 드디어 악셀-슈프링어그룹 본사 고층빌딩 앞 악셀-슈프링어 길 끝자락에 루디-두취케 길 표지판이 설치되었다.[17] 이로써 두취케가 총격 테러에 쓰러진 지 40년 만에 악셀 슈프링어 건물의 입구와 루디-두취케 길이 마주하게 되었다. 물론 악셀-슈프링어그룹은 거리 개명 이후 본사 입구를 조정했다. 건물 주소를 변경해야 했던 독일상공회의소 역시 건물의 정문을 측면으로 옮겼다. 상공회의소 4만 여 회원사들이 루디-두취케 길을 우편 주소로 사용하는 것을

•
거리 개명 투쟁의 결실로 연이어진 '악셀-슈프링어 길'과 '루디-두취케 길' 표지판.
68학생운동 당시 보수와 진보의 대명사로 대립관계를 상징했던 두 이름이 나란히 서게 됨으로써
이곳은 "교차로의 왕좌" 혹은 "화해의 문화적 상징"으로도 불린다.

••
악셀-슈프링어그룹 본사 건물 앞
'루디-두취케 길'.

원치 않았기 때문이라고 한다.

그러나 이 두 길의 만남은 어떤 이들에겐 "화해의 문화적 상징"이라고 받아들여졌고, "이보다 더 좋은 교차로를 상상할 수 없다"는 이들도 있었다.[18] 실제로 2010년 악셀-슈프링어그룹은 계열사 신문들이 1966~68년 학생운동과 두취케에 대해 보도한 약 5,900개의 당시 기사와 논평들을 모두 취합해 온라인 공개 아카이브를 개설했다.[19] 자사 보도에 대한 객관적인 평가를 목적으로 한 것이라지만, 부정적으로 남아있는 이미지를 개선해 보려는 화해의 제스처로 해석되기도 했다.[20]

2018년 두취케 피습 50주년을 맞아 베를린 경찰은 처음으로 〈루디 두취케에게 향한 세 발의 총탄〉이라는 제목의 특별전을 열었다. 당시 수사 파일과 현장 사진, 그리고 극우청년이 발사한 리볼버 총알도 전시되었다.[21] 동독의 저항가수 볼프 비어만이 두취케 피습 직후 지어 부른 노래 제목과 같다는 점에서 주목할 만한 전시회였다. 왜냐하면 비어만은 세 발의 총탄 중 한 발은 악셀-슈프링어그룹에서, 다른 한 발은 베를린시 정부에서, 그리고 마지막 한 발은 연방총리가 쏜 것이라고 신랄하게 풍자했기 때문이다.[22]

그러나 길이 마주 보고 있다고 꼭 화해가 되는 것은 아니다. 전시회 개최 기간 《빌트》는 "학생들이 베를린 언론사를 공격했다"는 제목의 기사를 통해 악셀 슈프링어는 자유민주주의의 기본 가치와 독일 통일, 이스라엘과의 화해, 미국과의 긴밀한 관계를 위해 학생운동과 두취케를 날카롭게 공격했다면서 학생들이 동독의 영향을 받았다고 주장했다.[23] 같은 그룹 소속의 또 다른 일간지 《디 벨트》는 쿠담의 두

•
두취케 총격 피습 직후 현장.
총격을 당한 후 벗겨진
두취케의 신발이 보인다.
※출처: bpb/AP.

••
두취케 피습 50주기 행사의 신발.
행사 참석자들은 추념판 주위로
신발을 벗어놓고 헌화했다.
※출처: heise.de/-4024380.

취케 피습 장소에서 개최된 추념 행사를 보도하면서 68운동을 "도덕적 허무주의에 가까운 개념 없는 급진적 이기주의"라고 평했다. 총탄을 맞고 쓰러진 두취케의 벗겨진 신발을 기억하며 신발들을 벗어놓는 이날의 행사를 두고서도 아우슈비츠에서 죽어간 사람들의 낡은 신발과 비교해 터무니없이 적다고 힐난했다.[24]

아직도 이념적 긴장이 계속되고 있는 셈이다. 그래서 이런 관점에서는 여전히 두취케와 악셀-슈프링어그룹이 길 표지에서조차 대적하는 양상을 보이고 있다고 할지도 모른다.

이처럼 두 길을 바라보는 시각은 다양할 수 있지만, 분명한 점은 루디-두취케 길이 적어도 68학생운동의 역사적 의의가 사회적으로 인정되고 있음을, 동시에 독일 민주주의가 그동안 어떻게 발전해 왔는지를 보여주는 상징적 표지라는 사실이다.[25] 두취케의 길과 악셀-슈프링어의 길, 두 개의 적대적인 길로 나눠졌던 1968년이 긴장 속에 나란히 이어진 두 길의 2008년으로 변모한 것이다. 적대와 배척이 아닌 견제와 공존으로 말이다. 오늘도 그 길 교차로에서 신호등이 붉은색에서 녹색으로 바뀌면 많은 사람들이 오가고 있다. 악셀-슈프링어 길을 건너 두취케의 길로, 또는 그 반대로.

세 알의 토마토가 쏘아올린 여성운동

두취케 총격 피습 이후 1968년 9월 13일 프랑크푸르트에서 열린 학생운동단체 SDS의 대표자회의. 두취케 없는 학생운동의 방향을 논의하는 중요한 자리였다. 베를린자유대학의 여학생 뤼거Sigrid Rüger는 회의 직전 토마토를 사서 그날 저녁 패널 토론에 참가했다. 만삭의 몸이었다. 회의 이후 요리할 요량으로 샀던 그녀의 토마토가 그런데 느닷없이 토론자로 나선 학생운동 이론가 크랄Hans Jürgen Kral의 얼굴을 향해 날아갔다. 이른 가을 심각한 열기로 후끈거린 회의장이 일순간 얼음장처럼 서늘해졌다.

이유는 아무도 SDS 최초의, 그리고 이날 유일한 여학생 연사였던 잔더Helke Sander의 말을 귀담아 들으려 하지 않았기 때문이다.[26] 잔더는 공부할 수 있는 여성들도 자녀를 가지게 되면 더 이상 학업과 활동을 하기 어렵다는 점을 지적하면서, 사적 권력관계를 정치적 관계만큼 심각하게 받아들여야 한다고 강조했다.[27] 대부분의 남학생 대표들이 학생운동의 전략과 방향에 대해 심각하게 발표하고 있는 상황에서, 유일한 여학생 대표는 이렇게 '비정치적인' 여성의 교육 문제, 임신과 육아와 관련된 사적인 어려움을 토로하고 있었던 것이다.

잔더의 발표를 듣고 있던 뤼거는 남학생 동료들이 그녀의 연설에 관심을 보이지 않을 뿐더러 듣고 싶어하지도 않는다는 걸 알아챘다. 화가 났다. 특히, 크랄이 잔더의 문제제기를 간과한 채 다른 주제로 말을 돌리자, 순간 "크랄, 당신은 반혁명적이야"라고 외치며 들고 있던 세 알의 토마토를 크랄을 향해 던졌고, 한 알이 그를 맞췄다.[28] 토마토는 붉게 터졌다.

충격이었다. 그러나 이 토마토가 여성운동을 쏘아올렸다! 사실이었다. 단상을 향해 던져진 세 알의 토마토가 새로운 반란의 신호탄이 되었다. 독일의 2차 여성운동은 1968년 그렇게 시작되었다.[29] 뤼거는 "반란자들 중의 반란자"로 여겨졌다. 훗날 뤼거는 "남자들은 세상을 바꾸고 싶어했지만 여성 문제는 네 벽 안에 그대로 가두려고 했다"고 회상했다. 그러나 "이 토마토는 화약통의 불꽃이었다. 토론을 막을 수 없었다. 토마토를 던진 후 (그때까지 여성 문제에 관심이 없었던) 남성 동료들이 여성 문제에 대해, 남성과 여성의 관계에 대해 하루 반나절 동안 토론했다."[30]

실제로 전후 여성들의 교육기회가 조금씩 확대되고 직업에 종사하는 여성들도 증가하는 추세였지만, 가부장적 구조 아래 여성들은 학업이나 근무 외에 집안일과 자녀 양육을 홀로 책임져야 했다. 권위주의 타파와 평등한 세상을 외친 학생운동 내에서도 마찬가지였다. 잔더가 여성 문제에 대한 관심을 촉구했을 때 들어야 했던 말은 "그래

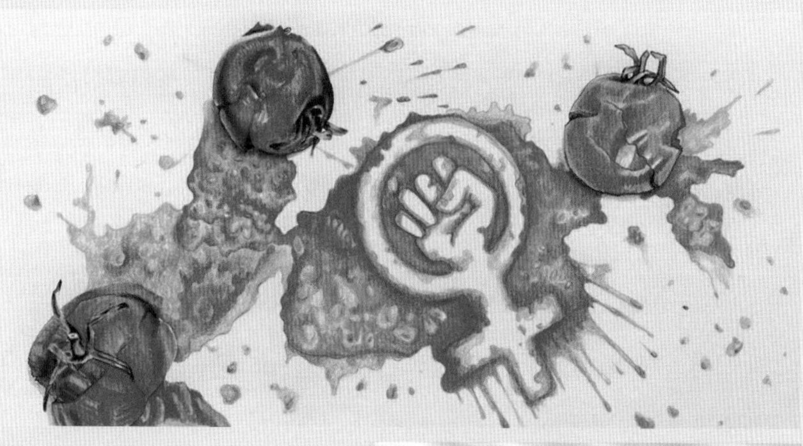

•
세 알의 토마토가 쏘아올린 68여성운동.
※출처: Donata Kindesperk.

••
토마토, 68여성운동의 기호.
지그리트 뤼거의 토마토 투척 사건 이후 토마토 사진, 토마토 던지기 등
토마토가 여성운동의 상징으로 자주 등장했다.

알았으니 제발 부엌으로나 가"라는 것이었다. 잔더가 1968년 초 베를린에서 여성들의 '해방과 연대'를 목적으로 여성해방행동위원회를 만들고, 자율적 공동육아를 위한 새로운 형태의 어린이방Kinderläden을 만든 것도 이런 이유에서였다. 육아와 양육의 문제는 여성만의 사적인 문제가 아니었고, 어린이방은 정치적인 프로젝트였다.[31]

"사적인 것은 정치적인 것이다." 이 슬로건은 이후 독일 여성운동의 기본 구호가 되었다. 자칫 혼자만의 독백으로 묻힐 뻔했던 잔더의 연설이 토마토로 인해 전후 첫 페미니스트 연설, 일명 '토마토 연설'이 되었기 때문이다.[32] 그날 바로 프랑크푸르트대학에서는 '여성위원회'가 조직되었고, 연이어 뮌스터, 본, 뮌헨 등 전 대학도시로 들불처럼 번져나갔다.[33] 대학 내에 다양한 여성 프로젝트와 여성 세미나도 잇따라 조직되었다. 여성의 자의식이 확대되고 여성과 아동에 대한 폭력, 낙태 금지에 대한 문제 제기가 집중적으로 이루어지면서 여성운동은 대학을 넘어 외연을 크게 확장했다.

1971년 낙태를 불법으로 규정한 형법전 218조에 대한 항의 캠페인 "우리는 낙태했다"가 전개되어 여성운동에 새로운 이정표를 세웠다.[34] 이듬해 처음으로 열린 전국여성대회를 계기로 각종 여성모임이 활발해졌고, 1973년엔 베를린에 최초의 여성센터가 설립되었다. 같은 해 기독교적 도덕과 풍속에 기초했던 성범죄 관련 형법도 성적 자기결정에 대한 죄로 개정되었다.[35] 남녀 임금격차와 가사노동의 경제적 가치, 다양한 형태의 성폭력과 가정폭력 문제가 수면 위로 올라오면서, 차별을 철폐하고 여성을 효과적으로 보호하기 위한 노력이 본격화되었다. 광고와 미디어를 통한 여성신체의 상품화에 대한 투쟁도 시작되었다. 동시에 여성문화운동이 확산되고 여성학 연구 붐이 일면서 1987년엔 대학에 최초의 여성학 정교수직이 만들어졌다.[36] 녹색당을 비롯해 정치권에서도 여성정책이 화두가 되어 1986년 처음으로 연방 여성부가 신설되었다.

결국 세 알의 토마토는 3K*로 대표되는 당시의 보수적 여성상과 가부장적 사회를 향해 날린 것이었고, 변혁을 꿈꾸던 남성 활동가들의 무관심과 인식 부족에 대한 격정적인 항의였고 도전이었다. 토마토 투척은 성공적인 반란이었다. 이미 시작되고 있던 여성운동을 추동하고, 여성들의 자의식과 여성에 대한 새로운 사회적 인식에 불을 붙이는 역할을 했기 때문이다.[37]

뤼거의 장례식엔 조화 대신 '토마토 화관'이 바쳐졌다.[38] 베를린 시내에 있는 그녀의 묘비엔 지금도 가끔 토마토와 토마토 화분이 놓여진다. 토마토는 독일 68의 여성운동을 상징하는 기호가 되었다. 그러나 20여 년 전 토마토 투척 사건 30주년을 기념해 열린 컨퍼런스의 주제가 날카롭다. "토마토는 얼마나 멀리 날아갔나?"

독일의 여성운동과 관련된 책자와 행사에선 아직도 종종 토마토가 날아다니고 있다. 반세기가 지난 현재도 역시 이 질문이 유효한 셈이다. 그래서 다시 질문이 떠오른다. 여성들은 여전히 토마토를 들고 있어야 하는가?

* 3K는 부엌Küche과 자녀Kinder, 그리고 교회Kirche를 의미한다.

토마토가 놓인 지그리트 뤼거의 묘비.
뤼거의 장례식엔 조화 대신 '토마토 화관'이 바쳐졌고,
그녀의 묘비엔 종종 토마토 화분이나 토마토가 놓이고 있다.

뺨맞은 기성세대, 복수가 아닌 정의입니다

세 알의 토마토가 남성들의 면전을 향해 돌진한 지 두 달 후 서독의 1968년을 뒤흔든 또 하나의 사건이 벌어졌다. 그해 11월 베를린에서 개최된 기민당 전당대회에서 베아테 클라스펠트가 키징거 연방총리를 향해 "나치, 나치, 나치!"라고 소리치며 그의 뺨을 세차게 때린 것이다. 잘 알려진 대로 이 사건은 전 세계적으로 센세이션을 일으켰다. 29세의 젊은 여성이 날린 손은 불의한 역사와 용서를 구하지 않는 후안무치의 시대를 후려쳤고, 긴급조치권으로 학생들을 막아선 나치 출신의 노회한 정치인의 뺨은 한동안 붉게 부풀어올랐다. 나치에 부역한 아버지 세대에 대한 젊은 68세대의 인식과 태도를 상징하는 대표적인 행동이었고,[39] "해방의 행위"였다.[40]

베아테 클라스펠트는 이미 1966년 키징거가 연방총리에 취임하자 프랑스의 한 잡지에 기고문을 싣고, 1968년 4월 연방하원에서 "나치, 물러가라!"는 외침으로 여러 차례 키징거의 나치 전력을 공격해 오던 터였다. 이 일로 클라스펠트는 이례적으로 그날 저녁 바로 모욕죄와 상해죄로 징역 1년을 선고받았다. 이에 작가 하인리히 뵐은 그녀에게 50송이의 붉은 장미를 선사했다.[41] 전후 망각의 잠에서 국민들을 깨우며, 나치 학살 만행의 역사를 외면하지 말 것을 촉구한 클라스펠트의 이날 행동은 시작에 불과했다.[42] 그녀의 가슴속엔 언제나 조피 숄이 남긴 문구가 맥박처럼 뛰고 있었기 때문이다. "나치와의 싸움에서 중요한 것은 처음부터 그 성공을 확신하는 것이 아니다. 무엇보다 용기 있게 노력하고, 양심에 귀를 기울이며, 눈을 부릅뜨고, 행동해야 한다."[43]

실제로 클라스펠트는 남편 세르주와 함께 평생 위험을 무릅쓰고 '나치 사냥꾼'의 험난한 길을 걸었다. 끔찍한 만행과 온갖 악행을 저지르고도 몰래, 때로는 신분을 세탁한 뒤 당당히 생활하던 많은 나치 범죄자들을 끝까지 추적해 법정에 세웠다. 대표적인 사례가 '리옹의 도살자'로 악명 높았던 클라우스 바비Klaus Barbie의 체포와 재판이었다. 1942~1944년 리옹의 게슈타포 총책이었던 바비는 1만 4,000명 이상의 유대인을 체포해 절멸수용소로 보냈고, 프랑스 레지스탕스의 가장 중요한 지도자 중 한 명이었던 장 물랭Jean Moulin을 포함해 수많은 레지스탕스들을 잔혹하게 고문하고 살해했다. 장 물랭은 체포된 직후 수 주 동안 양 팔과 양 다리, 그리고 갈비뼈 거의 모두가 부서지는 "말할 수 없을 정도로 끔찍하고 비열한" 고문을 당하고 거의 의식불명 상태로 베를린 강제수용소로 이송되다 열차 안에서 심장마비로 사망한 것으로 알려져 있다.[45]

종전 직전 바비는 독일로 숨어들었고, 1946년 연합군의 수배목록

Deutschlands

Freitag, 8. November 1968 – 15 Pf

BERLIN-AUSGABE

Bild

BERLIN

Zwischenfall in der Kongreßhalle

Ein Jahr Gefängnis für die Frau, die den Kanzler ohrfeigte

Schlag mit dem Handrücken verletzte Kiesingers linkes Aug

29jährige Ohrfeigen-Frau überlistete die Saalwächter mit einem Trick: Ich will ein Autogramm haben

Attentat auf dem Tonband angekündigt

16jähriger wollte nicht zu seinem Vater nach Berlin – vergiftet

Er nahm sich im Heim das Leben

•

연방총리 키징거의 뺨을 때린 베아테 클라스펠트.

1968년 11월 8일 징역 1년을 선고 받은 후 《빌트》지 1면에 실린 그녀의 모습.[44]

••

뺨이 부어오른 키징거 연방총리.

뺨을 맞은 키징거 연방총리가 눈 검사를 받고 있다.

※출처: picture-alliance/dpa.

에 "리옹의 도살자"로 올라 체포되었지만, 불과 1년 후 미군 첩보부대 요원으로 활동했다. 프랑스에서는 이미 1952년 궐석재판을 통해 사형이 선고된 상태였음에도, 신분을 세탁한 뒤 볼리비아로 보내진 바비는 그곳 독재정권의 비밀경찰 창설과 활동을 지원했다. 이후로도 그는 서독의 연방 정보국과 연계된 활동을 계속하는가 하면 1980년 볼리비아 군사쿠데타 지원과 국제 무기거래에도 손을 대며 호의호식했다. 그러나 결국 클라스펠트 부부의 끈질긴 추적과 그사이 새롭게 선출된 볼리비아 정부의 도움으로 1983년 2월 4일 체포되어 프랑스로 인도되었다. 4년 후 유명한 '리옹의 도살자 재판'이 논란 속에 개시되었고, 바비는 종신형을 선고 받았다.[46]

당연히 '나치 사냥꾼'의 삶은 결코 녹록지 않았다. 때론 최고 권력자들과도 대적해야 했다. 목숨을 걸어야 할 때도 많았다. 협박 전화는 물론이고, 1979년엔 폭발물 테러로 주차장에 세워둔 자동차가 전소되었다. 시한폭탄이 아이들을 유치원에 데려다주는 시각에 맞춰 설치된 것으로 추정되었는데, 다행히 새벽 일찍 터져 인명 피해는 없었다고 한다. 소포로 폭발물이 배달되어 오기도 했다. 같은 시점에 동일한 소포를 배달받은 교도소장은 이걸 개봉했다가 사망했다고 한다. 이 때문에 클라스펠트 가족은 늘 두려움 속에 생활해야 했고, 택시를 탈 때조차 조심스러웠다고 회고했다.

그러나 위협과 협박이 이들을 가로막지는 못했다. 이들은 주저하지 않았다. "행동하는 사람은 위험을 감수해야 합니다."[47] 1991년엔 또 다른 나치 전범을 추적해 시리아까지 찾아갔고, 결국 2001년 그를

•
베아테 클라스펠트가 키징거 총리의 뺨을 때린 현장(베를린 회의장).
1950년대 동/서 베를린의 체제 경쟁을 배경으로 건축된 이 유명한 조개 모양 건물은
1989년 이래 '세계 문화의 집'으로 사용되고 있다.

••
클라스펠트 부부의 활동을 그린 만화책(2021).
《진실을 사냥하다》는 제목의 회고록(2018)이 출판된 이후
이 만화책 《정의를 위하여》(2021)가 간행되었다.

다시 종신형에 처하도록 했다.[48] 점차 나치 범죄자들이 고령화되고 생존자가 줄어들면서 이들을 법정에 세우는 의미가 옅어져 갔지만, 끝이 아니었다. 그들의 범죄를 문서화해 기억으로 남기고 죄책감을 갖게 하는 작업, 이름 없이 통계 숫자로만 남은 희생자들에게 이름과 얼굴을 되찾아주는 작업, 이것은 역사가 도덕적으로 옳은 방향으로 갈 수 있도록 하는 정의를 위한 과제였다.[49]

나치 사냥꾼에서 '진실 사냥꾼'으로 활동을 넓혔다. 클라스펠트 부부의 활동으로 약 8만 명의 나치 희생자들이 이름을 되찾았고, 수천 명의 아이들이 사진으로 되돌아왔다. 아우슈비츠 해방 60주년을 맞아 이 아이들의 사진을 모아 〈죽음으로 가는 특별열차〉 전시회를 개최한 것은 기억문화에 중요한 기여였다.[50]

"역사적 진실에 타협이란 있을 수 없습니다."[51] 클라스펠트는 기회 있을 때마다 역사는 예측 불가능하지만 그 역사를 만들어가는 건 사람들이기 때문에 비록 소수라 하더라도 항상 옳은 일을 하는 사람들이 있고 또 있어야 한다고 강조해 왔다. 한편 역사가 증명해 왔듯이 불편한 진실을 드러내려는 사람들, 정의를 찾으려 하는 사람들에게 모두가 박수치는 건 아니다.[52]

그럼에도 불구하고 역사는 아이러니의 연속이다. 서독 연방총리의 뺨을 때리고 여러 차례 징역형을 선고 받았던 클라스펠트가 2012년 독일 연방 대통령 후보 중 한 명으로 추대되었기 때문이다. 여러 중요한 상과 훈장도 잇따라 받았다.[53] 망각에 맞서는 '기억의 선구자',[54] 나치 사냥꾼이자 진실 사냥꾼으로 평생을 헌신해 온 이들에 대한, 늦었지만 너무 늦지 않은 인정일 게다. "복수가 아닙니다. 정의와 진실을 위한 것입니다."[55] 이들의 말대로 정의와 진실은 정녕 사냥되어야 하는 것인지도 모른다.

카프카가 보낸 봄의 제비들, 동베를린의 로미오와 줄리엣

역사는 때로 전혀 예상치 못한 연결고리로 이어져 있기도 하다. 카프카와 베를린장벽의 붕괴.[56] 언뜻 무관해 보이는 이 둘은 몇 번의 매개를 거치면 아주 긴밀하게 연결된다. 1963년의 카프카 회의와 '프라하의 봄', 그리고 동베를린의 반정부 청년 그룹을 통해서다. 잘 알려진 대로 프라하의 봄을 상징하던 슬로건은 '인간의 얼굴을 한 사회주의'다. 그런데 이 슬로건의 사상적 기반은 이미 1963년 프라하 인근 리브리체Liblice성에서 개최된 "전설적인" 카프카 회의로부터 분출되기 시작했다는 게 대체적인 평가다. 왜냐하면 카프카 작품의 핵심 주제였던 '소외'가 사회주의 사회에도 나타난다는 일부 참석자들의 주장이 지식인 사회에 파문을 던지며 수년간 인간적이고 민주적인 사회주의가 무엇인지를 고민하게 하는 계기가 되었고, 나아가 프라하에 봄을 가져오는 문화적·정치적 변화를 추동했다고 여겨졌기 때문이다.[57]

당시 회의 참석자들은 모두 카프카가 20세기 문학사에서 가장 중요한 작가 중 한 명이라는 점, 그리고 그의 작품 속에 현대사회의 문

•

1963년 5월 프라하 인근 리브리체성에서 개최된 카프카 회의 장면.
카프카 탄생 80주년을 맞아 골드슈튀커 프라하대학 부총장을 비롯해
약 100명의 학자들이 참석해 카프카에 대한 재해석을 시도한 이 회의에서
'프라하의 봄'을 알리는 제비가 날아올랐다.
※출처:《Franz Kafka aus Prager Sicht 1963》.

••

1963년 카프카 회의 책자(1965).

제점과 모순이 독특한 방식으로 투영되어 있다는 데는 동의했다. 그러나 카프카의 작품에 묘사된 소외 현상이 역사적으로 자본주의 사회에만 국한된다는 관점과 오히려 사회주의 이행기에 더욱 강하게 나타날 수 있다는 해석이 부딪쳤다.[58] 카프카를 어떻게 볼 것인가를 두고도 논쟁이 벌어졌다. 어떤 이에게 카프카는 새로운 날을 알리는 '제비'였지만, 다른 이에게는 어둠 속 '박쥐'였다.[59] 회의는 빠르게 정치적 논쟁으로 비화되었다. 카프카 해석은 "교조주의와 관료주의와의 싸움이면서 동시에 민주주의를 위한 싸움"이며, 기존 마르크스주의의 수정이 불가피하다는 주장으로 이어졌다.[60] 결과적으로 카프카 회의는 현실 사회주의의 권위적이고 억압적인 관료주의를 지적하고 비판하는 데 기여했다.[61] 덕분에 카프카는 일약 교조주의자들과 수정주의자들을 나누는 기준점으로 등극했다.[62]

〈새로운 봄의 첫 제비들〉이라는 글로도 발표된 카프카 회의의 수정주의적 입장은 말 그대로 프라하의 봄을 알리는 첫 제비였다.[63] 이미 이듬해 서방의 한 기자는 "누가 프란츠 카프카를 두려워하는가?"라고 물으며, 카프카의 부활을 통해 동구권에서 문화적·정치적 자유를 요구하는 목소리가 커지고 있다고 보도했다.[64] 카프카 작품은 이제 프라하 시민들에게도 자연스럽게 읽혔고, 작가들은 공공연히 자유화를 요구했다. 1967년 체코슬로바키아 작가협회 회의에서는 당 정책과 지도부에 대한 직접적인 비판이 이뤄졌다. 즉각 해당 인사들에 대한 출당조치와 여러 제재가 가해졌지만, 오히려 광범위한 반발에 부딪혔고, 때마침 일어난 대학생 시위에 대한 폭압적 진압과 맞물려 결국 1968년 초 지도부가 둡체크로 교체되면서 프라하에 봄이 성큼 다가왔다.

반면 동독의 분위기는 적어도 공식적인 차원에서는 전혀 달랐다. 카프카 회의가 열린 지 얼마 지나지 않아 "봄, 제비 그리고 프란츠 카프카"라는 제목으로 전통적인 소외 개념을 왜곡한 해석이 제기되었다는 신랄한 비평이 게재되었고,[65] 반反카프카 캠페인도 전개되었다.[66] 그러나 1967년 동독-체코슬로바키아의 비자 면제 여행이 가능해지면서 동독인들에게 프라하는 그나마 어렵지 않게 갈 수 있는 몇 안 되는 외국 여행지 중 하나였다. 둡체크의 개혁 이전부터 이미 프라하는 보다 현대적인 예술과 영화를 즐길 수 있는 곳이었다. 더욱이 동독에서는 금지된 록음악을 들을 수 있었던 곳이기도 했다. 프라하의 상점들에서는 롤링 스톤즈나 비틀즈의 LP판과 같이 일반 동독 소비자들이 구매하기 어려웠던 서구 제품들을 구입할 수도 있었다고 한다. 1968년 프라하의 봄이 되자 상호 방문객이 더욱 급증했다. 자유로운 분위기를 만끽하려는 동독 시민들에게 프라하는 '해방구'였다.[67]

이런 상황에서 '인간의 얼굴을 한 사회주의'를 위한 개혁이 바르샤바조약군의 프라하 점령으로 좌절되었다.[68] 많은 동독 청년들이 충격을 넘어 분노했고, 현 체제에 대해 의심을 품기 시작했다. 즉각 항의와 산발적인 저항으로 이어졌다. 동베를린에서만 수백여 곳에서 전단지가 뿌려졌고, 항의 구호가 곳곳에 쓰였다. 3개월여 동안 전국에서 약 1,300명이 체포되어 조사받았다.[69] 당시 전단지 중 가장 대표적인 구호는 바르샤바조약군의 프라하 점령을 1938년 나치의 주데텐란

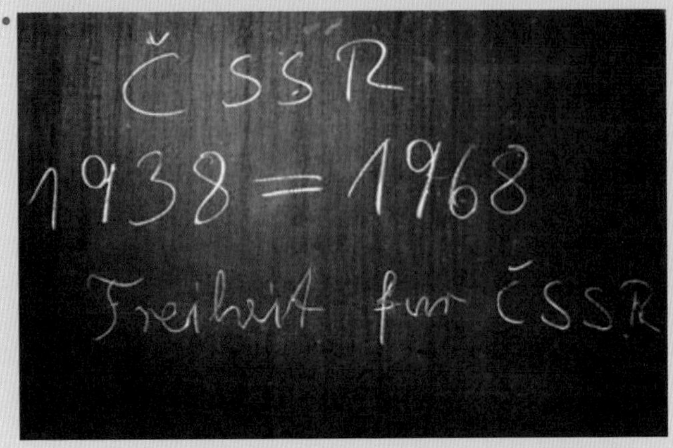

•
동베를린에 뿌려진 전단지 "1938년=1968년, 체코슬로바키아에 자유를!".
1968년 바르샤바조약군의 프라하 점령을 1938년
나치의 주데텐란트 합병에 비유했다.
※출처: 연방슈타지문서청(BStU).

••
1968년 8월 이후
동독에 뿌려진 전단지들.
※출처: 연방슈타지문서청(BStU).

트 합병과 동일시한 "1938년=1968년 체코슬로바키아에 자유를"이었다.* 동베를린에서 체포된 청소년 중에는 유독 고위관료와 당 간부, 지식인들의 자녀들이 많았다. 이들은 동베를린 시내 중앙의 국립도서관 벽에 둡체크라는 이름을 적어 항의했고, 길과 벽, 우체통에 "둡체크는 살아있다", "소련은 프라하에서 나가라", "제2의 베트남이 될 수 없다!"는 구호가 적힌 항의 전단지를 붙였다. 급기야 '(동)베를린 지식인들의 자식들은 반항아' 라는 기사가 나올 정도였다.[70]

서독에서와 마찬가지로 동독 내의 세대 갈등이 68을 통해 분출된 것이다. 부모의 반대를 무릅쓰고 사통당 중앙위원의 딸이 동독의 대표적인 반정부 인사의 아들과 당시로서는 도저히 이루어질 수 없는 사랑에 빠져 동베를린의 '로미오와 줄리엣'으로 회자되었다고 한다. 훗날 이 동베를린의 줄리엣은 "사실 옛 관습과 보수적인 생각을 깨뜨리는 행동은 서독의 68운동과 매우 유사했다. 단지 보수적인 것의 종류가 달랐을 뿐이다. 우린 나이 든 공산주의자나 스탈린주의자들의 생각에 반대했다"고 회상했다.[71]

* 나치는 1938년 9월 30일 뮌헨협정Münchner Abkommen을 통해 체코슬로바키아 내 독일인 다수 거주 지역인 주데텐란트Sudetenland를 합병하고, 이듬해 3월 프라하를 침공해 점령했다.

파일명 〈서정시〉와 들어올린 지구

프라하의 봄의 좌절이 동독의 예술가와 작가들에게 미친 영향도 확연했다.[72] 1968년 8월 21일 당일에만 이미 몇 명의 작가들이 강한 항의 의사를 표명했다.[73] 특히, 체코슬로바키아 작가들과 폭넓은 관계를 유지했던 시인 라이너 쿤체는 사통당을 탈당하고, 후에 "그것은 진짜 봄이었다. 그러나 이 은유는 전적으로 실현 불가능하다. 왜냐하면 봄 이후에는 겨울이 다시 도래하기 때문"이라고 술회했다. 그에 대한 슈타지의 감시 파일인 '파일명 〈서정시〉'에 따르면, 쿤체는 8월 21일 이래로 마치 삶의 긍정적인 부분이 모두 함께 무너져내린 사람처럼 보였다.[74] 동독의 젊은 지식인들과 예술가들이 겪은 트라우마가 얼마나 극심했는지를 보여주는 사례다.

물론 그들 사이에서 격렬한 저항운동이 일어나거나 바로 대안문화가 형성된 것은 아니었다. 그러나 이상과 현실의 모순을 체험한 비판 그룹들이 태동하기 시작했다. 대안적인 삶의 형태를 모색하려는 시도와 새로운 문화에 대한 욕구가 비공개적인 사적 모임을 통해 꿈틀거렀다.[75] 화가 마토이어Wolfgang Mattheuer의 작품 〈7개의 산봉우리 너머〉(1973)와 같이 자유에 대한 강한 열망이 이제 동독의 작가와 예술가들 작품 속에서도 반어적으로 형상화되기에 이르렀다.[76] 동독 사회의 균열이 시작된 것이다.[77]

이런 움직임의 대표적인 장소가 동독의 여성 조각가 훈징어Ingeborg Hunzinger의 자택 아틀리에였다.[78] 동베를린 시내에서 30~40분 떨어진 변두리에 위치한 이곳은 로베르트 하베만과 볼프 비어만과 같은 동독 반정부 인사들의 만남 장소였고, 문학적 논쟁이나 체제 비판적인 토론이 이루어지던 현장이었다. 동독의 1세대 반정부 인사들의 사상적 교류가 훈징어의 이 '문학정치살롱'에서 이루어진 것이다.[79] 아울러 딸인 로지타 훈징어가 동베를린의 로미오와 줄리엣을 비롯한 여러 친구들을 만나 전단지 배포를 준비하고, 후에 서독으로 넘어가기로 모의한 곳도 여기다. 1세대를 넘어 동베를린의 2세대 '젊은 반란자'들의 산실이기도 한 셈이다.

더욱이 이곳은 새로운 사회를 꿈꿨던 둡체크와 두취케의 생각이 조우한 장소이기도 했다. 슈타지의 감시 기록에 따르면, 두취케와 서베를린의 코뮨 멤버들이 이곳을 방문해 볼프 비어만과 하이너 뮐러를 포함한 동독 인사 30~35명과 함께 체제 개혁의 정치적 실행 가능성에 대해 토론을 벌였다고 한다.[80] 서베를린의 68운동가들과 동독의 비판적 지식인들을 잇는 연결고리 역할까지 했던 것이다. 결국 훈징어의 아틀리에에서는 그녀의 작품뿐만 아니라 동독 내 비판 담론이 치열하게 그리고 위험하게 배양되고 빚어지고 있었다. 2015년 근처

•
베를린 시내 한 공원에 설치된 동독의 대표적인 여성 조각가 잉에보르크 훈징어의 〈지구Die Erde〉(1974). 역사 속 여성들의 저항, 인간의 자유와 해방 등에 천착한 이 작품은 여성이 한 팔로 지구를 들어올리는 듯한 모습을 묘사했다.

••
훈징어의 〈생각하는 사람〉(1980).
로댕의 작품 〈생각하는 사람〉과 비슷해 보이는 이 작품은 사유하는 주체가 여성이다.

길이 '잉에보르크-훈징어 길'로 개명되어 그녀를 기리고 있다.

1971년 동독의 권력이 울브리히트에서 호네커로 넘어가면서 일시적으로 문화정책이 다소 느슨해지자 1971~1975년 사이 문화활동과 하위문화 또는 반정부 문화운동, 평화운동이 활발해지고, 많은 비공개 모임과 토론 그룹, 동아리도 함께 생겨났다.[81] 그 가운데 특기할 만한 것이 우편엽서를 매체로 한 정치적 예술운동, 이른바 '메일-아트 운동Mail Art Bewegung'이었다. 때로는 노골적인 선동 내용을 담거나 때로는 현실 체제의 일상적인 억압기제를 해학적으로 풍자한 엽서 예술이 창출되었다. 특정한 일상의 상징과 정치적 암호를 탑재한 공개 초대장이 예술적 콜라주, 도장, 그림, 판화의 형식으로 만들어져 발송되기도 했다.

동독의 예술가들에게 우편엽서는 통제와 감시를 우회해 자신들의 비판적 상상력을 담아내는 매체였고, 메일-아트는 곧 표현의 자유였다. 또 다른 이들과 공유하고 교류하는 통로이자 네트워크를 만들어 가는 중요한 확산 매개체였다.

동독 메일-아트 운동의 아버지로 불리는 로베르트 레펠트Robert Rehfeldt는 1970년대 중반 폴란드와 헝가리에서 전시회를 개최하기도 했다.[82] 그러나 비판적 성향과 활발한 국제 교류로 인해 동독의 메일 아티스트들은 당국의 감시 대상이 되었고, 결국 1984년 두 명이 체포되어 징역형을 선고받았다.[83]

동독 메일-아트 운동의 아버지로 평가되는 로베르트 레펠트의 작품(1979).
우편엽서를 매체로 한 일종의 정치적 예술운동이었던 메일-아트는 동독 정부의 통제와 감시를 피해 현실 체제의 일상적인 억압기제를 해학적으로 풍자하고 소통하는 통로였다.
※출처: 《*Außer Kontrolle!*》(2015).

레펠트의 메일-아트 작품(1980).
※출처: 《*Außer Kontrolle!*》(2015).

그래 바로, 바로의 대안이야

1970년대 중반 동독의 젊은 지식인들과 예술가들은 '프라하의 봄' 좌절 이후 두 번째 분열을 겪게 된다. 단지 토론과 비판적 시각의 공유만으로는 크게 생산적이거나 의미 있는 결과물을 도출하기 어렵다는 판단 속에 또 다른 길을 모색하게 된 것이다. 그건 가시적인 행동과 실천이었다. 개별적이든 집단적이든 행동으로 나타나기 시작했다. 이전과는 뚜렷이 구분되는 이 길은 집단적인 서명운동이나 연판장, 시위로 발현되었다. 1980년대 이후 대안적인 반정부 그룹으로 발전하는 집단적인 자의식의 성장이 구체적으로 표출되는 양태였다.

여기에 불을 당긴 것이 1976년 음악가 볼프 비어만의 국적 박탈과 이듬해 루돌프 바로Rudolf Bahro의 저서 《대안: 현실 사회주의 비판》의 출간이었다.[84] 우리에게도 비교적 잘 알려진 동독의 대표적인 반정부 시인이자 음악가 비어만이 1976년 11월 서독 공연 직후 국적 박탈 결정으로 돌아오지 못하게 되자 집단적인 항의와 반대 서명운동이 일어났다.[85] 그리고 이 시기 무엇보다 루돌프 바로의 이론서 《대안*Die*

현실 사회주의를 비판하면서
새로운 대안적 사회이념을 주창한
동독 학자 루돌프 바로의
이론서 《대안》(1977).

루돌프 바로의 석방을 위한 국제회의.
거의 모든 서유럽 노동운동 지도자들과 학자 등
약 1만 명이 모여 그의 석방을 촉구했다.
※출처: Roland Wehl의 홈페이지(roland-wehl.de).

Alternative》은 등장 자체로 큰 파문이었다.[86]

프라하의 봄이 무력으로 좌절되자 이에 반대하며 사통당에서 탈퇴한 바로는 박사학위 논문과 병행해 《대안》을 집필했다. 훗날 바로는 바르샤바조약군의 프라하 점령일이 자신의 삶에서 "가장 어두운 날"이었고 "내 안의 무언가가 영원히 바뀌었다"고 회상했다.[87] 1974년 원고의 일부 사본이 슈타지에 넘겨지면서 집중적인 감시를 받게 되었고, 슈타지의 개입으로 박사학위도 무산되었다. 동독에서의 출간이 사실상 불가능하게 되자 1977년 완성된 원고를 은밀히 서독으로 밀반출했고, 그중 일부가 잡지 《슈피겔》에 공개되었다.[88] 동시에 인터뷰 내용이 같은 날 저녁 서독의 공영방송 ARD와 ZDF을 통해 방영되면서 하룻밤 사이에 그는 국제적으로 널리 알려지게 되었다.[89] 《대안》이 발간되자마자 서유럽에서 현실 사회주의에 대한 치열한 토론으로 이어졌지만, 바로는 다음 날 즉각 체포되었고 10개월의 구금 끝에 8년형을 선고받았다. 바로가 체포되던 날 로베르트 하베만도 가택연금을 당했다.[90]

볼프 비어만과 마찬가지로 바로가 체포되자 즉시 그의 구명을 위한 광범위한 연대행동의 물결이 이어졌다. 무엇보다 노벨문학상 수상자 하인리히 뵐과 귄터 그라스의 1978년 2월 1일 공개 탄원을 비롯해 유명 인사들의 잇따른 서명이 중요한 역할을 했다. 마치 1930년대 나치 치하에서 노벨평화상을 받은 오시에츠키 석방운동 때와 같이 국제적인 '루돌프 바로 석방위원회'가 조직되었다.[91] 위원회가 11월 서베를린에서 개최한 국제회의는 연대활동의 절정이었다. 독일과 유럽 전역에서 1만 명 이상이 참여했다. 거의 모든 서유럽 노동운동 지도자들과 현실 사회주의의 문제를 분석하고 대안을 모색하려는 학자들과 이론가들이 대규모로 모였다.[92]

이 회의의 세 패널 토론 중 하나가 "프라하의 봄-동유럽 체제위기의 구조적 조건과 형태"였다.[93] 실제로 바로의 《대안》은 '인간의 얼굴을 한 사회주의' 또는 '제3의 길'에 대한 이론화 작업으로 평가되었고, 당시 마르쿠제에 의해 "최근의 마르크스 이론서 중 이론적으로나 실제적으로 가장 중요한 저서"라는 극찬을 받았다.[94] 최근에는 사회주의에 대한 민주적 대안을 모색한 공로로 바로는 '독일 민주주의 100인'에 선정되었다.[95]

한편, 바로가 체포되자 일시적으로 많은 '바로-독서클럽'이 조직되었다. 대안을 찾는 지하 그룹들도 생겨났다. 이 지하 그룹들은 교회의 우산 아래 공식적으로 터부시되던 프라하의 봄과 바로의 이론적 유산을 이를테면 평화, 여성, 인권, 환경과 같은 세분화된 영역에서 구체적인 대안을 고민하고, 상호 연대의 관계망을 넓혀나갔다. 80년대 동독 반정부운동을 주도하게 되는 풀뿌리 지하 그룹들이 조직되기 시작한 것이다.[96]

코뮨, 금지선 넘어 푸딩 던지기

서베를린의 두취케는 동베를린의 듑체크와 중첩된다. 그리고 서베를린의 68과 동베를린의 68은 코뮨이라는 교집합을 갖고 있다. 반권위주의적 반란의 서베를린 청년들이 가족과 성, 주거와 관련된 전통적인 관념을 깨고 '코뮨 1', '코뮨 2'라는 과감한 실험의 해방구를 만들었다면, 동베를린에도 대안적인 삶의 형태를 시도해 보려는 '동독 코뮨 1'이 있었다.

'동독 코뮨 1' 주역들은 훈징어 자택에 모이던 그 젊은 반란자들이었다.[97] 서베를린의 '코뮨'을 모델로 1969년 봄에 만든 '동독 코뮨 1'에서 이들은 '인간의 얼굴을 한 사회주의'를 토론하고, 반권위주의와 관련된 교육, 문학, 예술, 정치에 대한 고민을 나눴다. 서베를린과 달리 일종의 담론 공동체였던 것이다. 그러나 무엇보다 시대적 '금지'를 넘어서는 것이 가장 큰 동기였다. 슈타지는 '집단적으로 모여 하베만의 정치교육을 받으며 마르쿠제, 체 게바라, 수정주의자들의 고전을 읽는 도발적인 토론서클로 젊은이들에게 정치적 악영향을 미치는 반국가적 그룹'으로 묘사했지만, 서베를린은 물론 세계 곳곳에서 벌어지는 청년들의 반란 소식을 소문으로만 접할 뿐 정보가 차단되고 금기시된 환경에서 이를 알기 위해서는 모든 '금지'의 경계를 넘어야 했다.

서베를린과 달리 동베를린에서의 반란은 우선 이 갇힘과 금지의 경계를 뛰어넘는 것이자, 익숙하고 보수적인 것들과의 결별을 의미했다. 이 때문에 동베를린의 코뮨 참여자들은 반정부 인사라 하더라도 기성세대인 로베르트 하베만과 볼프 비어만과도 결별하고, 자신들의 동독 코뮨 1을 방문하지도 못하게 했다.[98] 이렇게 비공개로 유지하려고 했던 장소가 로베르트 하베만의 서독 언론 인터뷰를 통해 공개되자 동독 코뮨 1은 사실상 해체 수순을 밟았다. 이 일로 하베만 부자의 갈등이 격화되어 큰아들 프랑크는 10년 이상 아버지와 연락을 끊고 살았다.[99]

'동독 코뮨 1'이 짧은 실험을 끝내고 사라졌지만, 이들이 추구했던 시도의 일부는 계속 이어졌다. 가령, 서베를린에서와 마찬가지로 한 공간에 함께 사는 공동주거 개념이 동독에 없었던 새로운 공간 공유, 특히 담론 공동체의 형태로 다양하게 분화되어 갔다. 나아가 이 시기 서독의 여성운동이 새로운 어린이방을 조직해 탈권위주의적 공동육아와 교육을 진행시킨 것처럼 동베를린에서도 동독 코뮨 1을 통해 이루어진 대안적인 공동육아 시도가 1980년 처음으로 자율적인 어린이방 설립으로 이어졌다.[100]

동베를린의 코뮨이 '금지'를 넘어서려는 상징적 공간이었다면, 서베를린의 코뮨은 대표적인 정치적·사회적 반란의 해방구였다. 특히,

동베를린의 '동독 코뮨 1' 건물.

서베를린의 '코뮨 1' 건물.

68 당시 정치적·사회적 반란의 대표적인 해방구였던
서베를린 코뮨의 대표적인 성 담론 스타들인 오버마이어와 랑한스(1967).[101]
※출처: picture-alliance/Rauch.

서베를린 '코뮨 1' 기념 동판(2019).
오버마이어와 랑한스가 살았던 코뮨에 기념 동판이 부착되었다.

1967년 1월 1일 서베를린에 만들어진 '코뮨 1'은 1969년 11월 해체되기까지 금기를 깨는 전위였다. 예를 들어, 권위주의적인 가정과 가부장적 가족구조에서 벗어나 모든 사람들이 동등한 권리를 갖는 새로운 삶의 방식으로 "완전히 다른 사회", 공동거주를 시도했다.[102]

또 일상의 정치화를 목표로 풍자와 도발 사이의 "그로테스크한" 집단적 공동저항 행동을 계획하고 실행에 옮겼다. 첫 계획은 1967년 4월 베를린을 방문한 미국 부통령에 대한 '푸딩 공격'이었다. 독일 내 연합군 주둔과 베트남전쟁에 대한 항의의 일환으로 계획된 '푸딩'은 베트남전에 사용된 네이팜탄을 연상케 하려는 가짜 '폭탄'이었다. 경찰은 실제 폭탄이 아님을 파악하고 있었지만, 일부 언론이 폭탄 테러와 암살 기도라고 대대적으로 보도하면서 결행일 하루 전 11명이 체포되었다.[103]

그럼에도 불구하고 코뮨 1은 정치적 도발 행위로 자신들을 드러내는 데 주저함이 없었다. 나아가 자유연애와 성의 해방을 부르짖으며 언론을 활용해 단단한 기존의 성 관념과 관습의 바위에 균열을 냈다. 과감함을 뛰어넘은 그들의 대안적 실험은 충격 이상의 "모든 수준에서 문화혁명"이었다.[104] 성별 역할, 자녀양육, 권력과의 관계 등 모든 것이 변화를 맞았다. 이후 마약을 비롯한 여러 문제로 동력을 상실해 가면서 서베를린의 코뮨은 해체되었지만, 1960년대 후반부터 1980년대 초까지 여기저기, 그리고 가령 '음악 코뮨'과 같이 분야별 코뮨들로 이어졌다.[105]

물론 68운동이 막을 내리고 1970년 학생운동 조직이 해체되면서 코뮨이라는 단어와 도발적 실험은 차츰 사라졌다. 그러나 공동거주 개념은 구성원 모두가 남녀를 불문하고 동등한 권리와 의무를 갖는 거주 공동체 개념으로 확대되었다.[106] 2019년 6월 베를린 한 건물에 "여기에 1968년 코뮨 1이 있었다"고 시작되는 기념판이 부착되었다.

K1의 실험은 부르주아적 의존관계의 분쇄를 목표로 했다. 그들은 소유적 혼인관계와 권위주의적인 자녀양육을 거부했으며, 사적 영역을 해체하였고 사회적 관계에 대해 근본적인 의문을 제기했다. 그들은 시대의 흐름을 정확히 파악하고 있었다. 그들을 따라 오늘날 일반적인 문화유산의 일부인 수백 개의 코뮨과 거주 공동체들이 만들어졌다.[107]

청년이여, "계속하라!"

다음 세 사진의 공통점은 '응시'다. 1967년 6월 2일 베를린을 방문한 이란 국왕 반대 시위를 하다 경찰이 쏜 총탄에 뒷머리를 맞아 쓰러진 대학생 오네조르크Benno Ohnesorg와 피 흥건한 그의 머리를 손으로 받쳐 든 한 여학생의 응시,[108] 꼭 20년 뒤 서울에서 경찰의 고문 살인을 규탄하던 시위에서 또다시 전투경찰이 쏜 최루탄에 뒷머리를 맞아 쓰러진 대학생 이한열과 그의 무너진 몸을 부둥켜안은 친구의 응시, 나치를 피해 파리로 피신했지만 독-소 불가침조약에 이어 폴란드를 침공하고 승승장구하는 나치 파시즘의 기세에 좌절한 발터 벤야민과 그의 〈역사의 천사Engel der Geschichte〉의 응시. 벤야민 식으로 표현하자면 모두 '파국적 현재'에 대한 응시다.[109]

대학생들의 죽음은 서독에선 68학생운동의 전국적인 확산의 전환점이 되었고, 서울에선 6월항쟁의 기폭제가 되었다.[110] 그러나 일부 언론은 이 모든 것이 학생들의 탓이라고 책임을 전가했고,[111] 총격을 가한 경찰은 무죄로 석방되었으며, 이듬해 4월 다시 두취케가 총탄을

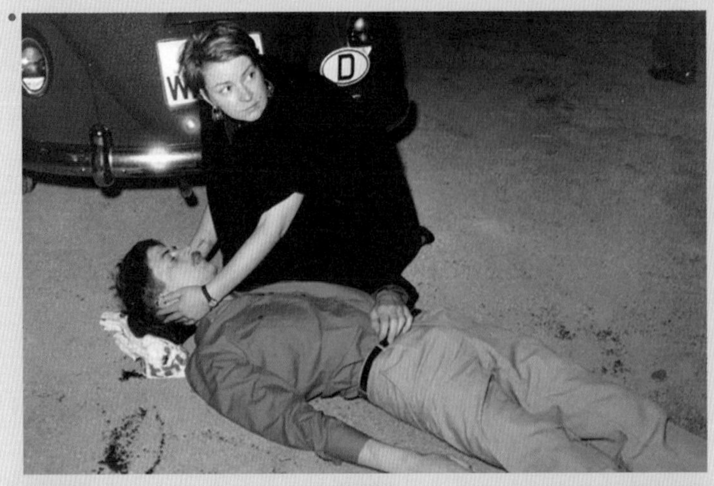

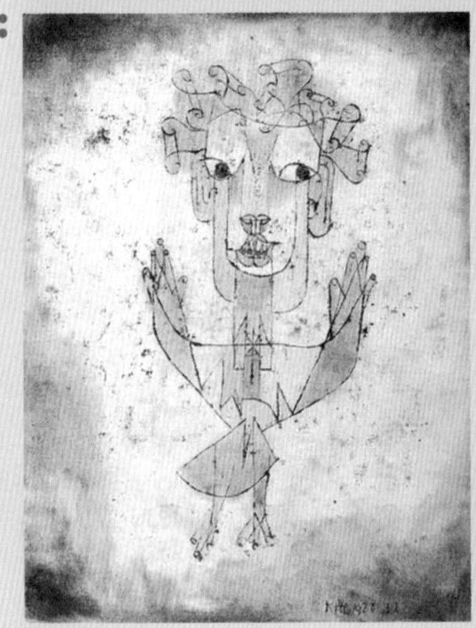

•
서독 68학생운동의 기폭제가 된 오네조르크의 죽음(1967).

••
발터 벤야민의 〈역사의 천사〉. 원작은 파울 클레의 〈새로운 천사〉(1920).

•••
서울 6월항쟁의 기폭제가 된 이한열의 죽음(1987).

맞은 뒤 긴급조치법이 발효되고 얼마 지나지 않아 68운동도 막을 내렸다.[112] 서울에서도 대학생들의 죽음에 대한 책임은 묻혔고, 민주화 항쟁으로 쟁취한 직선제로도 정치세력의 교체와 민주화는 온전히 실현되지 못했다. 벤야민이 〈역사의 천사〉를 쓴 뒤에도 나치의 거침없는 침공은 계속되어 곧 프랑스를 점령했고, 할 수 없이 다시 스페인을 거쳐 피신하려던 그는 결국 국경을 넘지 못하고 자살로 생을 마감했다. 진보하는 역사는 없어 보인다.

벤야민은 〈역사의 천사〉를 통해 연속적이며 진보하는 역사라는 직선적인 시간관과 진보의 역사관을 부정했다. 그러나 벤야민의 〈역사의 천사〉는 역사에 대한 허무주의가 아니라, "희망은 과거에서 온다"는 것, "즉 그것은 과거를 인용하는 것, 과거의 힘을 빌려오는 것"을 말한다.[113] 파국적 현재에 대한 절망 속에 자신의 역사를 스스로 단절시킨 벤야민은 그러나 68과 함께 다시 소환되었다.[114] 68학생운동의 정신적 지주이자 벤야민의 초기 프랑크푸르트학파 동료였던 마르쿠제는 오네조르크 죽음 한 달 뒤 베를린자유대학에서 〈유토피아의 종말〉 강연을 통해 기존 역사의 지속이 아닌 단절로서의 새로운 가능성을 주장했다.[115]

그리고 1990년 오네조르크도 총격을 당했던 바로 그 장소에 1990년 〈시위자의 죽음Tod des Demonstranten〉이라는 추념 조형물로 돌아왔다.[116] 새로운 가능성보다 오히려 68학생운동의 종말만을 목도한 채 10여 년 뒤 두취케와 같은 해 타계했던 마르쿠제도 2003년 특별히 오네조르크의 시신을 옮겼던 바로 그 장의차량에 유해로 실려 다시

•
베를린 시내에 설치된 오네조르크 추념 조형물(1990).
1967년 서베를린 학생 시위 중 총에 맞아 사망한 오네조르크를 추념하는 동상으로
경찰의 폭력과 거꾸로 고꾸라진 오네조르크를 형상화했다.

••
루디 두취케 묘비.[118]

•••
베를린 시내 유명한 묘지공원에 놓인 마르쿠제의 묘비석(2003).
그의《일차원적 인간》을 은유해 숫자 '1'처럼 만들어진 비석엔 마르쿠제의
낙관주의적 지론인 "계속하라!" 문구가 새겨져 있다.

베를린으로 돌아왔다.[117] 그리고 2008년엔 두취케가 '두취케의 길'로 다시 새겨졌다. "벤야민에게 메시아적인 것은 과거의 싸움에서 패배했던 이들에 대한 기억 및 그들에 대한 구원과 다르지 않다."[119] 벤야민 자신을 비롯해 과거의 싸움에서 패배했던 많은 이들이 다시 현재의 기억 속으로 돌아왔다.

베를린의 마르쿠제 묘비석은 그의 주저인 《일차원적 인간》을 연상시키는 숫자 '1'의 옆모양을 하고 있다. 그리고 앞면 위에는 "계속하라!"는 문구가 새겨져 있다. 1968년 이후 세계가 어떻게 변해갔는지 실망하는 이들에게 마르쿠제는 자주 "계속하라!"고 얘기했고, 자신의 답은 항상 분석과 논평이었지만 조언은 늘 "계속하라!"였다고 한다. 그래서 이 "계속하라!"는 그의 지론이자 근본적인 낙관주의의 표현이었다.[120]

마르쿠제가 묻힌 곳은 주로 저명한 사상가와 학자, 예술가들의 묘비가 모여있는, 베를린에서 유명한 묘지다. 여기엔 서베를린 코뮨 1의 '푸딩 공격'을 주도했던 토이펠Fritz Teufel, 동베를린의 '반란자'로 동독 코뮨 1의 브라쉬Thomas Brasch, 《대안》의 루돌프 바로와 같은 동서 베를린의 68세대들이 함께 누워있다.[121] 새로운 사회를 꿈꿨던 그들이 다시 모여있는 셈이다.

지금도 "계속하라!" 외치고 있는 마르쿠제의 묘비 앞, 여전히 물음은 계속되고 있다. 68의 그 토마토는 얼마나 멀리 날아왔는가?

아우서 콘트롤레*

— 89평화혁명의 현장들

*Außer Kontrolle, '통제되지 않는, 통제할 수 없는'의 의미.

4

브란덴부르크 문 ❶ 시온교회/환경도서관 Zionskirchstr. 44, 10119 Berlin ❷ 플라잉대학 기념 동상 Knesebeckstr. 81, 10623 Berlin ❸ 베르벨 볼라이의 아틀리에 Fehrbelliner Str. 91, 10119 Berlin ❹ 사마리아교회 Samariterkirche, Samariterstr. 10247 Berlin ❺ 겟세마네교회 Stargarder Str. 77, 10437 Berlin

❻ 슈타지박물관 Stasi Museum, Normannenstr. 20, 10365 Berlin ❼ 추방된 동독 반정부 인사들의 서베를린 내 주요 거주지 Görlitzer Str., 10997 Berlin ❽ 알렉산더 광장 Alexanderplatz, 10178 Berlin ❾ 라이프치히 니콜라이교회/평화혁명재단 Nikolaikirchhof 3, 04109 Leipzig(지면상 위 지도 내 미표기)

빵공장의 문화마차, 그 안의 비밀

옛 동베를린에 속했던 판코우Pankow 지역엔 문화를 구워내는 '빵공장'이 있다. 1890년 문을 연 빵공장이 시대에 따라 다양한 시설로 이용되다가 100년 뒤인 통독 직전 1990년 5월 지금의 문화센터로 개조된 곳이다. 건물 외벽에 새겨놓은 "예술은 음식이다"가 이 빵공장의 철학이자 부제다. 조그만 영화관과 소극장, 갤러리가 설치되어 다채로운 예술과 문화의 빵들을 구워내는 작은 지역 명소로 자리 잡았다.[1]

빵공장 바깥엔 종종 외양이 독특한 마차가 서있다. 신선한 빵을 싣고 배달을 다닌 것 마냥 막 구워낸 문화를 전하는 '문화마차'다. 매해 중요한 문화적 이슈를 선정해 한 칸 마차에 전시장을 꾸미고는 여러 지역들을 다니는 이동 전시장이기도 하다. "예술은 보이는 것을 재현하는 것이 아니라 보이게 만드는 것"이라는 화가 파울 클레Paul Klee의 유명한 문구가 '문화마차' 프로그램의 모토다.[2] 그래서 해마다 새로운 주제를 현재적인 해석과 예술적 영감에 덧입힌 문화의 빵을 싣고 마차는 감칠맛 나는 향내를 풀풀 풍기며 동네 여기저기를 찾아 달린다.

•
베를린 판코우 지역에 위치한 빵공장 문화센터.
통독 후 복합문화센터로 거듭나 연극, 영화, 전시, 음악 공연 등 다채로운 문화 행사가 개최되고 있다.

••
동베를린 내 사미즈다트(지하 출판물)를 주제로 한 빵공장의 문화마차 2019년 특별전시 〈반대를 넘어서—라딕스 블레터〉(1986~1989).

2019년 베를린장벽 붕괴 30주년을 맞아 문화마차는 5월 중순부터 10월 말까지 동독의 불법 지하 출판물, 이름하여 '사미즈다트Samizdat'의 대표 주자였던 《라딕스 블레터*Radix-blätter*》 얘기를 싣고 다녔다. 자체 출판이라는 의미의 사미즈다트는 통상 소련의 영향 아래 있던 국가들에서 발간된 지하 신문과 금서, 팸플릿 등의 반정부 유인물을 통칭한다. 당연히 비밀리에 손이나 타자기로 제작되어 초기에는 주로 수동 등사기로 복제된 사본들이 은밀히 유포되었다. 동베를린 이 동네에서 1986~1989년 발간된 《라딕스 블레터》는 동독의 사미즈다트에 새로운 지평을 열었다.[3] 《라딕스 블레터》를 기점으로 동독의 사미즈다트가 성격과 규모 면에서 그 이전의 것들과는 차원을 달리했기 때문이다.

빵공장의 문화마차는 이 《라딕스 블레터》가 어떻게 발간될 수 있었는지 당시 상황을 재현했다. 마치 지하 잡지를 펴낸 은밀한 뒷방이나 비밀 장소의 협소함을 그대로 연출한 것처럼 한 칸 마차에 《라딕스 블레터》의 주요 인물들과 배포되었던 유인물의 일부가 전시되었다.[4] 그때의 비장함마저 묻어나는 이 좁은 공간을 차지한 전시물 가운데 당연히 있어야 할, 그렇지만 특히 눈길을 끈 것은 인쇄기다. 《라딕스 블레터》뿐만 아니라 동베를린 사미즈다트 대량 제작의 문을 연 열쇠가 이 인쇄기에 간직되어 있어서다.[5]

동독에서 국가기관 외부의 인쇄기는 거의 전적으로 교회가 보유한 것뿐이었고, 이마저도 등록이 의무화된 감시의 대상이었다. 사미즈다트 발행에 필요한 가장 기본적인 장비조차 확보할 수 없는 상황이었

문화마차의《라딕스 블레터》특별전시 공간.
당시 사용됐던 인쇄기를 비롯해 발간된 책자들과 발간 경위 등에 대한 설명자료가 전시되어 있다.

《라딕스 블레터》인쇄기.

던 셈이다. 그런데도 《라딕스 블레터》는 감시망을 피해 베를린장벽이 무너질 때까지 몇 년간 때론 수천 부씩 만들어져 배포되었다. 누가 어떻게 만들어 뿌리는지 슈타지가 끝내 알아내지 못한 "놀라운" 이지하 잡지의 비밀, 그 시작이 문화마차에 실린 인쇄기다.

동베를린을 뒤흔든 중고 인쇄기 3대

1986년 9월 동베를린의 26세 젊은 신학생 슈테판 빅하르트Stephan Bickhardt는 서독 녹색당의 하인츠 슈어Heinz Suhr 의원의 깜짝 방문을 받았다. 그의 차 안에는 중고 인쇄기 3대가 실려있었다. 서둘러 내려놓고 떠나려는 그를 길 건너 슈타지 차량에서 요원들이 지켜보고 있다며 제지하고는 함께 차에 올라 동베를린 이곳저곳을 그냥 달렸다. 이윽고 뇌리에 스친 곳, 대문이 이중으로 되어 있어 바깥에서 안을 들여다보기 어려운 신학교 스승 볼프강 울만Wolfgang Ullmann의 집으로 발길을 돌렸다. 추적을 따돌리지는 못했지만 그곳에서 슈타지 요원들이 눈치 채지 못하게 3대의 인쇄기를 내려놓고, 빅하르트는 은밀히 한 대를 부모님 집 침실 뒷방으로 옮겼다.[6]

사실 빅하르트는 1980년대 초 그러니까 20대 초반에 이미 교회를 중심으로 전개되고 있던 동독 평화운동에 참여하고 있었다. 훗날 89 평화혁명의 기폭제 역할을 한 라이프치히 니콜라이교회의 월요 평화기도회를 주도했던 본네베르거Christoph Wonneberger 목사를 이때 만나 그의 평화대체복무제 도입운동을 함께하며 교류를 이어가고 있었다.[7] 그 이전 동베를린의 평화운동 그룹들과 접촉하면서 만난 열 살 위 루드비히 멜호른Ludwig Mehlhorn과 의기투합해 한지붕 아래에서 함께 소모임을 조직하기도 했다. 덕분에 동독 반정부 인사들과 네트워크를 넓혔고 이들을 지원하던 서독 녹색당 관계자들과도 자연스럽게 안면을 텄다.[8] 여기엔 반정부 활동으로 동독에서 추방되어 서베를린에서 활동하던 롤란트 얀Roland Jahn과 위르겐 푹스Jürgen Fuchs도 포함되어 있었다.[9]

빅하르트는 1985년 프라하 여행에서 체코슬로바키아의 '77헌장' 같은 저항 그룹 인사들을 만나고 그곳의 여러 사미즈다트를 접하고는 동독에는 왜 본격적인 정치적 사미즈다트가 없는지 고민했다.[10] 동베를린에 돌아오자마자 그는 멜호른에게 평화와 인권 문제를 포함한 동독의 다양한 문제를 다루는 독자적인 사미즈다트 창간 구상을 털어놨다. 흔쾌히 뜻을 같이한 멜호른과 함께 빅하르트는 서베를린의 지인들에게 지원을 요청했다. 결국 얀을 거쳐 녹색당 슈어 의원이 몰래 인쇄기를 들고 들어온 것이다.

물론 인쇄기 한 대로 모든 준비가 끝날 순 없었다. 인쇄기를 확보한 뒤 빅하르트는 얀과 푹스의 도움으로 녹색당 관계자들과 동베를린 주재 특파원들을 통해 먹지와 잉크, 수정액 같은 인쇄용품을 지속적으로 건네받았고, 역시 밀반입된 전동타자기와 복사기를 들여놓으며 명실상부한 인쇄소 면모를 갖추게 되었다.[11] 나중엔 발간 작업에 동참한 전문 타자수 의대생과 인쇄 기술자에게 《라딕스 블레터》 모금액으로 수고비를 지불할 정도로 빅하르트의 뒷방 비밀 인쇄소는 나름 전문화된 동독 최고의 지하 출판사로 발전했다.[12]

그러나 사미즈다트 발간을 위해서는 글 쓰는 이들 외에도 원고를 주고받을 비밀 창구도 필요했다. 종이 확보 역시 무엇보다 큰 문제였다. 글은 이미 마당발 멜호른과 이런저런 모임을 통해 알게 된 많은 반정부 인사들에게 받을 수 있었지만, 이들과 안전하게 교신할 방법과 종이가 늘 절실했다. 가령, 120쪽짜리 책자를 800부 제작하려면 몇 미터 높이로 쌓아놓을 정도의 종이가 필요한데, 이 많은 양의 종이를 은밀히 확보하기란 사실상 불가능했기 때문이다. 인쇄기와 마찬가지로 동독에서 이렇게 많은 종이를 필요로 하고 배급받을 수 있는 곳은 교회가 유일했다. 교회는 주일예배뿐만 아니라 성탄절이나 부활절 같은 종교 행사 때마다 당국에 종이를 대량 신청할 수 있었다.

이 두 난제의 해결에는 프렌츠라우어 베르크에 있는 성 카타리나 수도회 두어스테비츠Durstewitz 신부의 도움이 절대적이었다. 자신 역시 수도회 지하실에 비밀 인쇄소를 운영하고 있던 그는 빅하르트에게 수도회 게시판을 이용할 수 있도록 허용해 줬다. 《라딕스 블레터》에 실릴 자료와 원고를 수도회 내부 문서에 섞어 공개적으로 주고받을 수 있게 되었다. 공개된 비밀접선 창구였던 셈이다. 아울러 두어스테비츠 신부는 신학 책자를 만든다는 명목으로 배급받은 종이를 빅하르트의 지하 인쇄소에 공급하는 종이 조달책을 자임했다.[13]

이제 발간 준비는 끝났다. 당연히 《라딕스 블레터》 첫 호가 발행될 때 모든 것이 갖추어졌던 건 아니지만, 창간에는 걸림돌이 없었다.

그런데 제작한 뒤 운반 문제가 남아있었다. 아무도 알아채지 못하게 필요한 곳으로 유인물을 옮겨야 했는데, 때마침 빅하르트는 이듬해 동베를린 교회의 날(1987) 행사 준비용으로 개신교 지역협회장의 업무 차량 한 대를 제공받았다. 그러고는 무슨 영문인지 반납하라는 얘기가 없어 끝까지 이 차량을 《라딕스 블레터》 운반용으로 사용했다고 한다.[14]

우연치 않은 이런 완벽한 물리적 준비에도 불구하고 1986년부터 1989년까지 모두 11권의 불법 책자/팜플렛이 슈타지에게 발각되지 않고 지속적으로 수백-수천 부씩 제작되어 배포될 수 있었던 비밀이 다 설명되진 않는다. 여기엔 빅하르트의 또 다른 노력이 숨어있었다. 빅하르트는 같은 제목의 인쇄물을 정기적으로 발간하면 쉽게 슈타지의 주목을 끌 수 있다는 점을 고려해 《라딕스 블레터》의 각 호마다 제목을 달리해 부정기적으로 펴냈다. 게다가 원고 준비와 편집, 인쇄, 배포 세 영역의 작업을 철저히 분리해 진행했다. 누가 어디서 무엇을 하는지 아는 이가 늘어날수록 보안 유지가 어렵다는 사실을 익히 체득하고 있었기 때문이었다.[15]

이 같은 준비와 보안 속에 1986년 가을 드디어 《라딕스 블레터》 창간호가 발간되었다. '라딕스'는 뿌리라는 뜻의 라틴어 단어로 '라딕스 블레터'는 '뿌리 잡지'라는 의미다. 동독의 문제들을 표면적으로만 보지 말고 뿌리까지 보아야 한다는 것이다. 빅하르트에 의하면, 라딕스는 〈죽음의 푸가〉로 유명한 유대계 시인 파울 첼란의 〈Radix, matrix〉에서 영감을 얻은 것이다.[16] 그래서 창간호는 일종의 파울 첼란 특집호

•
서베를린에서 밀반입된 인쇄기 중
한 대가 설치되었던 빅하르트의 부모 자택.
1986~1990년 발간된
지하 잡지《라딕스 블레터》의
초기 비밀 인쇄소가 있던 곳이다.

••
《라딕스 블레터》 용 종이와 접선 창구를
제공한 '성 카타리나 수도회.'

같이 꾸며졌고, 실제로 그에게 헌정한다고 적혀있다. 동독에서는 공개적 토론이 거의 이루어지지 않던 나치 과거사와 나치 희생자들을 다시 기억으로 불러오려는 의도였다.[17]

《라딕스 블레터》, 죽음의 푸가와 경계 허물기

1980년 후반 동독에서는 장벽 붕괴의 전조들이 본격적으로 가시화되고 있었다. 특히, 1986년은 각별했다. 베를린장벽 건설 25주년일 뿐만 아니라 UN이 정한 '세계 평화의 해'이자, 한 해 전 취임한 소련 고르바초프 서기장의 개혁(페레스트로이카)과 개방(글라스노스트) 정책이 2월 당대회를 통해 공식화된 해였다. 나아가 4월 중순 동독 사통당 11차 당대회에 참석한 고르바초프는 동독 정권에 자기비판과 개혁을 촉구하기도 했다. 연이어 터진 4월 26일의 체르노빌 원전 폭발사고는 전혀 다른 방향에서 엄청난 충격을 더했다.

더욱이 하반기엔 전례 없이 유럽 내에 평화의 기운이 감돌았다. 헬싱키 최종결의(1975) 이후 11년 만에 동서 양 진영의 상호신뢰안보구축조치CSBM를 담은 스톡홀름협약이 9월 체결되었고, 11월 연달아 구체적인 군사적 조치를 포함한 최종문서가 도출되면서 후속 빈(비엔나) 회의가 개시되었다. 10월 헝가리 봉기 30주년을 맞은 직후 고르바초프는 11월 바르샤바조약기구의 한 회의에서 회원국들의 주권 존중

•

Der Mann am Fenster

Ost-Berlin feiert, marschiert, der Staatschef nimmt die große Truppen-Parade ab. Zur selben Zeit protestiert ein einzelner Mann an der Mauer gegenüber der Bernauer Straße, stumm und leise

Eine Sirene heult auf, ein Wagen stoppt mit quietschenden Reifen. Der Mann wird ins Zimmer gezerrt – dabei winkt er noch ein letztes Mal über die Mauer

••

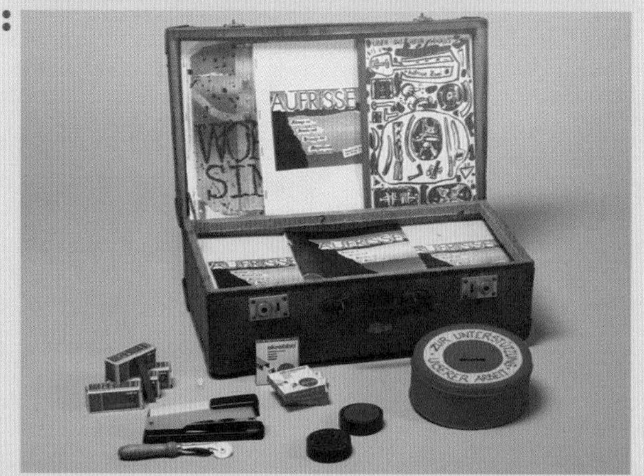

•

1986년 베를린장벽 건설 25주년을 계기로 베르나우어 길 장벽 앞 빈집에서 결행한 라인하르트 람페 목사의 항의 시위 "25년이면 충분하다". 신문 기사 제목은 〈창문에 매달린 남자〉(BZ, 1986. 8. 13).

※출처: 문화마차 전시회.

••

유인물을 담은 가방.

※출처: 문화마차 전시회.

과 개혁 지지 의향을 밝히기도 했다. 회원국에 대한 소련의 군사 개입을 정당화해 온 이른바 '브레즈네프 독트린'[18]의 폐기를 시사한 것이다. 그다음 달엔 미국과 소련이 중거리 핵미사일 폐기 조약INF을 맺었다.

이런 일련의 상황은 동독 내 반정부운동에 유례없는 동력을 부여하며 1976년 음악가 볼프 비어만 추방 이래 새로운 전기를 불러왔다.[19] 동독 체제의 심각한 문제점들이 예술가와 교회활동가, 반정부 인사들 사이에 본격적으로 제기되었고, 그 대안에 대한 논의가 집중적으로 이루어지기 시작했다. 대부분이 교회 행사를 가장하거나 암호 같은 문자를 주고받으며 은밀히 진행되었지만, 극적인 공개 저항도 감행되었다. 8월 13일 베르나우어 길에서 열린 장벽 건설 25주년 기념 행사를 계기로 벌인 람페Reinhard Lampe 목사의 시위가 그 예다. 람페 목사는 장벽 앞 빈집에 "25년이면 충분하다"는 현수막을 내걸고 창문에 매달려 "경계짓기는 우리 동독 시민을 병들게 한다"고 외쳤다. 분리와 고립, 외부와의 단절과 접촉 제한의 폐해를 지적하며 동독 당국의 정책에 공공연히 대항한 것이다.[20]

람페 목사의 외침은 사실 멜호른 주도로 직전에 결성된 '경계짓기 실행·원리 반대APPA' 그룹의 핵심적인 조직이념이기도 했다. 말하자면 경계를 그어 분리하고 접촉과 교류를 억압하는 정책에 반대하면서 개방과 소통을 통해 개혁을 추동하자는 생각이었다.[21] APPA는 초기엔 빅하르트와 멜호른이 꾸려오던 모임 참가자들이 주축이 되었지만, 곧 람페 목사와 울만, 울리케 포페 같은 반정부 인사들과 빅하르트의 부

《라딕스 블레터》(문화마차 전시, 2019). 동독 비밀경찰 슈타지의 추적을 피하기 위해 각 호마다 제목을 달리해 부정기적으로 펴냈다. 136명의 필자가 참여해 동독 내 민주주의를 비롯해 다양한 분야에서 논란과 담론을 촉발시키며 반정부 네트워크의 연결고리 역할도 했다.

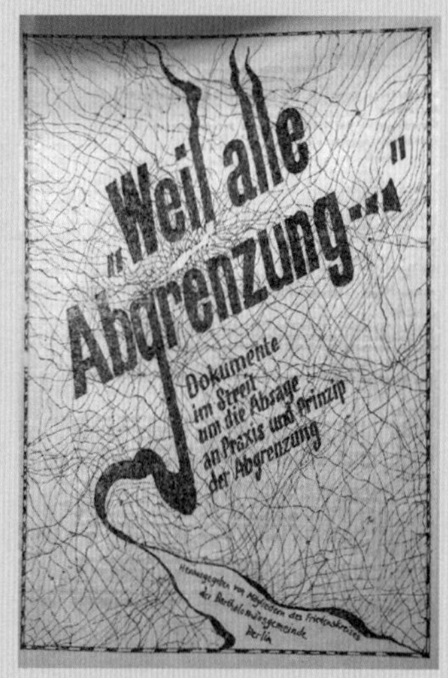

《라딕스 블레터》 마지막 간행물인《모든 경계짓기는……》(1989).
《라딕스 블레터》는 동독 정권이 분리와 단절을 의미하는 '경계짓기'를 통해 외부세계와의 접촉을 막고 고립의 나락으로 빠지고 있다고 비판하면서 여행·이동의 자유와 정치적 입국금지 해제, 다원적이고 민주적이며 분권화된 경제·사회 생활을 요구했다.

친을 포함한 여러 지인들이 합류하면서 동베를린의 새로운 반정부 그룹으로 자리 잡았다.[22]

자연스럽게 《라딕스 블레터》는 APPA와 밀접히 연계되면서 정치성을 더해갔다. 이들에게 "자유로운 언어는 가장 날카로운 무기"였다.[23] 창간호에서 파울 첼란 특집과 함께 체르노빌 원전 사고를 다룬 《라딕스 블레터》는 이듬해 APPA를 통해 여행·이동의 자유와 관련 정책에 대한 사회적 논의, 정치적 입국금지 해제와 같은 APPA의 핵심 요구사항을 게재해 큰 반향을 불러일으켰다.[24] 1988년엔 당시까지의 동독 내 평화운동을 정리한 《흔적》을 통해 언론·집회·결사의 자유와 같은 민주적 권리 보장 요구를 보다 명시적으로 내걸었다.[25]

이렇게 《라딕스 블레터》는 동독 내 민주주의에 대해 근본적인 문제를 제기하고 논의를 조직하는 데 중요한 매개역할을 했다. 총 136명의 필자가 참여해 정치, 문화, 교회, 예술을 포함한 여러 분야에서 새로운 논란과 담론을 촉발시키며 반정부 네트워크의 연결고리 역할도 했다. 필자들은 아래로부터의 정치를 추구했고, 민주주의와 인권이 실현되는 열린 사회를 지향했다. 이런 의미에서 《라딕스 블레터》는 동독 반정부 그룹의 자체적인 "민주혁명의 강령"이라고 평가되기도 한다.[26]

경계를 넘고 넘어, 《경계 붕괴》

밀반입된 3대의 인쇄기 중 또 다른 한 대는 동베를린 콜비츠 지구 인근의 시온교회Zionskirche로 옮겨졌다. 《라딕스 블레터》에 앞서 1986년 6월 창간호를 발간한 '평화와 인권 이니셔티브IFM'의 사미즈다트 《경계 붕괴*Grenzfall*》 인쇄를 위해서였다. 1930년대 초 대표적인 나치 저항 목사였던 본회퍼 목사가 설교했던 시온교회는 1986년 IFM과 환경운동 그룹에 부속건물의 공간을 내주며 지원을 아끼지 않았고, 1988년엔 동독 교회의 전국적인 사회참여운동인 '아래로부터의 교회Kirche von Unten'의 중심지였다.[27]

1986년 '세계 평화의 해'를 계기로 출범한 평화·인권 그룹이 IFM이다. 동베를린 '평화를 위한 여성들'의 베르벨 볼라이와 울리케 포페 부부를 중심으로 볼프강 템플린, 베르너 피셔 등 20여 명이 참여해 1월 결성되었다.[28] 2개월 전 고백교회에서 인권 세미나를 개최하려던 계획이 동독 당국의 압력을 받은 교회 측의 난색 표명으로 무산되자, 아예 교회와는 독립적인 정치 그룹으로 첫 발을 내딛었다. 물론 이후

동베를린 시온교회와 '평화혁명의 자리' 안내 기둥.
시온교회는 '평화와 인권 이니셔티브' 그룹과 동독 교회의 전국적인 사회참여운동인 '아래로부터의 교회'의 중심지였다.

시온교회의 공간을 이용하긴 했지만, 활동만큼은 독자성을 추구했다.[29] 이 점에서 IFM은 동독의 첫 교회 외부 반정부 그룹이라는 독특한 위상을 갖고 있다.

IFM은 이름 그대로 평화와 인권을 불가분의 관계에 있는 것으로 보았다. 평화는 곧 인권이며, 평화운동은 기본적인 인권에 대한 요구라는 것이다. 이 때문에 주요 활동 목표를 인권 보호와 평화 확보에 두었다. 그러나 IFM의 지향점은 남달랐다. 당시 어떤 그룹의 목표보다 훨씬 더 근본적이고 포괄적이었다. 한편으로는 동서 양 진영의 경계를 무너뜨리고 궁극적으로 진영 해체를 통해서만 가능한 '밖으로의 평화', 그리고 다른 한편으로는 동독 사회의 법치 정립과 민주화를 통해 이루어질 수 있는 '안으로의 평화'라는 이중의 평화 개념은 다른 그룹들과 구별되는 IFM의 또 다른 특징이었다.[30]

IFM이 동서 양 진영의 군비경쟁과 군사주의를 반대하고, 권위주의와 억압을 배격하며, 폭력 없는 세상과 소수자 인권을 옹호한 것도 여기서 연유했다. 1987년 말 '인권의 날' 행사장에서 이들이 배포한 유인물은 특히 상징적이다. 행사 며칠 전 체결된 미국과 소련의 중거리 핵미사일 폐기 조약을 환영하지만 핵 군축은 평화를 위한 한걸음일 뿐이라고 지적하면서, 진정한 평화를 위해서는 얄타회담에 의해 분할된 유럽의 분단 상황을 극복하고 서로에 대한 호전성과 폭력의 원인을 제거해야 한다고 주장해서다. 헬싱키 프로세스를 발전시켜 유럽을 비핵화와 탈군사화된 비무장 중립지대로 만들어야 한다고도 했다. 인권의 날에 헬싱키 프로세스를 매개로 유럽의 평화를 촉구한 것

이다.[31]

나아가 IFM은 평화와 자연·인권의 보호, 폭력 없는 세상을 만들기 위해서는 모든 종류의 억압에 맞서 싸워야 하며 동서독 모든 이들의 연대가 필요하다고 강조했다. 또 유럽에서의 지속적인 평화는 동구권 국가에서 민주주의가 확립된 경우에만 달성될 수 있고, 이를 위해서는 광범위한 정치적 개혁이 필요하다고 여겼다. 그래서 IFM은 동구권 평화·인권운동 그룹들과의 연대를 중시했다. 《경계 붕괴》 창간호에 폴란드 평화 그룹에 대한 연대를 선언했고, 체코슬로바키아의 77헌장 그룹과 긴밀히 접촉하면서 1986년 10월 헝가리 봉기 30주년을 맞아 이들과 함께 공동선언에 참여했다. 그다음 달엔 헬싱키 프로세스 후속 빈 회의 개최에 맞춰 공개 서한을 보냈다.[32] 1988년 11월엔 루마니아의 차우셰스쿠 서기장이 동베를린을 방문하자 겟세마네교회에서 '루마니아의 밤' 행사를 열어 그곳의 기본권 침해와 심각한 경제 상황을 고발하며 항의하기도 했다.[33]

이런 점에서 IFM은 APPA와 마찬가지로 경계 허물기를 표방하면서도 한걸음 더 나아가 그 경계를 넘은 연대를 지향했다고 할 수 있다. APPA가 주로 서독 녹색당, 체코슬로바키아 77헌장 그룹 인사들과의 교류에 강한 면모를 가졌다면, IFM은 이외에도 폴란드와 헝가리, 루마니아로 범위를 넓혀 실천적 연대를 모색한 것이다. 아직 허물어지지 않은 경계를 넘은 연대를 행동으로 옮긴 덕택에 IFM의 많은 인사들이 추방되거나 체포되었고 시간이 갈수록 활동에 큰 제약을 받게 되었다. 그 와중에도 IFM은 1989년 봄 비록 그리 강하진 않지만

IFM의 주요 활동 무대였던 곳에 세워진
'평화혁명의 자리' 안내 기둥.

Grenzfall

1. Ausgabe zur Berliner Friedenswerkstatt 29.6.86

Die Gruppe "Grenzfall" versteht sich als ein unabhängiger, selbstständiger Arbeitskreis innerhalb der Friedensbewegung.
Sie will versuchen, ein D D R weites Informationsnetz auf- und auszubauen, das den einzelnen Friedens-, Ökologie-, Menschenrechts-, 2/3 Welt- und sonstigen Gruppen die über staatliche Medien keine Möglichkeit zur Informationsweitergabe bzw. -verbreitung besitzen, den Weg zur Verständigung untereinander zu ebnen.
Außerdem will sie selbst thematisch arbeiten und hat sich dazu die Aufgabe gestellt, den Strukturaufbau und die Strukturveränderungen des gesellschaftlichen Überbaus in der DDR von ihrem Beginn an zu untersuchen.
"Grenzfall" beabsichtigt, regelmäßig ein Informationsblatt herauszugeben, in dem Beiträge verschiedener Arbeitskreise, Berichte über die eigene thematische Arbeit, sowie Stellungnahmen zu aktuellen, politischen Ereignissen veröffentlicht werden sollen.

nur für innerkirchlichen Gebrauch

동독 최초의 교회 외부 반정부 그룹
'평화와 인권 이니셔티브'가 발간한
사미즈다트《경계 붕괴》창간호(1986. 6).
동독 내 본격적인 정치 사미즈다트의
시대를 여는 역할을 했다.

동독 내 전국적인 조직망을 갖추게 되었다. 그리고 이 조직 기반은 그 해 가을 평화혁명의 시기 가장 유력한 대안 정치세력으로 부상한 '새로운 포럼'으로 이어졌다.

IFM의 《경계 붕괴》는 창간호가 《라딕스 블레터》보다 몇 개월 앞서 나왔으니 동베를린에서 발간된 최초의 독립적인 정치 지하 잡지로 불릴 만하다. 《경계 붕괴》에 이어 《라딕스 블레터》가 제작되고 다른 지하 유인물과 잡지들이 뒤를 이었다. 교회라는 울타리를 넘어 독자적 활동을 추구한 IFM이 《경계 붕괴》를 통해 동독 내부의 한계를 넘어 본격적인 정치 사미즈다트의 시대를 연 셈이다.

창간호 표지에 그려진 지구본과 평화의 새 그림이 《경계 붕괴》라는 제목과 어울린다. 경계를 넘은 국제연대와 평화를 표방한 IFM의 의지가 고스란히 드러난다. 창간호엔 폴란드 자유노조에 대한 연대 표명뿐만 아니라 소련, 체코슬로바키아에서 일어나고 있는 변화에 대한 글도 함께 실렸다. 체르노빌 사태나 환경 문제도 포함되었다. 이 창간호와 2호까지는 손으로 만든 뒤 일일이 복사하는 방식으로 제작되어 수십 부 정도만 배포되었다고 한다.

그러나 시온교회로 옮겨진 인쇄기 덕분에 《경계 붕괴》는 새로운 도약을 맞았다. 대량 제작이 가능해진 것이다. 1987년 11월까지 총 17호가 발간된 《경계 붕괴》는 때론 800부, 때론 1,000부 이상 제작되어 배포되었다. 다른 사미즈다트의 발간을 추동하고 동구권 변화에 대한 정보를 공유하면서 실천적 연대의 깃발을 든 《경계 붕괴》가 슈타지에게 눈엣가시가 되고 타격 대상이 된 것은 자명한 일이었다.

뛰는 슈타지, 나는 지하 '환경도서관'

IFM이 폴란드의 평화세력과 연대를 표명하던 때 폴란드 저항세력들의 활동 모델을 동독에 도입하려는 시도도 나타났다. 시온교회에 인쇄기가 들어오기 직전 교회 부속건물 지하에 둥지를 튼 환경도서관 Umweltbibliothek이 그것이다.

사실 동독에서도 이미 1980년을 전후해 환경운동의 싹이 트고 있었다. 일부 지역의 환경오염에 대한 경각심과 우려가 높아지면서 교회를 중심으로 오염시설에 반대하고 환경 보호를 외치는 목소리가 높아지기 시작했다. 1979년 북부 슈베린 지역에선 청년들이 나무심기 운동을 벌였고, 1982년 동베를린에선 자전거 시위가, 그리고 1983년 슈베린–비스마르 구간 고속도로 건설 반대 시위가 벌어지기도 했다.[34]

초기에는 대개 평화·인권운동과 연계되어 진행되다 점차 남부의 비스무트 우라늄 광산과 중부 라우지츠 지역 등의 갈탄 채굴장, 로이나–비터펠트–볼펜 화학삼각지대와 같은 대표적인 오염 지역을 중심으로 구체적인 환경 문제에 천착하는 운동 그룹들이 생겨났다.[35] 이들의 활동은 1984년 비터펠트 항의 행진에서도 잘 드러난다. 1988년까지 전국에 약 80개 환경단체가 결성된 것으로 알려져 있다.

물론 동독은 일견 현대적인 환경 법제를 상대적으로 일찍 도입한 것으로 평가된다. 1968년 헌법을 개정하면서 자연·환경 보호를 국가와 사회의 의무로 규정했다. 이 헌법에 의거해 1970년 환경정책의 근간을 마련한 환경보호법이 제정되었고, 곧이어 1972년 세계 최초로 환경보호부가 설치되었다. 녹색당이 의회에 진출한 서독에서조차 1986년에야 연방 환경부가 설치되었으니 꽤나 선구적이었던 셈이다.[36]

그러나 1972년 이후 환경보다는 개발과 성장을 우선시한 정책이 강화된 반면 점점 심각해지는 환경오염을 공론화하기는 어려워졌다. 오일쇼크에 이어 1981년 소련의 원유 공급 감축으로 갈탄 사용이 더 늘어나는데도 많은 비용이 소요되는 탈황시설 같은 오염 방지책은 제대로 이루어지지 않았다. 산업단지와 인근 도시의 공기와 수질이 현저히 악화되었지만, 이에 대한 정보는 오리무중이었다. 동독 당국은 주민들의 자발적인 움직임이 집단행동으로 나타나자 오히려 1980년 문화연맹Kulturbund 내에 관변 '자연과 환경협회GNU'를 만들어 통제권 내에 묶어두려 시도했고, 1982년 말부터는 아예 환경오염에 대한 정보 공개를 중단하고 비밀로 취급했다.[37]

체르노빌 원전이 폭발했을 때도 마찬가지였다. 가공할 환경 재앙으로 엄청난 충격을 불러일으켰음에도 불구하고 당국이 객관적인 정보를 제공하지 않고 은폐하고 있다는 불만이 환경 그룹 사이에서 높아졌다.[38] 성명서와 공개 항의 서한이 발표되었고, 정보 공유 행사가 개최되었다. 1986년 9월 2일 카를로 요르단Carlo Jordan과 볼프강 뤼덴클라우Wolfgang Rüddenklau를 중심으로 몇 명의 활동가가 환경도서관의 문을 연 것도 이때였다. "체르노빌은 어디에나 있다"가 이날 개소식의 발표 주제였다.[39]

환경도서관의 모델은 폴란드의 '날아다니는 대학', 일명 플라잉대학flying University과 프라하 등 체코의 지하 대학이었다.[40] '플라잉'의 의미는 발각되지 않기 위해 여러 비밀교육 장소로 이동한다는 뜻이었다. 폴란드의 플라잉대학은 19세기(1885~1905) 러시아 통제 아래 교육을 받을 기회가 없었던 여성들이 대안적인 교육 공간으로 지하방을 전전한 데서 연유했다. 나치 점령 기간에는 감시의 눈을 피해 운영되던 비밀 고등교육과정으로 이어졌다. 1970년대 후반 반체제 그룹들의 활동이 활발해지면서 국가권력으로부터 자유로운, 검열과 통제에서 벗어난 제도권 밖의 지하 교육이 활성화되면서 플라잉대학이 다시 등장했다. 1981년 말 계엄령이 선포되기 전까지 여러 곳에서 저명한 학자들의 비밀강의가 제공되었다고 한다.[41]

1980년 폴란드의 독립자치노동조합 '솔리다르노시치Solidarność' 운동이 본격화되자 동독 당국은 그 영향이 국내에 미치지 못하도록 통로를 차단하기 위해 부심했다. 여행을 제한했고, 물품 반입을 통제했다. 폴란드에 계엄령이 선포되자 이를 기화로 아예 여행을 금지시켰다. 후에 APPA와 IFM이 여행과 이동의 자유를 촉구하게 된 배경이

베를린 시내 자전거 타기 캠페인.
환경 파괴와 대기오염에 대한 경각심을 높이기 위해 동베를린 시내를 가로지르는 자전거 시위가 펼쳐졌다.
※출처: Robert-Havemann-Gesellschaft/Johannes Bittner.

환경도서관이 입주한 시온교회 부속건물(왼쪽)과
입구에 부착된 기념판(오른쪽).

기도 하다. 그러나 플라잉대학의 개념과 사미즈다트의 유입을 완전히 막을 수는 없었다.[42] 서베를린에도 플라잉대학이 생겨 매주 금요일마다 강좌가 개최되기도 했다.[43]

동베를린의 플라잉대학으로서 환경도서관은 금세 동베를린 활동가들의 비밀회합 장소로 자리 잡았다. 환경운동가는 물론 평화와 인권, 여성, 소수자와 제3세계 그룹 활동가들이 모두 망라되었다. 그리고는 점차 동독 전체 활동가들의 소통 중심지로 발전해 갔다. 롤란트 얀과 서독 녹색당의 지원을 받아 환경을 비롯한 평화, 인권운동 관련 서적과 자료들이 비교적 체계적으로 수집되어 당시로서는 동독 내 어디에서도 찾아볼 수 없는 말 그대로 지하 도서관, 종합정보센터가 되었다. 동독 내 각 지역과 동구권 국가들에서 발간되는 사미즈다트도 입수해 돌려보거나 복제해 다시 배포했다. 정기적인 강의와 세미나가 개최되었고, 콘서트와 영화 상영도 있었다. 개설된 지 3개월 만에 '원자력 발전과 대체에너지'를 주제로 한 세 번째 생태세미나가 열렸다.

환경도서관 개설 직후 볼프강 뤼덴클라우 주도로 환경 사미즈다트 《움벨트 블레터*Umweltblätter*》가 발간되기 시작했다. 초기 150부 정도였던 발행부수도 도서관으로 옮겨진 인쇄기 덕택에 점차 늘어났다. 메일링 리스트가 만들어져 200여 명에게 정기적으로 배포되기에 이르렀다. 보안을 위해 '교회 내부용'이라는 표시를 달았지만, 다루는 주제 역시 점점 더 다양화되고 폭넓어졌다. 1987년 5월 개최한 '발트해와 북해의 오염' 행사와 같이 기존에 접촉해 오던 동구권 국가들을 넘어 국제적인 네트워크로 외연도 확장되었다. 그해 8월 서독 ARD방

서베를린 플라잉대학 근처 기념 조형물 〈소통〉.
〈베를린장벽 붕괴를 헤드라인으로 실은 신문을 읽고 있는 남자〉 등의
작품으로 널리 알려진 캐나다 조각가 윌리엄 매켈체란William McElcheran의 작품이다.

송이 방영한 〈아래로부터의 글라스노스트—언론 자유를 향해서〉 프로그램을 통해 외부에도 널리 알려졌다. 덕분에 《움벨트 블레터》는 동독 사미즈다트 가운데 가장 많이 배포된 지하 잡지로 알려져 있다.[44]

슈타지의 덫이 된 '덫' 작전

환경도서관의 개설은 동독 환경 그룹의 활동에 새로운 질적 도약을 의미할 뿐만 아니라 반정부운동에도 중요한 이정표였다는 평가도 있다.[45] 그러나 슈타지에게 시온교회 환경도서관은 이제 눈엣가시 같은 IFM과 《경계 붕괴》에 더해 《움벨트 블레터》까지 발간하는 반정부 그룹의 소굴이자 각종 사미즈다트가 제작/재생산되는 온상이 되었다. 당시 슈타지 내부 보고서의 분석에 따르면, 환경도서관은 폭넓은 주제에 걸쳐 100명 이상이 참석하는 강연을 개최하고 반국가적 유인물인 《경계 붕괴》와 《움벨트 블레터》를 발간하는, 정치적 지하활동의 모의/정보/코디네이션 센터였다. 슈타지는 "이들의 공격 대상은 동독 내 자칭 인권침해지만, 그 핵심은 우리(동독) 사회의 정치구조 변혁에 대한 요구"라고 규정했다.[46]

1987년 9월 7일 서독 방문을 통해 동독이 국가로서 국제적 공인을 받았다고 여긴 호네커 서기장의 승인을 받아 슈타지는 《경계 붕괴》에 대한 대응에 나섰다. 밀케 국가보위부장의 지시를 직접 받은 요원들은

1987년 11월 24~25일 사이 암호명 '덫' 작전을 전격 실행했다. IFM에 심어놓은 정보원을 통해 그날 환경도서관에서 《경계 붕괴》를 인쇄한다는 첩보를 입수했기 때문이었다. 시온교회를 급습한 슈타지 요원들은 "손들어! 인쇄기 꺼!" 고함을 지르며 환경도서관을 샅샅이 뒤졌다. 대대적인 색출 작전이었다.[47]

환경도서관의 많은 자료와 함께 제작을 끝낸 1만 장의 유인물, 그리고 귀중한 인쇄 장비가 압수당했다. 《움벨트 블레터》를 제작하러 모인 7명의 환경도서관 회원들이 체포되었다. 일부는 경찰본부로, 일부는 슈타지 감옥으로 끌려갔다. 새벽부터 오전까지 이들을 심문했지만, 아무도 IFM과 《경계 붕괴》와는 직접적인 관련이 없었다. 실제로 이날 제작되던 건 《경계 붕괴》가 아니라 "교회 내부용"이라는 표시가 떡하니 붙어있는 《움벨트 블레터》였기 때문이다. 며칠 동안 다른 반정부 인사들이 소환되거나 일시적으로 체포되었고, 다른 도시에서도 유인물이 압수되었다. 원정 항의 시위를 막기 위해 동베를린 방문이 차단되기도 했다.

하지만 아이러니하게도 슈타지의 급습 장면이 서독 언론에 보도되면서 환경도서관은 하룻밤 사이에 일약 국제적인 명성을 얻게 되었다. 시온교회 목사가 슈타지의 급습 직후 IFM의 베르벨 볼라이에게 바로 소식을 알렸고, 이어 그녀는 서베를린의 롤란트 얀에게, 얀은 서방 언론에 알리는 동시에 동베를린의 지인들에게도 연락을 취했다. 이튿날 아침 일찍부터 서독의 국영 방송 ARD 특파원팀이 교회로 와 취재를 시작했고, 많은 활동가들이 교회 앞으로 집결했다. 교회에선

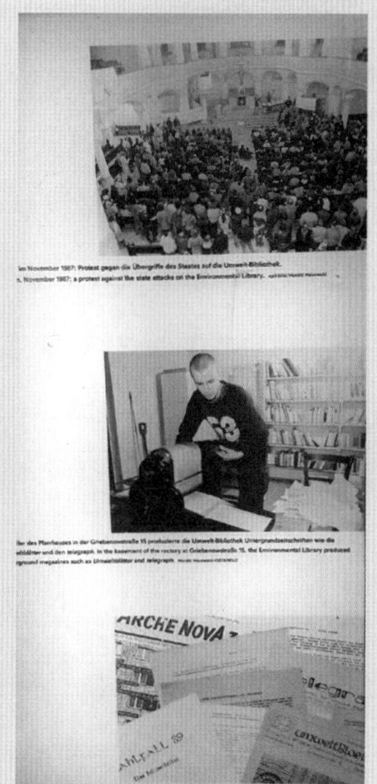

•
동독 박물관에 전시된
《움벨트 블레터》
(1989. 5).

••
시온교회 '평화혁명의 자리'
안내 기둥에 서술된 슈타지 급습
항의 집회 사진(맨위).

자발적으로 철야농성이 조직되어 교회 본당은 밤마다 사람들로 붐볐다. 예상치 못한 항의 시위가 전국으로 확산되는가 하면, 서독의 녹색당 인사들은 호네커에게 항의 서한을 보냈다.

결국 동독 당국은 이런 연대 시위와 압력에 굴복해 나흘 만인 11월 28일 볼프강 뤼덴클라우우를 포함해 마지막 2명까지 전원 석방했다. 애초에 겨냥했던《경계 붕괴》제작자들을 색출해 내지 못했고, 교회의 보호 아래 있던 환경도서관 활동가들을 범죄자로 몰아 구속하지도 못했다. 성과는 없이 잃기만 한 사건이었다. 동독 반정부 그룹의 위상과 연대를 굳건히 해줬고, 무엇보다 서방 언론에 알려지면서 공공연히 평화·인권운동과 환경운동을 억압하는 정권이라는 인식을 남겼다. 환경도서관은 더 이상 건드리기 어려운 존재가 되어버렸다. 일망타진을 노린 급습이 오히려 동독 정권과 슈타지에게 재앙으로 변한 것이다. 암호명 '덫' 작전이 거꾸로 슈타지에게 '덫'이 된 셈이다.

한편, 탄압 속에서도 평화와 인권, 환경을 위해 싸우는 동독 반정부 인사들의 활동 자체가 세계를 놀라게 했다. 서방 언론들은 이 사건을 광범위하게 보도하면서 환경도서관을 조직한 활동가들에 주목했다. 기부금과 종이, 인쇄기 지원이 답지했다. 전화위복이 된 것이다. 이번에도 롤란트 얀의 도움으로 밀반입된 최신 컴퓨터와 두 대의 인쇄기가 교회 부속건물 지하 방에 설치되어, 1988년 여름부터 환경도서관은 현대식 장비를 갖춘 사미즈다트 인쇄소로 발돋움했다. 나아가 이 사건 이후 동독의 여러 도시에서 새로운 환경도서관들이 만들어지기 시작했다. 이 때문에 환경도서관 습격 사건은 유럽 전역을 깨운 중요한 시민운동의 한 사례가 되었고, 성장하는 동독 반정부운동의 승리인 동시에 동독 정권의 중대한 패배로 기록되었다.[48]

그러나 얼마 지나지 않아 환경도서관은 내부적인 노선 차이로 분열되었다. 다수 활동가들은 기층민주주의를 강조하면서 중앙집중적인 조직 건설 구상을 격렬히 반대했다. 반면, 환경도서관 설립자이자 핵심인물이었던 카를로 요르단을 중심으로 한 일부 활동가들은 각 지역별로 분산되어 있는 환경운동 조직을 묶어 전국적인 네트워크를 구축해야 한다고 강조했다. 오래전부터 내재해 있던 갈등은 1988년 1월 카를로 요르단과 뜻을 같이하는 활동가들이 녹색네트워크 아르케를 결성해 분리해 나가는 것으로 마무리되었다.[49]

아르케는 조직성과 구조 측면에서 정당과 유사한 형태를 지향했다. 각 그룹을 네트워킹해 고립과 분산을 피하고 역량과 정보를 결집해 보다 효과적인 운동을 추진하자는 취지였다. 또 환경 문제는 국경을 초월하는 특성을 가진 만큼 서독은 물론 동구권 환경 그룹과의 국제연대도 중요하다고 보았다. 아울러 아르케는 당시로서는 상당한 수준의 편집 기술의 전문성을 갖추고 수십 쪽에 이르는 독자적 사미즈다트 《아르케 노바*Arche Nova*》를 수천 부씩 제작해 배포했다. 창간호에 비터펠트의 환경오염 실태, 라이프치히 지역 공기오염과 아동 호흡기질환과 같은 동독의 주요 환경 현안을 집중적으로 다루었다. 비터펠트 고발 기사는 후에 동영상으로 제작되어 서독 방송에 방영되기도 했다.[50]

IFM과 환경도서관 등 환경·인권·평화운동 그룹에 공간을 제공해

중앙집중식 정당 형태의 전국적인
환경운동 조직을 지향했던 아르케 그룹이
발간한《아르케 노바》1호(1988. 7).
※출처: Robert-Havemann-Gesellschaft.

'아르케' 환경운동의
중심지가 된 고백교회 앞
'평화혁명의 자리'
안내 기둥.

동독 반정부운동의 산실이 된 시온교회는 최근 독일의 '민주주의 역사의 장소'로 지정되었다.[51]

《샬롬》, 그리고 블루스 축제

밀반입된 인쇄기 가운데 마지막 한 대는 동베를린 프리드리히스하인Friedrichshain 지역의 사마리아교회Samariterkirche 라이너 에펠만Rainer Eppelmann 목사에게 전해졌다. 사마리아교회는 1984년부터 "교회 내부용"을 표시한 《샬롬》을 비롯해 여러 사미즈다트를 발간한, 당시 동베를린에서 가장 활발한 사미즈다트 제작소였다. 1984년 12월 에펠만 목사는 교회 내 평화 그룹의 《소식지》에 "견딜 수 없는 상황을 견딜 수 있는 것으로 바꾸자"고 촉구했다. 그 귀한 마지막 인쇄기가 사마리아교회로 옮겨진 데는 그만한 이유가 있었던 셈이다.

평화운동 소식을 비롯해 반정부 행사를 알리고 참여를 독려한 사마리아교회의 《샬롬》은 "교회 내부용"이라는 표시에도 불구하고 이듬해 예외적으로 반국가 유인물로 분류되어 발행이 금지되었다. 곧 제목을 바꾼 후속 사미즈다트가 발간되었는데, 제목이 《추도사》였다. 인쇄기가 들어온 이후 이런저런 제목의 여러 사미즈다트가 동시에 더욱 활발히 발간되었다. 각 사미즈다트는 최소 500명에게 배포되었다고 알려져 있다.

1966년 병역 거부 혐의로 8개월간 투옥 경력이 있는 에펠만 목사가 1974년부터 목사 겸 교구 청년목회를 맡으면서 사마리아교회는 동베를린 청년 시위 장소로 변모했다. 이듬해 이미 에펠만 목사와 청년 예배는 슈타지의 주시 대상이 되었다. 일찍부터 교회 평화운동에 깊이 관여해 온 에펠만 목사는 1982년 로베르트 하베만과 함께 '무기 없는 평화Frieden ohne Waffe'와 유럽 내 핵무기 폐기를 촉구하는 '베를린 선언'을 발표했다. 발표를 전후해 무려 약 2,000명이 여기에 서명했다고 한다. 이를 계기로 여러 교회에 평화 그룹이 만들어졌고 사마리아교회 내에도 평화 그룹이 결성되었다. 여세를 몰아 같은 해 동베를린에서 약 3,000명이 참가한 가운데 첫 '평화대회'가 개최되었다. 에펠만 목사는 이제 교회 울타리를 넘어 동독 평화운동의 선봉장으로 부상했다.[52]

사마리아교회의 평화 그룹 역시 순식간에 생태 그룹, 병역거부 그룹, 제3세계 지원 그룹, 인권 그룹, 국외여행(탈주) 그룹으로 분화되었다. 당시 꿈틀대던 각 영역의 반정부 활동을 거의 모두 포괄하면서 교회엔 이런저런 행사가 끊이지 않았다. 나아가 에펠만 목사는 동독 내 반정부 그룹들과의 네트워크는 물론 서독과 다른 외국 교회들과도 평화 파트너십을 맺었다.[53] 동시에 녹색당을 시작으로 기민당과 사민당 등 서독 정치인들과의 접촉에도 거침이 없었다. 특히 기민당 인사들과 긴밀한 관계를 이어갔다. 이런 네트워크에다 파급력이 큰 정치적 활동을 거리낌 없이 펼친 탓에 에펠만 목사는 한때 슈타지로부터 '국

동독의 대표적 반정부 인사였던 라이너 에펠만 목사의
사마리아교회 앞 '평화혁명의 자리' 안내 기둥.

동독 내 평화운동 그룹들이 개최한
제2회 평화대회 포스터(1983년 7월).
'평화를 심자'는 모토가 눈에 띈다.
※출처: Robert-Havemann-Gesellschaft.

가의 적 1호'로 낙인찍혔고, 1983년부터 상시적인 도·감청은 물론 심지어 사고를 위장한 암살 위험에 노출되기도 했다.[54]

그러나 사마리아교회를 더욱 유명하게 만든 건 따로 있었다. 1980년대 동독의 청년문화와 교회 예배 형식, 나아가 대중음악 지형까지 바꾼 전설적인 〈블루스 축제Blues-Messe〉. 1979년부터 1986년까지 사마리아교회 주관으로 한 해 몇 번씩 총 20차례 열린 이 축제를 통해 블루스 음악 공연과 함께 참가 청년들을 대상으로 한 정치적 기도회와 예배가 개최되었다. 영적 각성과 동시에 평화와 인권, 환경에 대한 정치적 의식화가 이루어진 것이다. 1979년 6월 첫 축제엔 수백 명이 참가했지만, 점차 전국 각지의 청년들이 삼삼오오 몰려와 1984년 4월 축제엔 약 9,000명이 모였다.[55] 처음 축제가 개최되었을 땐 교회에 한 번도 와 본 경험이 없는 장발의 청년들이 몰려들었고, 예배당 안엔 포도주 병이 뒹굴고 담배 연기가 자욱했다. 행사 직후 에펠만 목사는 당국에 불려가 블루스 축제를 도저히 예배나 교회 행사라고 할 수 없으니 앞으로 사전승인이 필요하다는 경고를 받았다. 축제는 예배의 일부이며 예배인지 아닌지의 여부는 목사가 판단할 문제라고 되받아친 에펠만 목사는 당국의 불허조치를 피하기 위해 성경 봉독과 같은 예배 형태를 좀 더 갖추고 행사마다 주제를 정했다. 이듬해 2월, 축제의 주제를 '폭력과 비폭력'으로 정하고, 평화와 청년정책, 표현의 자유에 관한 토론회를 가졌다.[56]

블루스 축제는 동독의 청년들에게 문화적 갈증을 해소하는 탈출구였다. 당국의 감시를 받던 인디밴드와 공연 금지조치를 당한 뮤지션

•

사마리아교회의 〈블루스 축제〉(1986).
동독 청년들의 문화적 갈증을 해소하는 탈출구이자 동독 정권에 대한 저항의식을 일깨우는 역할을 했던 특별한 문화 행사였다.
※출처: '평화혁명의 자리' 안내기둥 사진.

••

시온교회 밴드 공연(1987).
블루스 축제는 또 동독 내 교회 정치활동의 모델로 간주되었으며, 1989/90평화혁명으로 가는 중요한 단계로도 평가되고 있다.
※출처: Robert-Havemann-Gesellschaft.

들에게는 어느 정도 합법적인 공연 기회를 제공하는 해방구였다. 축제로 가는 길은 마치 자유를 향해 가는 통로 같았다. 축제 참가자들이 늘어나자 예배당이 큰 인근 다른 교회에서도 행사가 열리게 되면서 덩달아 동베를린의 많은 교회 예배당에서도 유사한 음악 공연이 펼쳐졌다. 자연스럽게 찬송가가 아닌 대중음악이나 금지곡 공연과 예배가 결합되는 새로운 형식의 예배가 늘어났다.[57]

축제가 열린 몇 년간 동독 청년들 사이엔 블루스 음악이 유행했다. 물론 1980년대 중반 이후 헤비메탈과 펑크에 밀려 블루스의 전성기는 빠르게 지나갔다. 그러나 블루스 축제에도 록과 펑크 밴드가 초청되어 공연하기도 했으니, 축제는 예기치 않게 동독 대중음악사에도 기여한 셈이다. 동독의 68세대들에게 로큰롤과 비트 음악이 그랬던 것처럼, 80년대의 동독 청년들 역시 당국으로부터 금지된 하드록 밴드와 펑크에 열광했다. 1969년의 롤링 스톤즈 사태 이후 20년 동안 동서 베를린 사이에 벌어진 치열하고 뜨거운 콘서트 열전의 동력이자 결과이기도 했던 이 음악은 베를린장벽을 넘나들며 동독 청년들의 가슴을 흔들었고, 때로는 장벽에 부딪쳐 보이지 않는 깊은 균열을 만들어냈다(뒤의 〈더 보기〉 참고).

선거 부정의 반전

1988년 7월 미국의 록 가수 브루스 스프링스틴Bruce Springsteen, 일명 '보스'의 공연이 동베를린을 들었다 놓을 무렵 이미 인쇄기 주변의 움직임은 예사롭지 않았다. 5월 성령강림일에 《새로운 행동》이라는 《라딕스 블레터》가 엄청나게 제작되어 뿌려졌다. APPA는 동독 사회의 당면 과제로 민주화와 선거 개혁을 제시하면서 동독 주민들에게 부정선거 방지와 선거의 공정성·투명성 확보를 위한 '새로운 행동'을 촉구했다. 며칠 뒤 동독 당국이 1989년 5월 7일 지방선거 실시계획을 공식 발표하자 이전부터 부분적으로 선거 대책을 논의해 오던 사마리아교회와 시온교회의 환경도서관도 분주해졌다.[58]

지방선거를 고리로 각 운동 그룹 사이에 전례 없는 전국적인 연대가 형성되어 갔다. 1987년 중반 이후 축적된 연대 경험과 새로운 형태의 사미즈다트가 힘을 더했다. 슈타지의 환경도서관 급습 사건과 1988년 1월 LL 추모 행사 사태 직후 당국의 탄압에 맞서 평화·인권 그룹들의 강력한 연대 시위가 조직되었고, 환경운동 그룹은 총 10만 명이 참여한 '에스펜하인 1마르크 모금·서명운동'을 통해 전무후무한 연대 기록을 세웠다.[59] 교회 내 운동 그룹 역시 '아래로부터의 교회'를 통해 연대활동을 확대하면서 1987년 9월 1일부터 18일 동안 동독을 남북으로 가로지르는, 당시까지 유일무이한 합법적 평화 시위 '올로프 팔메 평화행진Olof-Palme-Friedensmarsch'으로 지역 연계 시위를 조직하기도 했다.[60]

아울러 1987년 8월 31일 서베를린의 소규모 민간방송국 '라디오 100'을 통해 동독 프로그램 '라디오 글라스노스트-통제 불가'가 첫 전파를 탔다. "동독에서 온, 동독에 관한"을 기치로 롤란트 얀이 주도해 제작한 프로그램이었다. 인쇄기를 서베를린에서 동베를린으로 몰래 반입한 방식을 거꾸로 뒤집어 동독에서 직접 현장 녹음한 카세트를 몰래 서베를린으로 반출해 와 송출했다. 동독 반정부 인사들의 육성 인터뷰와 활동 소식을 동독 인디 그룹들의 음악과 함께 내보냈다. 매달 마지막 주 월요일 밤 9시부터 한 시간 방송하는 프로그램인데다 FM 방송이어서 가청 지역도 그리 넓지 않았지만, 슈타지는 그 파급 효과를 심각하게 여겨 방해 전파를 쏘며 차단에 나서기도 했다. 1989년까지 격변의 시기에 총 27번의 방송을 내보낸 '라디오 글라스노스트'는 동베를린 시내 대부분의 지역에서 '듣는 사미즈다트'의 역할을 하게 되었다.[61]

선거일이 다가올수록 인쇄기는 '읽는 사미즈다트'를 찍어내느라 쉼 없이 돌아갔다. 동베를린에서는 APPA와 IFM, 시온교회 환경도서관과 아르케, 사마리아교회를 중심으로 많은 성명서와 공개 서한이

•
'올로프 팔메 평화행진'(1987) "비핵화를 위한 순례".
동독 당국이 승인한 유일한 합법적 평화 시위로 핵무기 없는 유럽을 내걸고
18일간 동독 남북을 가로지르는 평화행진을 벌였다.
※출처: Robert-Havemann-Gesellschaft.

••
소규모 민간방송국으로 '듣는 사미즈다트' 역할을 했던
'라디오 100'이 있던 서베를린 시내
'평화혁명의 자리' 안내 기둥.

발표되었고, 선거 보이코트나 반대표 행사에 동참할 것을 촉구하는 유인물이 수없이 배포되었다. 기존의 연대를 바탕으로, 또 새로운 네트워크를 만들어가며 곳곳에서 선거감시단이 조직되었다. 전국적으로 약 1,000개의 투표소에서 개표 상황을 일일이 감시하는 작업이 준비되었다. 나아가 선거 감시를 넘어 직접 입후보자를 내야 한다는 목소리까지 나왔다. 모두가 동독에서는 처음 있는 일이었다. 그러나 변화는 없었다. 5월 7일 지방선거 다음 날 동독 사상 처음으로 99퍼센트 이하, 겨우 '98.85퍼센트'의 찬성표를 얻어 사통당 중심의 국민전선이 승리했다는 결과가 발표되었다.[62]

개표 결과를 별도로 집계한 감시단의 집합 장소였던 환경도서관과 사마리아교회, 엘리자베트교회, 그리고 많은 지역에서 자체 집계치와 당국의 발표치를 대조한 결과 개표 결과가 10퍼센트 포인트 내외로 조작되었다는 사실이 확인되었다. 98.75퍼센트의 득표율은 거의 100퍼센트 사기였던 셈이다. 사상 처음으로 개표 조작의 꼬리가 잡혔다.

다시 인쇄기가 열을 뿜으며 돌아갔다. 자체 집계 결과를 정리한 32쪽짜리 〈선거 붕괴〉 보고서와 성명서, 항의 시위를 촉구하는 유인물이 대량 제작되어 배포되었다. 에펠만 목사와 IFM 인사들은 개표 조작 증거를 첨부해 검찰청에 '선거 사기' 고발장을 접수했다. 또 환경도서관 활동가들과 함께 선거관리위원회 위원장과 주요 관련기관에 이의서를 제출했다.

다른 지역에서도 상황은 같았다. 전국적으로 300여 명이 관계기관에 항의 서한을 보냈고, 선거 무효화를 요구하기도 했다. 물론 모두

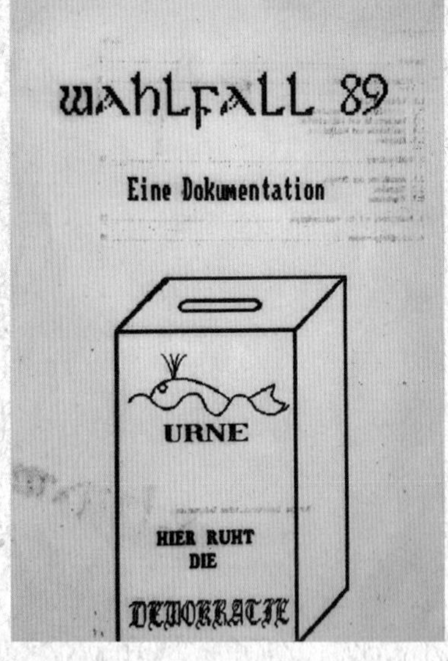

•
1989년 5월 지방선거 부정을 밝힌 선거 감시단의 주요 활동 장소 엘리자베트교회.

••
동독의 1989년 5월 지방선거 개표 조작을 밝힌 보고서 〈선거 붕괴〉(1989). 개표 부정을 구체적으로 입증한 사미즈다트로 동독 전역의 항의 시위를 촉발했다.
※출처: Robert-Havemann-Gesellschaft.

간단히 무시당했다. 항의 시위가 열리기 시작했다. 매월 7일 정례 항의 시위도 조직되었다.[63]

“시간은 충분히 무르익었다”

동독 당국이 끝내 부인하고 무시한 1989년의 선거부정은 정권 몰락을 알리는 신호탄이었다. 5월 8일 선거부정에 항의하는 시위가 시작되고 몇 개월 지나지 않아 그 유명한 월요시위를 거쳐 11월 9일 정확히 반년 만에 베를린장벽이 무너졌다. 그날 밤 “미쳤어! 미쳤어!”를 연발하며 보른홀머 길 검문소를 지나 서베를린으로 돌진하던 동베를린 주민들처럼 아무도 상상하지 못했던 일이 벌어진 것이다. 한 달 뒤엔 사통당과 기존 블록(위성) 정당, 그리고 새롭게 결성된 정당과 정치단체를 모두 망라한 원탁회의가 구성되어 사통당 독재를 해체시켰다. 중앙원탁회의의 결정에 따라 1990년 3월 18일 동독 최초의 인민의회 자유선거가 실시되었다. 선거 결과는 많은 이들에게 전혀 예상밖이었다. 4월 12일 기민당 중심의 새로운 연립내각이 들어서면서 동독의 권력은 완전히 재편되었다. 그리고 다시 반년도 채 지나지 않아 10월 3일 역사적인 독일 통일이 선포되었다. 동독이 사라졌다.

1989년 5월 지방선거 부정으로부터 1년 남짓 숨가쁘게 전개된 이 역사적 평화혁명의 과정은 여느 혁명과 마찬가지로 당연히 단순하지도, 간단하지도 않다. 대외적으로는 냉전체제 해체의 복잡다기한 흐름이 넘실거렸고, 국내적으로는 수많은 움직임들이 봇물 터진 듯 쏟아져 요동쳤다. 동독과 독일의 앞날에 결정적으로 중요했던 각각의 이정표는 모두 3개월 전까지만 하더라도 누구도 예측하지 못한 결과들이었다. 이렇게 얽히고설킨 실타래를 담은 블랙박스는 여전히 열리고 있는 중이다. 다소 도식적이나마 평화혁명의 과정을 동독 국내의 주체 또는 행위자 측면에서만 보자면 5개 정도의 복합적인 흐름과 운동이 상호작용한 결과라는 게 지금까지의 연구 결과라고 할 수 있다. 즉, 동독 주민들의 대규모 탈주운동과 시위운동, 지식인·예술인의 민주화운동 합류, 사통당과 산하 단체 또는 관변 사회단체들의 저변 붕괴와 일부 지도층의 개혁 동참, 그리고 기존 평화·인권·환경 그룹의 결집과 정치세력화가 그것이다.[65]

1989년 초 호네커는 여행과 이주의 자유 보장을 포함한 헬싱키 프로세스 후속 빈 회의 합의문서에 서명하고서도 베를린장벽은 원인이 없어지지 않는 한 앞으로도 50년이고 100년이고 계속 서있을 것이라고 호언했다. 그의 강경 발언은 이미 급증세를 보이고 있던 이주 희망 주민들의 불안감을 부추겼다. 합법적인 이주의 길이 좁아지기 전에 어떻게든 방법을 찾아야 한다는 초조함을 더했다. 희망이 절망으로 바뀌자 이주가 탈주로 변했다. 때마침 동독 당국과 달리 완연히 민주화 개혁의 길을 가고 있던 헝가리가 5월 2일 오스트리아 국경 개방 방침을 발표했다. 6월 17일 헝가리-오스트리아 양국 외교장관의 상징

동독 주민들의 탈주 물결에 물꼬를 튼 헝가리-오스트리아 국경 마을의 '범유럽피크닉 평화집회' 포스터(1989. 8. 19).
※출처: Robert-Havemann-Gesellschaft.

연방하원 의사당 외벽에 설치된 1989년 헝가리 국경 개방 기념 동판. "통일된 독일과 독립적 헝가리, 민주적 유럽을 위한 독일 국민과 헝가리 국민의 우정의 증표"라는 문구가 새겨져 있다.[64]

적인 철조망 제거 이벤트가 대대적으로 보도되었고, 8월 19일 헝가리-오스트리아의 국경 마을에서 개최된 '자유로 떠나는 소풍' 범유럽 피크닉 평화집회Paneuropäische Picknick를 계기로 3시간 동안 철의 장막이 열려 수백 명이 국경을 넘었다. 그리고 9월 11일 마침내 국경이 전면 개방되었다.

헝가리의 국경 개방으로 베를린장벽 건설 이래 가장 큰 탈주 물결이 일어났다. 9월 11일 하루에만 3,000여 명의 동독 주민들이 헝가리 국경을 넘어 서독으로 향했다. 청년들은 인근 동유럽 국가를 경유해 수없는 물길을 만들며 탈주했다. 9월 한 달 동안 3만 명 이상이 탈주했다. 동독 내 삶에 대한 총체적 불만과 미래에 대한 희망 없음을 드러내는 처절하지만 적극적인 몸부림은 몇 달 만에 10만 명 이상이 고향과 집을 버리고 탈주하는 거대한 파도를 만들어냈다. 탈주운동은 그래서 동독체제의 정당성은 물론 존립 자체를 위협하는 심각한 해일이 되었다. 동독 당국뿐만 아니라 반정부 세력과 운동 그룹들에게도 위기의식이 덮쳤다. 동독 사회의 민주화와 개혁을 빠르게 진척시키지 않으면 이 해일을 막을 수 없다는 압박감을 몰고 왔다. 이런 의미해서 탈주운동은 동독 정권에 대한 저항이자 민주화 세력의 등을 떠민 추동력이었다고 해석되기도 한다.[66]

동독 주민들의 엑소더스가 절정으로 치달을 때 연대활동과 선거부정 항의 시위가 뿌린 씨앗이 뿌리를 내리며 죽순처럼 자라났다. 특히 라이프치히에서는 1982년부터 니콜라이교회에서 열리던 월요 평화기도회와 연계되면서 민주화 시위가 단단한 줄기를 길게 뻗었다. 7

월 9일 '교회의 날'을 계기로 선거부정에 항의하는 시위대가 "민주주의" 현수막을 들고 라이프치히 시내로 행진했다. 그 유명한 월요시위가 시작된 9월 4일 1,000여 명의 시위대는 "자유로운 사람들이 사는 열린 나라를 위해" 현수막을 펼쳤다. 2,000여 명으로 시작된 10월 2일 월요시위에 시민들이 합류하면서 1953년 6월 17일 봉기 이후 최대 규모인 2만 명까지 늘어났고, 경찰의 해산 명령에 맞서 처음으로 "우리가 국민이다"라는 구호가 터져나왔다.[67] 곧이어 10월 7일 동독 창건 40주년 기념식이 열릴 때도 민주적 개혁과 여행의 자유, 사통당 독재 종식을 요구하는 시위는 끊이지 않았다.

드디어 10월 9일 '결정의 날', 7만 명의 시위대가 경찰과의 유혈충돌 없이 라이프치히 시내를 차지했다. 때로 맨몸으로 무자비한 폭력에 맞서야 했던 역사의 트라우마가 수개월 전 중국 톈안먼 사태로 다시 유령처럼 떠돌면서 동독 당국의 유혈진압 가능성에 대한 두려움이 늘 시위대 주변을 맴돌았지만, 수많은 시민들의 민주화 열망이 경찰의 기세를 누른 것이다. 그래서 이날은 동독 민주화 시위에서 승리의 날, 비폭력 평화혁명으로 가는 길에 한 획을 그은 날로 기록된다. 며칠 뒤 10월 18일 호네커가 물러나자 시위대는 기하급수적으로 늘어났다. 10월 23일 전국적으로 30만 명이 시위에 참여했고, 11월 4일 동베를린 알렉산더 광장엔 사상 최대인 50만 명 이상이 모였다.

지식인들과 문인, 예술가들도 속속 민주화 시위에 합류했다. 9월 14일 [동]베를린 작가연합과 며칠 뒤 음악인협회와 연예인협회가 성명서를 내며 사통당 정책을 비판하고 개혁을 요구했다. 극장도 일제히

동독 민주화 시위의 분수령이었던 1989년 10월 9일 라이프치히 시위.
동독 주민들의 민주화 열망이 승리한 날, 비폭력 평화혁명으로 가는 길에
한 획을 그은 날로 평가되고 있다. ※출처: Robert-Havemann-Gesellschaft.

라이프치히 '평화혁명의 자리' 안내 기둥.
월요시위의 중심이었던 니콜라이교회 앞에
'평화혁명의 자리' 기둥이 세워졌다.

개혁의 행렬에 함께했다. 10월 28일 좌석을 꽉 채운 도이체스 테아터(독일극장)에선 불의에 대한 침묵을 깨자는 결단의 목소리가 메아리쳤다. 이와 함께 사통당은 물론 독일자유청년동맹FDJ과 같은 사회단체들이 뿌리 채 흔들리기 시작했다. 선거부정이 밝혀진 이후 당원들조차 당의 정당성에 회의를 품게 되었고, 개혁 필요성을 자각한 많은 당원들의 탈당 러시가 이어졌다. 덕분에 사통당은 1989년 말까지 수개월 만에 40퍼센트에 이르는 90여만 명의 당원을 잃었다. 자연스럽게 개혁 행렬에 동참하는 핵심간부들도 급증했다. 독일자유청년동맹은 조직의 핵심 축이었던 대학에서조차 쫓겨나는 신세가 되었다. 그리고 이제 이들은 11월 4일 알렉산더 광장 시위에서 '새로운 포럼'과 함께 중심에 섰다.[68]

1989년 죽순처럼 자라 하반기 전국을 뒤덮은 민주화 덩굴은 사실 폴란드와 헝가리에서 진행된 민주화 개혁과 체제 전환으로부터 자양분을 받고 있었다. 고르바초프의 개혁·개방 정책이라는 든든한 버팀목도 있었다. 무엇보다 헝가리의 선도적인 국경 개방은 동독의 탈주 희망자들에게 한 줄기 큰 빛이었다. 6월 폴란드 선거에서 압승한 자유노조는 동독 운동 그룹들에게도 손에 잡힐 것 같은 민주화와 개혁의 부푼 꿈을 안겼다. 이 무렵 중국 톈안먼 시위가 유혈진압되었다는 소식이 찬물을 끼얹었을 때, 곧 이은 고르바초프의 '브레즈네프 독트린' 철회 선언이 놀란 가슴을 쓸어내리게 했다. 7월 7일 부카레스트에서 열린 바르샤바조약기구 회의에서 고르바초프는 동맹국 국내 문제는 각국의 독자적인 결정에 맡기겠다고 못 박았다. 동독에서 소요사

1989년 11월 4일 동베를린 알렉산더 광장 시위.
50만 명 이상이 참여한 동독 역사상 최대 규모의 시위로 베를린장벽 붕괴와
독일 통일로 이어진 평화혁명의 이정표였다.
※출처: Robert-Havemann-Gesellschaft.

연방하원 의사당 모퉁이에 설치된
폴란드 자유노조 '솔리다르노시치' 기념 동판.
"자유와 민주주의를 위한 솔리다르노시치의 투쟁,
독일 통일과 유럽의 정치적 통합에 대한
폴란드의 기여를 기억하며"라는
문구가 새겨져 있다.
벽 자체도 자유노조운동의 진원지였던
그단스크 조선소 담벽 일부를
옮겨다놓은 것이다.[69]

태가 발생하더라도 소련 군대가 개입할 가능성은 없어졌다. 8월 24일 폴란드에서는 처음으로 비공산당 인사를 신임 총리로 한 정부가 출범했다. 헝가리는 9월 11일 국경 전면 개방에 이어 9월 18일 원탁회의에서 다당제에 기반한 총선 실시가 합의되었다.

반정부 그룹들도 달라졌다. 선거부정 폭로와 항의과정에서 절실히 체감한 한계, 주민들의 대규모 탈주운동이 몰고 온 근본적인 위기의식, 폴란드와 헝가리가 가져다준 희망과 기대, 이 모든 것들이 이들의 정치적 의지를 일깨웠다. 반대와 저항을 넘어 능동적인 정치 참여와 개혁·대안 세력으로서의 자기정체성을 재정립했다. 대안 정치세력으로 나아가려는 노력은 9월 전후 새로운 정치단체와 정당 설립 붐으로 이어졌다. 자연스럽게 교회의 울타리와 보호막도 벗어났다. 교회라는 알을 깨고 부화한 것이다.

여기서도 가장 핵심적인 세력은 단연 인쇄기 그룹이었다. "시간은 충분히 무르익었다—출발 89"를 기치로 9월 중순 IFM 인사들이 결성한 '새로운 포럼'은 순식간에 20만 명 이상이 참여하는 전국 조직으로 발전했고, 곧이어 APPA 그룹이 발족시킨 '민주주의 지금Demokratie Jetzt'에도 수천 명이 참여했다.[70] 에펠만 목사를 중심으로 8월부터 준비 모임에 들어간 '민주주의 출발Demokratischer Aufbruch'은 9월 말 수백 명이 참석한 가운데 출발을 알렸다. 정당으로는 동독 사민당이 10월 초 창당 모임을 가졌고, 환경 그룹 아르케가 11월 동독 녹색당을 창당했다.[71] 이외에도 많은 단체와 정당들이 만들어졌다. 예를 들어, IFM 초기에 분리해 나온 토마스 클라인은 9월 초에 이미 가장 먼저 좌파 연합체인 '뵐레너 플랫폼'을 만들었고, 녹색당 창당에 반발한 환경운동 그룹이 1990년 초 '녹색 리그Grüne Liga'를 결성했다.[72]

이 새로운 정치단체들은 각기 정치적 요구를 분명히 하고 개혁의 목표와 비전을 제시하면서 시위를 조직하고 거리민주주의를 주도해 갔다. 특히, 3년 전 서베를린에서 밀반입한 그 인쇄기 3대로 사미즈다트를 만들어 배포해 온 그룹들은 준비된 이념과 프로그램, 탄탄하게 다져진 국내외 네트워크와 연대활동 경험을 기반으로 평화혁명 과정

동베를린 인쇄기 3대와 1989년 동독 평화혁명 시기 주요 정치단체

<table>
<tr><th></th><th>인쇄기 1</th><th colspan="3">인쇄기 2</th><th>인쇄기 3</th></tr>
<tr><td>설치 장소</td><td>빅하르트 자택</td><td colspan="3">시온교회</td><td>사마리아교회</td></tr>
<tr><td>사용 조직</td><td>경계짓기
실행·원리
반대그룹
(APPA)</td><td>평화·인권
이니셔티브
(IFM)</td><td colspan="2">환경도서관</td><td>사마리아교회
교회 내 그룹</td></tr>
<tr><td>주요 인사</td><td>슈테판 빅하르트
루드비히 멜호른
볼프강 울만</td><td>베르벨 볼라이
베르너 피셔
포페 부부</td><td>볼프강
뤼덴클라우</td><td>카를로
요르단</td><td>라이너
에펠만</td></tr>
<tr><td>사미즈다트</td><td>라딕스
블레터</td><td>경계 붕괴</td><td>움벨트
블레터</td><td>아르케</td><td>샬롬, 전환기
등 다수</td></tr>
<tr><td rowspan="2">1989년
가을 결성
정치단체</td><td>민주주의 지금
Demokratie Jetzt</td><td>새로운 포럼
Neues Forum</td><td>-</td><td>동독 녹색당
Grüne Partei</td><td>민주주의 출발Demokratischer Aufbruch</td></tr>
<tr><td>일부는
녹색당
합류</td><td>일부는
민주주의 지금
합류 또는
IFM 잔류</td><td>일부는
추후
녹색리그</td><td>일부는
녹색리그</td><td>노선 변경으로
추후 일부는
사민당 합류</td></tr>
<tr><td>중앙
원탁회의
표결권</td><td>2</td><td>3</td><td></td><td>2</td><td>2</td></tr>
<tr><td>1990년
3월
자유선거
정당</td><td>동맹 90</td><td>동맹 90</td><td>일부 녹색당</td><td>동맹 90/
녹색당</td><td>독일동맹
(기민당)</td></tr>
</table>

에서 중요한 역할을 했다. 일찍부터 교회의 보호막에서 벗어나 거친 반정부운동을 온몸으로 펼쳐온 베르벨 볼라이 중심의 새로운 포럼의 무게감은 각별했다. 베를린장벽이 무너졌을 때 그녀의 아틀리에 앞마당에 국제 기자 회견장이 설치되었다.

원탁의 기사들, 선거에 울다

11월 9일 베를린장벽이 무너지면서 사통당 권력도 모래성처럼 함께 허물어져 갔다. 10월 18일 물러난 호네커 자리를 크렌츠Egon Krenz가 이어받았지만, 50일도 지나지 않아 12월 초 사퇴했다. 취임 한 달도 안 된 한스 모드로Hans Modrow 총리에게로 권력이 옮겨졌고, 사통당은 더 이상 민주화 개혁 요구를 거부할 수 없는 상황에 처했다. 반면, 새로운 정치세력의 발언권은 날로 강해졌다. 10월 말 '민주주의 지금' 측이 제안한 원탁회의 구성 방안에 합의하고 장벽 붕괴 다음 날 바로 공동 요구했다. 모드로 총리의 수용으로 12월 7일 개최된 첫 원탁회의에서 드러난 표결권 분배는 세상이 변했음을 재확인시켰다. 사통당과 4개 기존 블록 정당들이 각 3석씩 모두 15석, '새로운 포럼'(3석) 외 6개 새로운 정치단체들(각 2석씩) 역시 모두 15석으로 동등한 표결권을 가졌다. 이제 중앙원탁회의에서 사통당(12월 중순 이후 민사당)은 12개 정당/단체 중 하나로 30개 표결권 중 3개만 차지하는 위치로 전락했다. 엄청난 변화였다.[73]

1차~3차 중앙원탁회의가 개최된 본회퍼 하우스 앞 '평화혁명의 자리' 안내 기둥.

4차~16차 중앙원탁회의가 개최된 쇤하우젠성 부속 회의장 건물 앞 설명 동판.

첫 회의에 참석한 새로운 정치단체 대표들의 면면은 이 변화를 더욱 실감케 했다. '새로운 포럼'의 라인하르트 슐트, '민주주의 지금'의 울리히 포페, IFM의 게르트 포페, 좌파 연합의 토마스 클라인, 이들 모두는 슈타지가 불과 몇 달 전 이적 행위를 일삼는 "사회주의의 적"으로 낙인찍은 인사들이었다. 당시 슈타지 보고서는 약 600명의 반정부 세력 지도급 인사 중에 강성 핵심인사가 60여 명 정도 된다고 기술하면서 특히 11명의 실명을 명시했다. 여기엔 앞의 4명 외에 '민주주의 출발'의 에펠만 목사, '새로운 포럼'의 베르벨 볼라이와 베르너 피셔, 그리고 '환경도서관'의 볼프강 뤼덴클라우가 포함되어 있었다.[74] '민주주의 출발'의 에펠만 목사는 이듬해 1월 28일 회의에서 결정한 모드로 정권의 신임 무임소 장관 중 한 명으로 선임되었다.

3차 회의까지 동베를린 시내 본회퍼 하우스에서 열린 중앙원탁회의는 이후 동독 정부의 영빈관이었던 쇤하우젠성 부속 회의장 건물로 장소를 옮겼고, 3월 12일까지 총 16회 개최되었다.[75] 동독의 민주적 개혁과 개조를 핵심 과제로 삼아 무엇보다 새로운 자유선거와 민주적 헌법안을 준비하고 잔존한 슈타지 권력을 해체하는 데 중점을 뒀다.[76] 이를 위해 16개 실무 그룹을 구성해 세부적인 논의를 진행시켰다. 사실상 의회의 역할과 정부 기능 일부를 대신한 과도기 기구였던 셈이다. 그러나 권력을 갖지 못해 생기는 실무적인 한계가 없지 않았고, 특히 무임소 장관 입각을 둘러싸고 참여세력 사이에 분열과 반목이 분출된 데다 대체권력이 아니라 모드로 정권의 국정 파트너로 인식되는 근본적인 한계도 드러냈다. 그럼에도 불구하고 원탁회의는 동독을 사통당 독재에서 민주주의로 평화적 전환을 이뤄낸 "평화혁명위원회"였고, "통일을 향한 민주적 과정의 핵심 퍼즐 조각"이었다고 평가된다.[77]

그러나 1월 18일 회의에서 자유선거의 조기 실시가 결정되면서 정국은 선거 국면으로 급물살을 탔다. 당초 예상보다 훨씬 앞당겨 불과 두 달 뒤인 3월 18일 실시하기로 합의한 것이다. 이미 베를린장벽이 무너진 뒤 차츰 구호가 달라지며 정치적 성격이 변화되어 온 시위도 빠르게 정당들의 유세장화 되었다. 동독의 민주화와 개혁은 뒤로 밀리고 서독과의 통일 문제가 전면에 부상했다. 덩달아 중앙원탁회의의 역할과 존재 의미도 퇴색되었다. 특히, 중요한 과제였던 새로운 민주헌법의 향배를 알 수 없게 되었다.[78] 결과적으로 자유선거의 조기 실시 결정으로 인해 중앙원탁회의는 의도치 않게 무장해제되어 갔다. 동독에게는 처음이자 마지막 "민주주의의 학교"가 주어진 숙제를 마치지 못한 채 문을 닫게 된 것이다.[79]

더욱이 중앙원탁회의에 참여한 7개 새로운 정치단체는 3·18자유선거를 앞두고 뿔뿔이 흩어졌다. '민주주의 출발'은 일찌감치 서독 기민당의 엄청난 지원을 등에 업은 동독 기민당 중심의 '독일동맹'에 합류한 상태였고, 동독 사민당 역시 서독 사민당의 전폭적인 지원 아래 독자 노선을 걸었다. 동독 녹색당도 마찬가지였다. 좌파 연합은 중도 이탈해 다른 군소 좌파 그룹과 연대했다. 남은 '새로운 포럼'과 '민주주의 지금', IFM만이 '동맹 90(Bündnis 90)'으로 힘을 합했다. 서독 정당들의 지원을 받지 않는 정치세력의 승리 가능성은 애초부터 거의 전무했지만, 막상 뚜껑을 연 선거 결과는 연초까지의 일반적인 예상과도 전혀 달랐다. 서독과의 조속한 통일을 공약으로 내세운 '독일동맹'이 48퍼센트 이상을 득표해 압승을 거둔 반면, 동맹 90과 녹색당은 각각 2.9퍼센트와 2퍼센트로 참패를 넘어 궤멸 수준이었다. 이로써 체제 전환을 이룬 동구권 사회주의 국가 중 동독만 유일하게 정권이 교체되었으면서도 민주화 개혁세력이 집권하지 못한 예외적인 사례가 되었다.[80]

사라진 자들, 남겨진 자리들

3·18자유선거를 기점으로 동독은 통일 정국으로 완전히 전환되었다. 동맹 90을 위시해 서독 정당의 지원을 받지 않은 정치세력은 급속히 영향력을 상실해 갔고, 이후 통일 정국과 통일 이후 정치에서도 거의 아무런 역할을 하지 못했다.[81] 에펠만 목사처럼 '민주주의 출발'로 시작해 기민당에 편입되거나 사민당 또는 녹색당에 합류한 극히 일부 인사들을 제외하고는 모두 잊힌 존재가 되어버렸다.[82] '동독 반정부 세력의 얼굴'이자 '평화혁명의 어머니'로 불린 '새로운 포럼'의 베르벨 볼라이는 정계를 떠나 1996년부터는 아예 체제 전환과정에서 내전을 겪은 동구권 지역에서 난민과 전쟁고아를 돌보고 재건을 돕는 일에 전념하다 큰 병을 얻고 나서야 돌아왔지만 얼마 지나지 않아 세상을 떠났다.[83] 인쇄기의 주인공 '민주주의 지금'의 슈테판 빅하르트 역시 정치권에서 물러나 목회활동에 주력해 오고 있다. 동시에 동독 내 민주화와 개혁을 위한 노력 역시 사회적 기억에서 멀어졌다. 중앙원탁회의도 예외는 아니었다. 간혹 동독 평화·인권운동가들에게 수

여되는 훈장만이 그 흔적을 남길 뿐이었다.[84]

그러나 2009년 베를린장벽 붕괴 20주년을 계기로 변화가 가시화되었다. 로베르트 하베만협회의 '평화혁명 1989/90' 옥외전시회를 계기로 평화혁명이 공공장소에서 본격적으로 기억되기 시작했다.[85] 아울러 협회는 평화혁명에 크게 기여한 인사들과 단체들을 중심으로 이들이 주로 활동했거나 평화혁명에 의미가 큰 18개 장소를 선정해 '평화혁명의 자리들'을 발간하고 각 자리마다 '평화혁명의 자리 정보 기둥'을 세워 기념했다. 당연히 베르벨 볼라이의 아틀리에와 인쇄기가 설치되었던 시온교회와 사마리아교회가 포함되어 있다.[86]

이듬해 라이프치히 역시 10월 9일의 결정적인 월요시위 현장과 니콜라이교회 등을 평화혁명의 자리로 선정해 베를린과 보조를 맞췄다. 이 평화혁명의 자리는 베를린과 라이프치히의 특특한 '평화혁명 투어 프로그램'으로 정착했다.[87] 2014년 평화혁명 25주년엔 라이프치히와 드레스덴을 포함한 옛 동독 주요 도시에서 1989년 8월부터 1990년 4월까지 일어난 동독 주민들의 시위 장소를 담은 '동독에서의 평화혁명 지도'가 공개되었다. 온라인을 통해 모두 549개 도시의 3,310개 정치활동을 검색해 볼 수 있도록 만들었다고 한다.[88]

특히 눈길을 끄는 것은 2009년 라이프치히에서 10월 9일 시위를 기념해 발족한 '평화혁명재단'이다. 니콜라이교회에 둥지를 튼 이 재단은 1989년 평화적 변화를 위해 교회로, 그리고 거리로 나섰던 그때 그 사람들의 기본 가치를 계승해 계속 실천해 가는 것을 목적으로 한다고 밝혔다. 평화혁명을 박물관에만 두는 것이 아니라 지속적으로

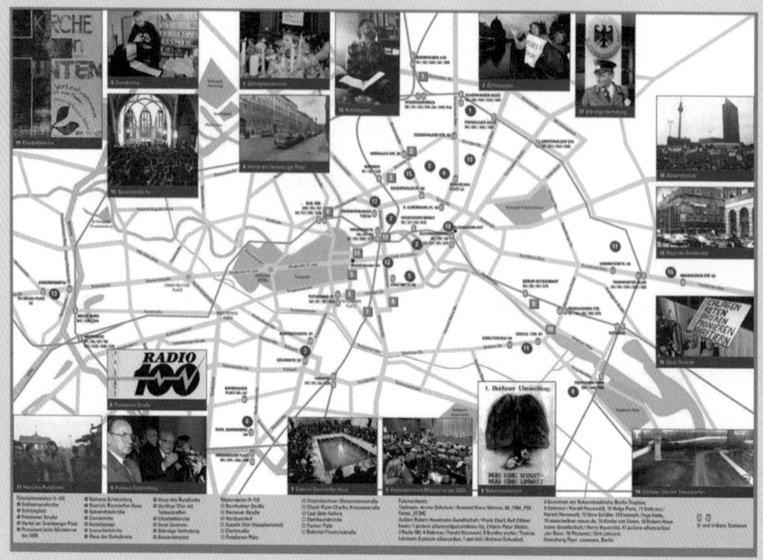

베를린 18개 평화혁명의 자리들.[89]

평화혁명재단의 〈시민용기 헌장〉.
재단의 활동 목표는 비폭력-무기를 쟁기로, 인종주의 반대-다양성 진흥,
사람 중심 경제와 세계 민주화운동 지원 등이다.
※출처: 평화혁명재단 홈페이지(stiftung-fr.de).

현재화하고 진전시켜 그 가치를 온전히 실현할 행동으로 이어가겠다는 것이다. 이런 취지에서 재단은 '시민용기 헌장'을 만들었다. '무기를 쟁기로'를 기치로 평화운동을 지원하고, 폭력을 반대하고 인권운동과 민주화운동을 지원하며, 인종주의에 반대하고 다원주의와 다양성을 존중하면서 누구에게나 열린 통합과 사람 중심의 경제를 지향한다는 것이다. 박제된 과거의 기억이 아니라 오늘의 실천을 통해 내일을 만들어가는 기억의 현재화와 미래지향적 기억문화를 추구하는 전형적인 사례라고 할 수 있다.[90]

2017년엔 독일역사박물관을 비롯해 60개 이상의 단체와 협회가 참여해 발족시킨 '민주주의 역사의 장소'가 독일의 민주주의를 발전시킨 '민주주의 100인'에 동독의 민주화와 평화혁명에 기여한 동독 인사들을 대거 포함시켰다. 동독의 대표적인 반정부 인사 로베르트 하베만과 루돌프 바로는 물론, '평화혁명의 어머니' 베르벨 볼라이, '민주주의 지금'의 루드비히 멜호른과 볼프강 울만, 인쇄기와 인쇄용품을 포함해 동독 반정부 인사들을 지원했던 위르겐 푹스, 라이프치히 니콜라이교회의 크리스티안 퓌러Christian Führer 목사와 '열린 사역 Offene Arbeit'의 주창자 발터 쉴링Walter Schilling이 선정되었다. 독일 민주주의 발전사에 동독 민주화운동을 포함시킨 주목할 만한 일이다.[91] 선정 당시까지 타계한 인사들만 대상으로 했다는 점에서 앞으로 예상되는 변화도 관심의 대상이다.

나아가 장벽 붕괴 30주년을 맞이해 2019년 9월 9일부터 12월 9일까지 평화혁명의 주역들을 기억하기 위한 특별한 프로젝트가 동베를

1989년 11월 9일 베를린장벽이 무너진 날 국제 기자 회견장이 된
베르벨 볼라이의 아틀리에. 사진의 중심에 서있는 여성이 베르벨 볼라이.
※출처: Robert-Havemann-Gesellschaft.

린 지역에서 펼쳐졌다. 베를벨 볼라이의 아틀리에를 비롯해 당시 운동가들의 주요 활동 장소 125곳에 〈1989년 봉기, 2019년 기억〉이라는 포스터를 길바닥에 부착하거나 건물 입구에 설명문을 붙였다. 포스터에는 QR 코드가 인쇄되어 있어 오가는 시민들이 누구나 해당 장소와 그곳의 운동가, 그들의 활동 내역을 검색해 볼 수 있도록 했다.[92] 그 몇 해 전엔 베르벨 볼라이를 기리는 거리명이 베를린에 새로 만들어지기도 했다.[93]

슈타인마이어 대통령은 2019년 평화혁명-장벽 붕괴 30주년 연설에서 평화혁명가들이 베를린장벽을 무너뜨렸다면서 그들이 민주주의의 역사와 세계사를 다시 썼다고 강조한 데 이어 이듬해 통독 30주년엔 평화혁명을 기릴 새로운 기념관 건립을 제안했다.[94] 연방정부가 별도로 구성한 '평화혁명과 독일 통일 30년위원회' 역시 유사한 맥락에서 '유럽체제 전환과 독일 통일 미래센터' 건립과 함께 10월 9일 라이프치히 시위의 날을 '민주주의의 날'로 기리고, 베를린장벽을 무너뜨린 11월 9일을 국가기념일로 지정할 것을 권고했다.[95] 연방정부는 이 권고를 수용해 미래센터 건립계획을 구체화하고 오는 2028년까지 옛 동독 지역 내 적절한 도시에 완공한다는 방침이다.[96]

평화혁명은 누구의 것인가

이처럼 평화혁명–장벽 붕괴 30주년을 전후해 평화혁명과 평화혁명에 기여한 이들을 더욱 기려야 한다는 목소리가 높아지고 정부의 대책이 구체화되는 상황에서 다른 한편에서는 '평화혁명은 누구의 것인가'를 두고 심각한 논쟁이 벌어졌다.

2019년 5월 라이프치히 10·9 시위일에 개최될 예정이던 평화혁명 기념 행사에 사통당 출신 유명 정치인이 초청연사로 참석한다는 소식이 발단이었다. 소식이 알려지자 즉각 사통당을 계승한 정치세력의 대표적인 인사가 어떻게 평화혁명 기념 행사에서 연설을 할 수 있느냐는 비판이 제기됐다. 특히 평화혁명 당시의 반정부 활동가들과 역사학자들의 반발이 거셌다. 중견 동독사 연구자인 코발추크Ilko–Sascha Kowalczuk는 이 정치인이 여전히 베를린장벽 붕괴에 사통당이 나름 긍정적인 역할을 했다고 믿고 있는 인사라고 비판했다. 급기야 7월 공동 반대 성명이 발표되고 반대 시위까지 벌어졌다. 거의 6개월에 걸친 논란에도 불구하고 결국 당초 계획대로 연설은 이루어졌고, 그는 이 연설에서 자신을 둘러싼 논란에 유감을 표명하면서도 평화혁명은 어느 특정 활동가나 정치세력들의 전유물이 아니라고 지적했다.[97]

이 논란은 다시 동독 평화혁명의 주역은 과연 누구였는가의 문제로 불똥이 튀었다. 7월 일간지 지상에서 치열하게 벌어진 이른바 '폴락-코발추크' 논쟁이 그것이다. 종교사회학자인 폴락Detlef Pollack과 코발추크 모두 동독 출신으로 평화혁명을 직접 체험한 학자들이었지만, 보는 관점과 평가는 달랐다. 포문은 폴락이 열었다. 평화혁명과 동독 정권의 붕괴는 소수 반정부 인사의 활동이 아니라 수많은 주민들의 이주 물결과 걷잡을 수 없을 정도의 대규모 민주화 시위에 의한 것이라는 요지의 기고문을 7월 12일자 FAZ에 실었다. 사흘 뒤 비록 소수였지만 반정부 인사들의 활동과 운동이 평화혁명에 결정적인 요인이었음을 강조하는 코발추크의 반박문이 실렸고, 다시 하루 뒤 폴락이 재반박했다. 이어 당시 활동가들을 비롯한 많은 인사들이 논평과 독자 투고를 통해 논쟁에 가담했다.[98]

9월 30일 폴락과 코발추크가 참석한 가운데 라이프치히 현대사 포럼에서 개최된 '우리는 누구에게 평화혁명을 빚지고 있나?' 토론회에서도 평화혁명은 여러 요인들의 복합적인 상호작용의 결과라는 점이 강조되긴 했지만, 핵심 쟁점은 평행선을 달렸다. 폴락은 교회 울타리 안에 있었던 소수 반정부 인사들의 활동이 동독 정권을 흔들지 못했고 위협적이지도 않았다면서 소수 반정부 인사들에 의한 혁명이라는 신화를 깨야 한다고 지적했다. 반면, 코발추크는 반정부 인사들의 용감하고 헌신적인 활동이 시민들의 민주화 시위를 촉발하고 추동했으며 이를 알리고 확산시킨 덕분에 동독이 아래로부터 변화할 수 있었다고 반박하면서 거듭 평화혁명의 역사를 수정하려는 시도들이 나타나고 있다고 경고했다.[99]

코발추크의 경고는 물론 그해 여름 옛 동독 지역 주의회선거 캠페인에서 나타난 극우 독일대안당AfD의 평화혁명 왜곡을 특히 염두에 둔 것이었다. AfD는 "89년 시작한 전환의 완료"를 외치며, "투표로 평화혁명을 완성하라!"고 선동했다. AfD가 평화혁명을 미완으로 규정한 데 그치지 않고 자신들이 '실질적인 새로운 포럼'이라며 그 미완의 평화혁명을 완성하겠노라 나선 상황에 많은 이들이 경악했다.[100]

또한 10월 7일엔 '대안적 통일축제'라는 행사명으로 동독 창건 70주년 기념식이 열리기도 했다. 모드로 전 동독 총리가 참석한 이 행사에선 동독은 서독에 의해 적대적으로 인수된 "서독의 식민지"라는 오래된 주장이 다시 터져나왔다.[101] 나아가 중앙원탁회의가 처음 개최됐던 12월 7일에 맞춰 본회퍼 하우스에서 다시 '17차 중앙원탁회의'가 개최됐다. "우리 사회의 공존의 기초를 다시 논의하기 위해" 1990년 작성된 헌법 초안을 보완한 수정안을 검토하고 이를 연방하원에 보내자는 취지였다.[102] 비록 소수지만 이렇게 평화혁명에 대한 다른 목소리들과 불만이 연이어 쏟아져 나왔다.

평화혁명을 둘러싼 논쟁은 여전히 진행형이다. 여러 층위에서 다양한 평가가 제기되고 있고, 언제 어떻게 결론 내려질지 예측하기도 쉽지 않다.[103] 그러나 분명한 사실은 있다.

1990년 10월 3일은 평화와 자유 속에 우리나라가 통일된 날입니다. 이 자유는 우리에게 그냥 뚝 떨어진 것이 아닙니다, 쟁취한 것입니다. 오늘 우리가 이렇게 통일된 나라를 경축할 수 있는 것은 동독에서 자신의 권리와 자신의 자유, 그리고 다른 사회를 위해서 모든 것을 걸었던 그 사람들이 있었기 때문입니다.

'민주주의 출발'로 시작해 독일을 넘어 세계적인 지도자 반열에 오른 메르켈 총리가 퇴임을 앞두고 2021년 독일통일 31주년 행사에서 행한 연설의 일부다.[104]

롤링 스톤즈, 냉전 중의 콘서트 열전

1969년 동독에선 영국 록 밴드 롤링 스톤즈 때문에 한바탕 소동이 벌어졌다. 10월 7일 동독 창건 20주년을 맞아 행사 준비가 한창이던 9월 말 서베를린 한 라디오 방송 진행자의 농담이 동독 청년들을 설레게 했다. 서독을 방문한 롤링 스톤즈가 창건 기념일에 맞춰 베를린에서 콘서트를 개최할 것이라는 황당한 얘기였다. 가짜 뉴스였지만 동독에도 꽤나 알려진 프로그램 진행자의 말이라 꼬리에 꼬리를 물고 소문이 퍼졌다. 베를린장벽이 세워졌지만, 장벽을 타고 넘는 라디오 전파를 막을 도리는 없었던 것이다.[1] 그날이 다가오자 동서독 경계 검문소엔 통제하기 어려운 일들이 벌어졌다. 동독의 많은 젊은이들이 공연을 보기 위해 동베를린을 향해 몰려들어서다.

당시 적지 않은 동독 젊은이들에겐 1968년 프라하의 봄이 좌절된 뒤에도 대안적 삶에 대한 동경이 남겨졌다. 롤링 스톤즈를 비롯해 서방의 유명 팝아티스트들이나 밴드의 콘서트에 참석해 보고 싶은 열망도 컸다. 동베를린의 많은 벽에 롤링 스톤즈의 공연과 관련된 낙서들

•
롤링 스톤즈의 공연이 열린다는 소식에
서베를린 악셀-슈프링어그룹의 사옥이 보이는
장벽 주변을 서성이는 동독 청년들(1969).
※출처: Bernd Woick.

••
롤링 스톤즈의 공연이 열린다고
잘못 알려진 악셀-슈프링어그룹 사옥
근처에 모여든 동독 청년들(1969).
※출처: Bernd Woick.

이 수없이 씌었다. 덕분에 동독 보안 당국엔 비상이 걸렸고, 동베를린 주변에 대한 통제가 강화되었다. 다만, 몰려오는 청년들을 잡는 일은 의외로 그리 어렵지 않게 진행됐다고 한다. 청년들이 대부분 눈에 띄게 긴 장발에다 청바지 차림이었기 때문이었다. 당일 동베를린에서 끌려간 238명을 포함해 모두 430명의 청년들이 연행되어 얻어맞거나 조사를 받은 뒤 풀려났다.[2]

사태가 이렇게 악화된 데는 서독 당국 역시 한몫했다는 지적도 있다. 공연을 보고 싶어하는 동독 청년들의 심정을 이용이라도 하듯 '체크포인트 찰리' 인근 베를린장벽에서 멀지 않은 고층 빌딩, 즉 악셀 슈프링어그룹 사옥의 옥상 홀에 공연장이 마련된다는 가짜 뉴스를 적극적으로 막지 않았다는 것이다. 체제 우월성을 과시하려는 일종의 심리전이었다는 해석이다. 그래서 20층짜리 악셀-슈프링어그룹 사옥과 그 앞의 장벽, 그 근처를 서성이던 동독 청년들이 인민경찰의 사슬 띠 앞에서 "우리는 스톤즈를 원한다!", "우리는 자유를 원한다!", "둡체크, 둡체크!" 구호를 외치는 장면은 동서독 분단의 비극을 보여주는 또 다른 장면으로 비쳤다.[3]

물론 근본적인 원인은 동독 당국에 있다. 1960년대 중반까지 지그재그 행보를 보인 사통당의 대중음악 정책이 1965년 9월 15일 서베를린 난동 사건을 빌미 삼아 강경노선으로 돌변했다. 서베를린 발트뷔네(야외무대)에서 개최된 롤링 스톤즈의 공연이 끝나자 참석했던 청년들 일부가 무대를 부수고 인근 전철역까지의 길 주변을 엉망진창으로 만든 난동 사건이었다. 그렇지 않아도 서구 비트음악에 심취한 청년들이 권위를 부정하고 반항적인 데다 장발과 이상한 복장을 하고 퇴행적인 행태를 보인다며 마뜩치 않게 여기던 당국의 입장에 빌미를 주었다. 결국 그해 연말 비트음악이 전면 금지되었다. 밴드는 해체되고 항의 시위는 물대포로 진압되었다. 그러나 서독에서 방송되는 여러 라디오 음악 프로그램을 들을 수 있는 상황에서 금지는 애당초 불가능한 것이었다.[4]

1967년부터 완화 기미를 보이던 강경책이 롤링 스톤즈 해프닝을 겪으며 다시 변화를 맞았지만, 롤링 스톤즈 사태는 계속 환기되었다. 이제 장소는 브란덴부르크 문 옆 베를린장벽 너머 서베를린 제국의회 건물 앞, 이른바 '장벽 콘서트'의 무대였다. 이곳은 두고두고 냉전 중의 콘서트 열전 현장이 되었다.

1980년 영국의 프로그레시브 록 그룹 BJH(Barclay James Harvest) 공연으로 시끌벅적 하더니 급기야 1987년엔 '성령강림일 소요사태'가 발생했다. 즉, 베를린 750주년을 맞아 성령강림일 연휴 동안 영국의 전설적인 데이빗 보위David Bowie의 야외공연이 이곳에서 열렸다. 공연장을 지척에 두고도 베를린장벽 때문에 갈 수도 볼 수도 없었지만, 소리라도 들으려는 동독 청년 수천 명이 브란덴부르크 문 앞으로 모여들었다. 동독 인민경찰의 봉쇄와 불심검문, 그리고 "즉시 이곳을 떠나 귀가하라"는 메가폰 소리가 쉴 새 없이 울렸다. 경찰의 강제해산이 시작되자 청년들 사이에선 자발적으로 구호가 터져나왔다. "경찰은 물러가라", "장벽을 없애라!", 그리고 소련대사관 앞에선 "고르바초프, 고르바초프".[5]

•
동베를린 공화국궁전에서 개최된 서독 록 가수 우도 린덴베르크의 〈평화콘서트〉(1983).
※출처: dpa.

••
영국 데이빗 보위의 서베를린 제국의회 앞 공연(1987).
※출처: dpa Picture Alliance/Alamy.

동독 당국은 당황했다. 개혁·개방 정책을 둘러싸고 각을 세우고 있던 고르바초프의 이름이 동베를린 한복판에서 외쳐지는 것도 당혹스러웠지만, 장벽을 없애라는 구호는 충격적이었다. 게다가 이때는 1980년대 초부터 확산되던 펑크 음악을 통제하기 위해 1983년 꽤 알려진 펑크 그룹을 해체시킨 후 유화책으로 여러 서방 뮤지션들을 초청해 실내공연을 개최해 오던 터였다.[6] 예를 들어, 1983년 10월 사상 처음으로 미국과 서독의 대표적인 반전·반핵 가수를 초청해 공화국 궁전에서 역사적인 〈평화콘서트〉를 열었다. 이후에도 나름 꾸준히 외국 가수들의 실내공연을 개최하고 있었다.[7] 그런데도 서베를린에서 열리는 야외공연에 굳이 많은 동독 청년들이 몰려든 것이다.

더욱이 '장벽을 없애라'는 구호가 나온 지 1주일 후 1987년 6월 12일 서베를린을 방문한 미국 레이건 대통령의 브란덴부르크 문 앞 "장벽을 허물라"는 연설이 연이어 터져나왔다. 서둘러 대책을 세워야 했다. 서베를린이 아니라 동베를린에서 유명한 서방 팝가수들의 야외공연을 개최해 청년들의 열망이 엉뚱한 방향으로 튀지 않도록 흡수해야 한다는 목소리가 커졌다. 음악의 저항성뿐만 아니라 통합적 기능이 강조되었다. 평화콘서트 주관 조직이었던 독일자유청년동맹을 중심으로 다시 서방 유명 가수의 대규모 야외공연이 급조되었다. 당장 7월 중순부터 BJH를 시작으로 9월 밥 딜런Bob Dylan의 무대로 이어졌다. 7년 전 서베를린에 왔던 BJH가 이번엔 동베를린 무대에 섰다. 밥 딜런의 공연엔 약 10만 명이 모였다. 동독 청년들은 이제 아무 제지 없이 열광하고 환호할 수 있었다.

1988년엔 가속이 붙어 열기가 더했다. 3월부터 영국의 록 그룹 디페쉬 모드Depeche Mode의 공연이 동독 청년들의 가슴을 흔들었다. 청년들은 표를 사기 위해 아끼던 모페드moped*를 팔았다. 6월 초엔 영국 가수 조 코커Joe Cocker의 동베를린-드레스덴 순회공연에 17만 명이 몰렸다. 동서 베를린의 공연 경쟁도 더욱 불을 뿜었다. 서베를린 제국의회 앞에서 6월 16일 핑크 플로이드와 19일 마이클 잭슨 공연이 개최되자, 동독 당국으로서는 1년 전의 소요사태를 되풀이할 수는 없는 노릇이었다. 제국의회가 인근 동베를린의 샤리테 종합병원과 가까워 환자들의 안전을 해칠 수 있다며 행사 취소를 요청했지만, 이미 수만 장의 입장권이 판매된 상황에서 취소는 불가능했다. 대신 음량을 줄이고 스피커의 방향을 돌리기로 했다.[9]

그러나 동독 당국은 스피커의 방향을 돌리는 게 아니라 청년들의 발길을 돌리는 게 급선무였다. 같은 기간 독일자유청년동맹은 '베를린 청년 평화주간'이라는 이름의 대항 록페스티벌을 3일 동안 개최했다. 19일 서베를린의 마이클 잭슨에 맞서 동베를린에는 브라이언 애덤스Bryan Adams가 등장했다. 냉전 중에 펼쳐진 동–서 콘서트 열전의 정점이었다. 이 공연에만 약 10만 명이 참석하면서 브란덴부르크 문 앞 소요사태는 재현되지 않았다. 30명 정도만 연행되었다고 한다.[9]

브라이언 애덤스의 공연이 끝난 지 꼭 한 달 만에 모든 면에서 기

*moped: 모터와 페달을 갖춘 자전거의 일종.

•
서베를린의 팝 공연에 맞서 개최된
밥 딜런의 동베를린 〈평화콘서트〉(1987).
※출처: Patrick Piel/Gamma-Rapho/Getty Images.

••
조 코커의 동베를린 공연(1988).
※출처: picture-alliance/dpa/rf.

•••
마이클 잭슨의 서베를린 공연에 대응한
브라이언 애덤스의 동베를린
〈비핵화 공연〉(1988).
※출처: FM broadcast FLAC.

록을 깬 역대급 야외공연이 개최됐다. 〈베를린 록 서머〉 행사에 초청된 미국의 록 가수 브루스 스프링스틴Bruce Springsteen, 일명 '보스'의 7월 19일 동베를린 공연. 동베를린 야외공연장 가운데 가장 큰 바이센제Weißensee 사이클 경기장이 인파로 차고 넘쳤다. 말 그대로 인산인해였다. 16만 장을 찍은 표가 매진됐기 때문에 공식적으로는 16만 명이지만, "동독 청년 절반이 왔다"고 할 정도로 관중이 몰려들면서 동베를린을 넘어 주변 지역까지 최악의 교통체증이 발생했다고 한다.

전국에서 모여든 팬들은 직접 그린 피켓을 들고 오는가 하면 심지어 미국 성조기까지 등장했다. 스프링스틴이 정치엔 관심이 없고 오로지 로큰롤 음악을 공연하기 위해, 그러나 언젠가 모든 장벽이 없어지는 기대를 품고 무대에 섰다고 하자 관중들은 열광했다. 수십만 관중들이 '보스'를 따라 합창했다. 동베를린에서 성조기를 흔들며 미국 록 가수의 〈Born in USA〉를 따라 부르는 광경은 많은 사람들의 눈과 귀를 의심케 했다. 그래서 이날은 동독 주민들의 자유에 대한 갈망이 표출된 날, 베를린장벽이 음악으로 흔들린 날, 1년 뒤 1989년 가을 전국을 휩쓴 시위를 예고한 날로 평가되기도 한다.[10]

이렇게 롤링 스톤즈 해프닝으로부터 '보스'의 공연에 이르기까지 20년 동안 팝음악과 공연은 동독에서 꿈틀거리는 폭발력을 여실히 보여줬다. 블루스든 록과 펑크든지 음악은 자유와 개성에 대한 동독 청년들의 열망을 일깨웠고, 통제와 억압에 대한 반항과 저항의 몸짓을 표출시켰다. 공연은 경계를 넘은 공감을 찾고 느끼게 했고, 닫힌 장벽에 균열과 구멍을 만들었다.[11] 베를린장벽이 무너진 뒤 1990년 8월 13

미국의 전설적인 록 가수 브루스 스피링스틴의 동베를린 공연(1988).
"동독 청년 절반이 왔다"고 할 정도로 동독 사상 최대의 관중이 몰려
베를린장벽이 음악으로 흔들렸다는 평가도 있다.
※출처: picture-alliance/dpa/rf.

브루스 스피링스틴의 동베를린 공연에 등장한 성조기(1988).
※출처: Robert-Havemann-Gesellschaft.

1990년 8월 통일 직전 마침내
동베를린에서 개최된 롤링 스톤즈의 공연(1990).

일 드디어 동베를린에서 롤링 스톤즈의 공연이 열렸다. 베를린장벽이 세워진 날을 첫 공연일로 잡았다. 20여 년 전 브란덴부르크 문 앞을 서성이던 청년들은 이제 중년이 되어 마침내 그의 공연을 보게 되었다.[12]

주

1. 누가 콰드리가를 몰고 있나

1 프로이센의 왕 프리드리히 빌헬름Friedrich Wilhelm 2세(1744~1797)의 지시에 따라 당대 최고의 건축가 랑한스Carl Gotthard Langhans(1732~1808)가 아테네 아크로폴리스의 프로필레아Propylaia 문에서 영감을 얻어 건립했다. 1788년 프로이센과 영국-네덜란드 공화국 사이의 삼국동맹을 기려 이전의 세관용 문을 허물고 세운 이 '브란덴부르크 문'은 당시 베를린으로 입성하는 18개의 성문 중 현재까지 남아있는 유일한 문이다.

2 '평화의 문Friedenstor' 명칭에 대해서는 Zitha Pöthe-Elevi, *Das Brandenburger Tor. Geschichte eines Berliner Urgesteins*(Berlin, 2021), p. 18 참조.

3 전쟁에서 승리한 프리드리히 빌헬름 3세(1770~1840)의 명령에 따라 쉰켈Karl Friedrich Schinkel(1781~1841)은 '브란덴부르크 문'을 전승 기념문으로 개조하면서 평화의 여신을 프로이센 독수리와 참나무잎 월계관 안의 철십자를 높이 든 승리의 여신으로 변모시켰다.

4 1919년 초엔 스파르타쿠스 봉기의 대치 현장이 되어 문의 곳곳에 총탄이 박혔다. 1933년 1월 권력 장악을 자축하는 나치의 횃불행렬이 지나간 지 얼마 지나지 않아 이내 다시 나치 전쟁기계의 행진이 이어졌다. 이렇게 '전쟁의 문'이 된 승리의 문은 결국 연합군의 공습과 격렬한 시가전으로 처참하게 파손되면서 '패배의 문'이 되었다.

5 "Berliner Geheimnisse: Die Soldatenkammer", *Mittebitte*(2020. 7. 1) 참조.

6 손상된 문은 베를린 기념비보호재단에 의해 2년간의 복원 기간을 거쳐 2002년 10월 3일 공식적으로 공개되었다.

7 2020년 9월부터 1년 동안 독일 각 공영방송에서 방영한 다큐멘터리 〈Geheimnisvolle Orte: Das Brandenburger Tor〉, www.rbb-online.de/geheimnisvolle_orte/videos/das-brandenburger-tor---geschichte-eines-symbols.html 참조.

8 자유총선으로 구성된 동독의 마지막 인민의회Volkskammer는 1990년 8월 23일 이미 서독으로의 편입을 유효투표 363명 중 찬성 294명으로 의결했다. 그로부터 1주일 후 왕세자궁에서 서독의 쇼이블레Wolfgang Schäuble 내무장관과 동독의 크라우제Günther Krause 차관이 역사적인 이 〈통일조약Einigungsvertrag〉에 서명했고, 9월 20일 동서독 의회가 각각 비준했다.

9 Johanna Sänger, *Heldenkult und Heimatliebe. Straßen-und Ehrennamen im offiyiellen Gedächtnis der DDR*(Berlin, 2006), pp. 216~225 참조.

10 '신위병소Neue Wache'는 독일어 명칭에서도 드러나듯 권력이 바뀔 때마다 대상과 의미가 지속적으로 변경되었다. 신위병소의 역사적 변천과 각각의 여러 논란에 대해서는 가령 Peter Reichel, *Schwarz-Rot-Gold. Kleine Geschichte deutscher Nationalsymbole*(Bonn, 2005), pp. 144~156과 Andrea Theissen ed., *Enthüllt. Berlin und Seine Denkmäler*(Berlin, 2017), pp. 266~269 등 참조.

11 통독 후 동독의 정체성을 담은 나라 문장은 당연히 공적인 영역에서 삭제되었지만, 금지되지는 않았다. 2차 세계대전 이후 나치의 상징 '하켄크로이츠', 갈고리 십자가 문양이 법적으로 전면 금지된 것과는 다른 경우다.

12 Aleida Assmann, *Formen des Vergessens*(Göttingen, 2016).

13 예를 들어 나치의 분서 대상이었던 많은 작가와 지식인들이 2차 세계대전 이후 오히려 더 부각되었다. 아스만이 제시한 또 다른 부정적 망각 형태는 '방어적·공범적 망각'이다. 가령 나치 간부나 동독 슈타지가 행한 대대적인 문서 은닉과 파쇄와 같이 가해자 보호를 위한 가해자 자신들의 행위다. Aleida Assmann(2016), pp. 52~54.

14 '불편한 기념물unbequeme Denkmale'은 독일 예술사학자 후제Norbert Huse(1941~2013)가 1989년 같은 제목의 논문을 발표한 뒤 저서 *Unbequeme Baudenkmale. Entsorgen? Schützen? Pflegen?*(München, 1997) 등을 통해 지속적으로 보존 논쟁을 제기하면서 독일 내에서 자주 사용되는 용어다.

15 승전길Siegesallee은 빌헬름 2세가 조성한 야외 조각상 갤러리 거리로 1901년 완공되었다. 당시 제국의회 의사당 앞에 서있던 전승기념탑Siegessäule 주변에 브란덴부르크-프로이센의 역사와 권력을 상징하는 산책로를 만들겠다는 구상으로 조성되었다. 그러나 2차 세계대전 후 1947년 연합군 군정의 명령에 따라 독일 군국주의를 상징하는 빌헬름주의 인물상들을 제거하고 길 자체도 아예 평탄하게 만들고 나무를 심어 없앴다. 당시 많은 인물상들이 이미 2차 세계대전 중에 파손되거나 손실된 상태였는데, 이때 제거된 인물상들은 완전히 파괴되지 않고 다른 곳에 옮겨져 땅에 묻혔다가 다시 창고로 옮겨져 보관되었다. Andrea Theissen ed.(2017), pp. 126~192 참조.

16 아르노 브레커Arno Breker(1900~1991)의 작품들은 나치시대 가장 뛰어난 작품들 중 하나로 인정을 받았으며, 특히 그의 작품은 〈퇴폐예술전〉에 대비되는 작품으로도 인정받았다. 특히 그

는 나치가 계획한 '세계 중심도시 게르마니아Welthauptstadt Germania'를 위한 조각 작업을 주로 했으며 그의 독특한 스타일은 나치체제의 미학을 형성했다. 1944년 히틀러는 '신이 내린 예술가' 목록에 그의 이름을 올렸다.

17 나치 패망 후 연합군 군정이 1946년 5월 제30호를 통해 독일의 군사적 전통을 보존·유지하고, 군국주의를 일깨우거나 나치에 대한 기억을 남기기 위한 기념비 건립을 금지하고, 동시에 그런 상징물을 1947년 1월 1일까지 완전히 파괴·제거하라고 명령했다. 이에 따라 지게스알레가 사라졌고, 브레커의 〈10종 경기 선수〉 외에 수십 개가 제작된 히틀러 흉상 등이 자취를 감췄다. 독일역사박물관 관장은 기념물들의 기구한 운명과 관련해 베를린을 세계에서 유례를 찾을 수 없는 도시라고 언급하기도 했다. "Ostalgie: Comeback für Lenin in Berlin", *Tageszeitung*(2009. 7. 7) 참조.

18 베를린의 〈슈판다우 치타델레Zitadelle Spandau〉에 대해서는 홈페이지 www.zitadelle-berlin.de 참조.

19 슈판다우 치타델레 박물관의 상설 전시회 〈베일을 벗다. 베를린과 그 기념물Enthüllt - Berlin und seine Denkmäler〉에 대해서는 www.zitadelle-berlin.de/museen/enthullt/ 참조. 타이센 관장은 한 인터뷰에서 전시회가 레닌의 두상에만 집중되는 것을 원치 않는다면서도 이것이 전시회의 하이라이트라는 점을 인정한 바 있다. "Lenin im Naturschutzgebiet", *Deutschlandfunk*(2015. 1. 22).

20 러시아 조각가 니콜라이 톰스키Nikolai W. Tomski(1900~1984)의 화강암 석상으로 동베를린 레닌 광장에 설치되었다. 이 광장은 새로운 사회에 대한 동독의 정치적 의지는 물론 "서독의 상대적인 상징성 빈곤과 대조되는 동독의 기념비적인 파토스와 공적 공간의 기호학적 충전 경향"을 보여주는 사례로 해석되었다. David Johst의 "Demokratischer Denkmalsturz? Über den Umgang mit politischen Denkmälern der DDR nach 1989", *Deutschland Archiv*(2016. 7. 19) 참조.

21 레닌 기념물이 세워진 지 20여 년 만에 이루어진 이때의 철거에 대해 예술사가 파울 지겔Paul Sigel은 "통독 직후의 가장 유명한 우상파괴 사례"라고 지적했다. "Ostalgie: Comeback für Lenin in Berlin", *Tageszeitung*(2009. 7. 7) 참조.

22 독일 볼프강 베커Wolfgang Becker(1954~) 감독의 〈굿바이 레닌Good Bye Lenin!〉(2003)은 여러 영화상을 수상하며 흥행에도 성공해 국내에도 잘 알려져 있는 독일 영화다. 영화 마지막 부분에 해체된 레닌의 석상이 헬기로 옮겨지는 장면이 나온다.

23 더욱이 동독 시민들의 관심을 끌지 않기 위해 공개 토론 없이 신속하게 '처리'되었다는 지적이 나올 정도였다. 통독 후 동독의 정치적 기념물을 둘러싼 논란과 주요 기념

물의 철거와 보존에 대한 최근의 종합적인 연구는 Anna Saunders, *Memorizing the GDR: Monuments and Memory after 1989*(New York, 2018) 참조.

24 동독은 서독보다 체계적인 기념물 정책을 시행하고 있었고, 통독 직전까지도 기념물 목록이 관리되고 있었다고 한다. Dieter Martin, "Wiedervereinigung und Denkmalrecht: neues Recht in alten Ländern", *Die Denkmalpflege*, 73, 2005, pp. 5~14 참조. 〈통일조약〉에는 동독의 이 목록을 그대로 인정해 기념물을 보존한다는 조항이 포함되었다. 레닌 석상 역시 1979년 목록에 등재되어 통독 후에도 보존 대상이었다. 그럼에도 불구하고 베를린시 정부의 특정 정당 인사들을 중심으로 레닌 석상을 철거해야 한다는 결정이 내려졌고, 관할 구의회가 긴급 철거안을 가결했다.

25 1995년 베를린에 거주하던 미국인 청년 영화감독 릭 미니치Rick Minnich가 레닌을 찾아나섰고, 숲을 뒤지고 땅을 파 결국 레닌의 머리 부분을 발굴하는 과정을 담은 단편 다큐 〈레닌의 책The Book of Lenins〉을 1996년 발표했다. 이에 대해서는 그의 홈페이지 www.rickfilms.de/film/the-book-of-lenins/ 참조.

26 가령 spandau-tv의 동영상 〈"Welcome Lenin" auf der Zitadelle〉(2015. 9. 11), www.youtube.com/watch?v=J1Qs5DHWEN8 참조.

27 Ulli Kulke, "Good Bye, Lenin. Welcome, Lenin", *Die Welt*(2015. 9. 10)에 보도된 타이센 당시 관장의 설명이다.

28 Alexandra Föderl-Schmid, "Toxische Denkmäler", *Süddeutsche Zeitung*(2021. 12. 30) 참조.

29 〈베일을 벗다〉 전시회 개막식에 참석한 연방정부 문화장관의 개막 연설 중 일부다. 이와 함께 장관은 기념물 문화에 대한 비판적 검토가 역사를 이해하는 데 필수적이라고 강조했다. 당시 연방정부 보도자료 "Berlin und seine Denkmäler"(2016. 4. 27) 참조.

30 가령 "Die Phase der Denkmalstürmerei ist vorbei", *Deuschlandfunk*(2016. 4. 27) 참조.

31 원래는 '스탈린알레Stalinallee'라고 불리다가, 1953년 스탈린 사망 후 동독에서 탈스탈린화가 진행되면서 1961년 '칼-마르크스-알레Karl-Marx-Allee'로 이름이 변경된 대로다. 이 길은 1950년대부터 알렉산더 광장과 함께 단계별로 연계되어 설계된 곳이다. 건축가 헤르만 헨젤만Hermann Henselmann(1905~1995)을 포함한 동독의 대표적 건축가들에 의해 A, B, C, D, E, F, G 구역별로 분할 건축된 길고 넓은 대로다. 통독 직후 도로명 개명이 추진되기도 했지만, 관할 구의회는 유지를 결정했다.

32 Thomas Flierl, "Doppeltes Berlin", Norbert Poderwin, *Stallinallee und Hasaviertel: Berliner Baugeschehen im Kalten Krieg*(Berlin, 2014), pp. 7~11.

33 1950년 4월 동독 대표단은 소련의 주요 도시를 방문해 그곳의 도시계획과 주요 건축

물을 연구하고 돌아와 그해 여름 '도시 건설의 16개 기본 원칙Die 16 Grundsätze des Städtebaus'을 마련했다. 나아가 동독은 이 목표를 실현할 컴팩트한 단지/도시모델을 채택했고, 대표 건축가 헤르만 헨젤만을 중심으로 소련의 '사회주의 고전주의Sozialistischer Klassizismus'와 쉰켈Karl Friedrich Schinkel(1781~1841)의 독일 고전주의 양식을 결합한 건축양식을 만들어냈다. 이는 당시 일반적인 도시모델과 국제 모더니즘 건축과는 차별성을 갖는 것이었다. Thomas Flierl, Jörg Haspel, "Zwischen Avantgardismus und Traditionalismus–Moderne neu Denken", Jörg Haspel, Thomas Flierl eds., *Karl–Marx–Allee und Interbau 1957: Konfrontation, Konkurrenz und Koevolution der Moderne in Berlin*(Berlin, 2018), pp. 13~21 참조. 칼–마르크스–알레에 대한 국내 소개 논문으로는 전진성, 〈베를린 공동주택단지에 반영된 모더니즘 건축의 냉전적 변용〉, 《서양사론 149호》, 2019, 286~332쪽, 특히 310~316쪽 참조.

34 Günter Peters, "›Nationale, klassizistische und fortschrittliche‹ Bautradition", *Berlinische Monatsschrift 3/2001*, 2001, pp. 52~62,

35 '노동자궁전Arbeiterpaläste'은 1950년대 건설 사업의 최우선 과제의 하나였다. 완공 후 입주가 시작되면서 불리던 '황금빛 동쪽goldener Osten' 또는 '황금빛 미래goldene Zukunft'가 시사하듯이 이곳은 동독이 사회주의의 미래로 선전하던 거리이기도 했다. "Das sozialistische Paradies: "Stalinallee"", *Mitteldeutscher Rundfunk*(2018. 10. 30)와 *Konversionen Denkmal – Werte – Wandel. Arbeitshefte zur Denkmalpflege in Hamburg*, No. 28, 2012 참조.

36 1960년대 건설 단계에서는 알렉산더 광장 쪽으로 이어진 대로 변에 모더니즘 건축물들이 세워졌고, 각국 무역관과 국제 영화관, 모스크바/바르샤바/부다페스트 카페 등 당시 동독이 추구하던 연대와 평화의 이미지를 내세운 국제화된 거리가 조성되었다. 이 때문에 칼–마르크스–알레에는 길 전체가 동베를린의 가장 큰 기념비라고 할 수 있을 정도로 곳곳에 동독의 흔적이 많이 남아있다. 세계적인 건축가 알도 로시Aldo Rossi(1931~1997)는 후에 칼–마르크스–알레를 두고 "유럽의 마지막 대로"라고 불렀다고 한다. 본문의 헨젤만 인용문과 함께 www.karl–marx–allee.net/resources/fly–KMA–17–end.pdf 참조.

37 서베를린 한자 지구Hansaviertel와 인터바우INTERBAU에 대해서는 *Hansaviertel Berlin kompakt, Architekturführer zur Interbau 57*(Berlin, 2017)과 한자 지구 시민 이니셔티브 홈페이지 hansaviertel.berlin 참조. 국내 문헌 중 한자 지구와 인터바우에 대한 개괄적 소개는 전진성(2019), 302~301쪽, 그로피우스와 알토의 아파트 분석에 대해서는 전남

일, 〈인터바우 국제건축전시지구 내 W. 그로피우스와 A. 알토의 아파트 블록 비교 연구〉, 《한국주거학회논문집》 32, 2021, 85~94쪽 참조.

38 Thomas Flierl(2014)와 Thomas Flierl & Jörg Haspel(2018) 참조.

39 칼-마르크스-알레는 통독 이후 공공기관과 상업/문화시설이 문을 닫은 데다 직장을 잃은 주민들도 대거 빠져나가고 소유권 문제 등으로 베를린시와 갈등을 빚으면서 오랜 기간 개발되지 못한 채 방치되어 있었다. 당시 이 길의 마지막 신축 건물, 칼-마르크스-알레 1번지의 동독 통계청 청사Haus der Statistik도 오랜 기간 비어있다가 최근에야 예술가, 건축가, 시민단체 등으로 구성된 '통계청 이니셔티브'가 발족되고 이들의 주도로 2015년 매각 및 철거계획이 저지되면서 〈통합도시 워크숍 프로젝트〉라는 새로운 개발 모델이 진행되고 있다. 이 모델 프로젝트Modellprojekt Haus der Statistik는 2018년부터 베를린시를 비롯해 이른바 'Koop5'라고 불리는 5개 연합 조직들이 참여하는 일종의 시민참여 도시계획 프로젝트다. 이에 대해서 husderstatistik.wordpress.com 참조.

40 Thomas Flierl(2014)와 Thomas Flierl & Jörg Haspel(2018), hansaviertel.berlin/unesco/weltkulturerbe/ 참조. 2014년 유네스코 심사에서는 일단 보완이 요구되었다.

41 Thomas Flierl(2014), p. 7 참조.

42 2018년 다시 토마스 플리에Thomas Flierl 중심으로 세계문화유산 등재를 위한 2차 준비작업이 진행되면서 2021년 7월 베를린시도 다시 신청하기로 결정했다. 2023년 10월 일차적으로 독일 내 최종 후보로 선정되면 2024년 유네스코에 정식 신청서가 제출될 예정이다. 헤르만 헨젤멘협회가 발간한 자료 *Berlin Ost West: Modern Architektur und Kaltes Krieg 1950~1965*(Berlin, 2020) 참조.

43 〈힘과 화려함—두 개의 베를린〉은 2017년 9월 독일건축문화재단 주최로 베를린 시청에서 개최된 세계문화유산 등재를 위한 전시회 및 토론회 제목이다. www.bundesstiftung-baukultur.de/veranstaltungen/macht-pracht-das-doppelte-berlin.

44 여러 도시의 다양한 신호등 모티브 도입에 대해서는 가령 de.wikipedia.org/wiki/Ampelm%C3%A4nnchen 참조. 독일 내 신호등의 이런 다양화는 2019년 노르트라인-베스트팔렌 주정부가 각 도시의 개별적인 신호등 모티브 사용을 허용했듯이 독일 여러 주에서도 같은 조치가 이루어졌기 때문이다. Lea Hensen, "Grünes Licht für neue Ampelmännchen", *Rheinische Post online*(2019. 1. 29) 참조.

45 '신호등맨Ampelmann의 아버지' 카를 페글라우Karl Peglau(1927~2009)와 동독 내 신호등맨 도입에 대해서는 통독 후 설립된 같은 이름의 회사 홈페이지 www.ampelmann.de/

marke-mit-geschichte/ 참조. 신호등맨에 대한 국내 소개 글은 강구섭, 《독일 통일의 또 다른 이름들》, 전남대출판부, 2021, 116~124쪽.

46 Lena Jakat, "50 Jahre Rot-Grün", *Süddeutsche Zeitung*(2011. 10. 18) 참조.

47 서독 튀빙엔Tübingen 출신의 디자이너 마르쿠스 헤크하우젠Markus Heckhausen은 1988년 동베를린을 방문했을 때부터 신호등맨의 디자인에 매료되었었고, 통독 이후 베를린으로 이주해 신호등맨 2개를 자신의 방에 벽전등으로 만들고는 전등의 제목을 '보행 계속'으로 표시하면서 "지금 바로 나를 멈추게 하지 말라"라는 뜻을 새겼다고 한다. www.ampelmann.de 참조.

48 헤크하우젠이 대표로 있는 업체 암펠만사Ampelmann GmbH다. 2005년 헤크하우젠과 옛 동독의 신호등 제작업체 사이의 상표권 분쟁이 일어났는데, 2006년 11월 대부분의 권리에 대해 헤크하우젠의 손을 들어주는 법원 판결로 일단락되었다. "Streit um Ost-Ampelmann beendet", *VehrkehrsRundschau*(2006. 11. 22) 참조.

49 베를린시는 "베를린의 신호등맨이 세계를 정복했다"고 표현하기도 했다. "Berlins Ampelmännchen erobert die Welt", *berlin.de*(2022. 2. 2) 참조.

50 브레멘대학 페쉬케Claudia Peschke 박사팀의 연구 결과다. Claudia Peschke et al., "Should I Stay or Should I Go – Cognitive Conflict in Multi-Attribute Signals Probed with East and West German 'Ampelmännchen' Traffic Signs", *PLoS ONE* 8, 2013 참조.

51 가령 "Sieg für das Ossi-Ampelmännchen", *Wissenschaft.de*(2013. 6. 21) 참조.

52 '통일맨'에 대해서는 가령 "Das Einheits-Männchen", *Ostsee Zeitung*(2013. 10. 2); "Das Einheits-Männchen. Eine Erfolgsgeschichte der deutschen Einheit", *INONLINE*(2013. 10. 3) 등 참조.

53 그래픽 아티스트 엘렌베르거Hans-Jürgen Ellenberger가 1996년 디자인한 신호등우먼은 헤크하우젠이 1997년 발간한 책자에 처음 소개되었다. 이 역시 후에 상표권 분쟁 등 법적 다툼이 벌어지기도 했다. "Kultmarke: Ampelmann expandiert nach Amerika", *Der Tagesspiegel*(2006. 8. 12) 참조.

54 "Gleichberechtigung an der Kreuzung: Berlin diskutiert Einführung der Ampelfrau", *N-TV*(2014. 5. 30)

55 "Gleichberechtigung im Straßenverkehr: Ampelfrau soll in Dortmund Ampelmann ersetzen", *Weltfälische Nachrichten*(2014. 11. 17). 신호등우먼이 신호등맨을 대체해야 한다는 제목의 기사다.

56 2004년 11월 말 3개월의 시험 운영을 마친 신호등우먼이 츠비카우에 공식 도입되었

고, 2005년 1월 24일엔 드레스덴에서도 10개의 신호등우먼이 설치되었다. 서독 지역에서도 2010년 여름 브레멘에 처음으로 설치된 이후 쾰른, 카셀 등 여러 지역에 부분 도입되었다. 2018년 기준 신호등우먼 설치 도시 현황은 Paulana Thillamnn, "Ampelfrauen und -pärchen", *Zeitmagazin*, No. 11, 2018 내 지도 참조.

57 Ariane Lemme, "Abgeordnete finden Ampelfrau sexistisch", *Der Tagesspiegel*(2012. 3. 9) 참조.

58 "Ost-Ampelmännchen bleiben. Absage an Ampelfrauen in Berlin", *Der Tagesspiegel* (2014. 7. 10) 참조.

59 예를 들어 도르트문트의 여성 할당비율 50퍼센트를 둘러싼 논란에 대해 "Von Sören Harder Streit in Dortmund", *Der Spiegel*(2014. 11. 13) 참조.

60 신호등우먼이 언급될 때 '신호등우먼의 팜므파탈Femme fatale'이라는 용어도 종종 함께 언급된다. "Eine Stadt kämpft für die Ampelfrau", *Der Tagesspiegel*(2019. 1. 4) 참조. 최근 작센-안할트주 행정처는 최근 관련 법규가 보행자(독일어의 남성형)로 명시되어 있기 때문에 신호등우먼 설치를 허용할 수 없다고 최종 결정해 이미 관할 지역 내 신호등우먼을 설치한 할레 등의 도시에서는 철거가 불가피해졌다. "Darum gibt es in Sachsen-Anhalt keine Ampelfrauen", *Mitteldeutscher Rundfunk*(2021. 10. 13) 참조.

61 이미 1980년대에 보행 신호등의 다양화를 선보인 당시 동독의 에르푸르트는 가방과 지팡이를 든 신호등맨, 우산을 든 신호등맨 등 14가지 다채로운 모티브의 보행 신호등을 설치했었다. 지금은 신호등맨 테마 투어프로그램을 제공하고 있다. erfurt-touristinformation.de/cms/erfurt-tourist-info-stadtfuehrung/ampelmannchen-stadtfuhrung/ 참조.

62 '신호등맨의 이버지' 페글라우는 신호등맨의 성공에 대해 "아마도 사교적이며 따뜻한 분위기 때문에 많은 사람들이 이 상징적인 인물로부터 유쾌한 감동을 받는 것 같다. 특히 동독인들은 이를 통해 자신들의 역사와 정직한 정체성을 발견하게 되어 실패한 사회의 긍정적인 측면을 발견한 것 같다"고 설명했다. Leon Scherfig, "Becher, Bier, Ballade - Ampelmännchen wird 50", *Berliner Morgenpost*(2011. 10. 13) 참조.

63 이런 평가는 당시 훔볼트대학 현대사 교수 겸 포츠담현대사연구소 소장으로 〈사통당 독재사 정리를 위한 전문가위원회〉 위원장을 맡았던 마틴 자브로프Matin Sabrow 교수의 여러 저서와 기고문에서 볼 수 있는데, Martin Sabrow ed., *Erinnerungsorte der DDR* (München, 2009)의 서론 참조.

64 Stefan Jacons, "Ehrung des Ost-Ampelmännchen: Kleiner Mann ganz groß", *Der Tagesspsiegel*(2018. 10. 3)과 '신호등맨'의 60주년을 기념한 Veronika Wulf, "Signal aus der

DDR", *Süddeutsche Zeitung*(2021. 10. 13) 등 참조.

65 베를린 근처 소도시 퓌어스텐발데Fürstenwalde에서는 2012년 3월 8일 세계 여성의 날을 맞아 브란덴부르크주에서는 처음으로 신호등우먼을 설치한 바 있다. "Erste Brandenburger Ampelfrau in Fürstenwalde", *Die Welt*(2012. 3. 2) 참조.

66 예를 들어 당시 서베를린의 저명한 예술사학자 미티히Hans-Ernst Mittig(1933~2014) 교수는 이 철거를 "불법적이고 전체주의적 관행이자 승자의 정신을 표현한 행위"라고 힐난했다. 결론적으로 레닌 석상의 철거는 "정치적 오만과 역사적 근시에서 비롯된 재앙으로 판명"되었으며, "동베를린 시민들의 참여가 배제된 채 서독 정치인들이 시행하고 서독 언론에 의해 조직된 정치적 행위"였다고 평가된다. Martin Schieder, "Linke Geschichtsideologie oder restaurative Erinnerungskultur?: Die Agency von sozialistischen Denkmälern in der Bundesrepublik Deutschland, 1989~2019", Stephanie Herold et al, eds., *Renationalisierung oder sharing heritage*(Heidelberg, 2019), pp. 98~109참조.

67 베를린시의 위촉을 받은 위원회가 레닌 석상 철거 후 꼭 1년 뒤인 1993년 2월 동독 기념물에 대한 새로운 개념과 권고사항을 담은 보고서를 제출했고, 권위 있는 관련 전문기관들의 논의도 뒤를 이었다. 대표적으로 가령 국제기념물유적협의회ICOMOS 독일위원회가 1993년 2월 동독을 포함한 동구권의 사회주의 기념물 문제를 다룬 국제 심포지엄을 개최했고, 2년 뒤 독일문화재위원회가 동독의 기념물에 대한 심포지엄을 개최한 바 있다. 당시 베를린위원회의 활동과 보고서 요지에 대해서는 Hunbert Strasoste, "Ploitische Denkmäler in Ost-Berlin im Spannungsfeld von Kulturpolitik und Denkmalpflege", ICOMOS Deutsche Nationalkomitee ed., *Bilderstrum in Osteuropa: Die Denkmäler der kommunistischen Ära im Umbruch*(München, 1993), pp. 84~86 참조.

68 공화국궁전은 강철 구조물로 당시 국제표준에 따라 약 5,000톤의 석면을 사용해 방화 시공했다. 그러나 이후 석면 자체의 발암성뿐만 아니라 자재 내구성 문제와 진공 등에 따른 석면 분말의 공조시스템 내 유입이 크게 대두되었다. 당시 공화국궁전의 안전상 문제에 대해서는 가령 철거 찬성 진영의 설명 berliner-schloss.de/palast-der-republik/der-abriss-des-palastes-der-republik/ 참조.

69 인용 문구는 가령 "Der Palast der Republik ist wieder da - wir müssen reden", *Die Welt*(2019. 6. 19).

70 1992년 기업가 보디엔Wilhelm von Boddien(1942~)을 중심으로 베를린성후원협회 Förderverein Berliner Schloss e.V.가 설립되어 '베를린성' 복원 기부운동이 시작되고 1993년 7월부터 1994년 9월까지 거의 1:1로 재현한 '베를린성' 복원 상상도를 전시하면서

본격적인 찬반 논란에 불이 붙었다. 국내에 간략히 소개한 논문으로는 강구섭(2021) 126~135쪽; 송충기, 〈'역사로의 회귀'와 동독에 대한 기억—'베를린궁전Berliner Schloss 의 복원에 대한 논쟁〉, 《독일연구》 34, 2017, 197~223쪽, 특히 논쟁에 대해서는 200~214쪽 참조.

71 '베를린성' 복원론자들의 당시 주요 논거에 대해서는 "Die Hauptargumente für den Wiederaufbau des Berliner Schlosses", berliner-schloss.de/die-schlossdebatte/pro-schloss-argumente/ 와 Wolf Jobst Siedler, "Das Schloss lag nicht in Berlin - Berlin was das Schloss", berliner-schloss.de/das-historische-schloss/das-schloss-lag-nicht-in-berlin-berlin-war-das-schloss/ 참조.

72 사실 베를린시 기민당 인사들은 이미 초기부터 공화국궁전 철거에 찬성하고 있었다고 한다. Anna-Inés Hennet, *Die Berliner Schlossplatzdebatte im Spiegel der Presse*(Salenstein, 2005), pp. 54~59 참조.

73 '베를린 미테 역사지구 국제전문가위원회Internationale Expertenkommission Historische Mitte Berlin'는 2001년 1월 26일 오스트리아 유럽의회 의원 슈보보다Hannes Swoboda를 위원장으로 총 17명의 전문가와 6명의 연방정부 및 베를린시 인사들로 구성되었다. 2개월 뒤인 3월 16일 첫 협의회를 가진 뒤 이듬해 3월까지 12차례에 걸쳐 회의를 가졌고 2002년 4월 17일 권고안을 담은 최종보고서를 연방 건설부 장관과 베를린 시장에게 제출했다. 위원회의 최종보고서는 schlossdebatte.de/wp-content/uploads/2008/06/1_expertenkommission_bericht_2002.pdf 에서 내려받을 수 있다.

74 2002년 7월 4일 10년간의 논쟁에 종지부를 찍고 연방하원은 공화국궁전의 철거와 베를린성의 재건을 결정했다. 당시 연방하원 내 토론과 결정에 대해서는 berliner-schloss.de/die-schlossdebatte/der-grundsatzbeschluss-des-bundestags-2002/ 참조.

75 예를 들어 이탈리아의 세계적인 건축가 렌초 피아노Renzo Piano(1937~)는 "공화국궁전은 의회가 박수치던 정치적 현장만이 아닌, 노동자와 농민이 일반 정치인들과 함께 같은 식당에서 밥을 먹고 함께 생활하던 공간이었으며, 이는 건물 이상의 의미"라고 공화국궁전의 철거를 비판했다. "Der Palast der Republik ist wieder da - wir müssen reden", *Die Welt*(2019. 6. 19).

76 이런 평가에 대해서는 가령 Anke Kuhrmann, "Was war der Palast der Republik", Humboldt Forum im Berlnier Schloss ed., *Palast der Republik. Ein Erinnerungsort neu diskutiert*(Berlin, 2017), pp. 19~24.

77 "Trying to Save Berlin Relic From the Dustbin", *New York Times*(2006. 1. 9) 참조.

78 ‘인민의회 의사당’과 ‘인민의 집’ 구상을 통합해 수석건축가 그라푼더Heinz Graffunder (1926~1994) 중심으로 180미터×85미터×32미터 규모의 초대형 공화국궁전이 건설되었다. 총 공사비는 분명치 않은데, 약 5억~10억 동독마르크로 추정되고 있다. 공화국궁전의 신축 배경에 대해서는 연방하원의 설명 사이트 www.bundestag.de/parlament/geschichte/schauplaetze/palast/palast-199680 참조.

79 서베를린 ICC에 대해서는 Norbert Podewin, *Stalinallee und Hansaviertel. Baugeschehen im Kalten Krieg*(Berlin, 2014), pp. 217~227 참조. ICC 역시 석면 문제로부터 자유롭지는 못했다는 지적도 같은 책 pp. 246~252에서 볼 수 있다. 이후 수익성 문제가 크게 대두되어 철거까지 고려되기도 했다.

80 볼 램프Kugelleuchten가 너무 많아서 서독에서는 이곳을 ‘에리히의 램프가게Erichs Lampenladen’라고 비꼬았다고 한다. 에리히는 당시 당서기장이었던 에리히 호네커(1912~1994)이다.

81 로비에 세워졌던 대형 유리꽃Gläserne Blume은 공화국궁전의 상징적 조각품이었다. 디자이너 리카르트 빌헬름Richard Wilhelm(1932~)과 레기날트 리히터Reginald Richter (1931~)에 의해 제작된 이 작품은 5미터 이상의 높이에 무게가 수 톤에 이르렀다.

82 로비의 복합적 문화공간 역할을 고려해 동독 당국의 위탁을 받은 16명의 예술가들이 ‘궁전 갤러리’의 컨셉에 맞춰 ‘공산주의자들이 꿈을 꾼다면Dürfen Kommunisten träumen?’이라는 주제에 따라 자신들이 꿈꾸는 사회주의의 이상을 그린 대형 작품들(2.80미터×2.50미터)이라고 한다. Michael Philipp, *Dürfen wir Kommunisten träumen: Die Galerie im Palast der Republik*(München, 2017), p. 8.

83 “Erichs Lampenladen: Der Palast der Republik”, *Mitteldeutscher Rundfunk*(2021. 7. 26)와 “Erinnerungsarbeit für die Gegenwart”, *Neues Deutschland*(2019. 5. 25) 등 참조.

84 2005년 12월 초 1만 명 서명 명부가 당시 녹색당 로트Claudia Roth 공동대표를 통해 연방하원 의장에게 전달되었다. “Palast der Republik: 10.000 Unterschriften gegen den Abriss”, *Der Spiegel*(2005. 12. 6) 참조.

85 사회적 혁신모델로서 ‘한시적 중간사용’ 평가는 Thomas Honeck, “Zwischennutzung als soziale Innovation: Von alternativen Lebensentwürfen zu Verfahren der räumlichen Planung”, *Informationen zur Raumentwicklung*, No. 3, 2015, pp. 219~231 참조.

86 당초 베를린시 문화장관 제안을 국제전문가위원회가 수용해 권고했고, 베를린공대 팀의 타당성 연구와 2003년 5월 협회 결성을 거쳐 1,000일 프로그램1000-Tage-Kultprogramm für den Palast der Republik이 마련되었다. ‘임시 사용’ 공간은 ‘인민궁전

Volkspalast'이라고도 불렸다. 중간 사용 홈페이지 www.zwischenpalastnutzung.de/ 참조.

87 연방하원은 2006년 1월 19일 '공화국궁전' 철거를 최종 결정했다. 그때까지 총 880건의 청원을 기각했다고 한다. 한시적 중간 사용의 결과에 대해서는 Zwischenpalastnutzung e.V., *Zwischennutzung des Palast der Republik: Bilanz einer Transformation 2003ff*(Berlin, 2005) 참조.

88 Jonathan Bach, *What remains: everyday encounters with the socialist past in Germany*(New York, 2017), p. 123.

89 Mark Simon, "Zweifel woran? Das Logo am Palast der Republik", *Frankfurter Allgemeine Zeitung*(2005. 3. 23) 참조.

90 람베르그Lars Ø. Ramberg(1964~)는 노르웨이 출신의 예술가로 1998년 이래로 베를린에서 살고 있다. 작품 〈의심〉에 대한 그의 언급과 평가 등은 작가 홈페이지 www.larsramberg.de/1/viewentry/3890 와 Zwischenpalastnutzung e.V.(2005) 참조.

91 '공화국궁전' 철거를 전후한 여론조사 결과의 추이에 대해서는 "Was bleibt von der DDR? Der Palast der Republik", *ddr-museum.de*, www.ddr-museum.de/de/blog/archive/was-bleibt-von-der-ddr-part-i 참조.

92 "Der Burj Chalifa ist ein Ossi!", *Bild*(2010. 1. 4).

93 동독 사학자 슈테판 볼레Stefan Wolle 교수는 공화국궁전이 없는 자들의 국가에서 연출된 일종의 유토피아였다고 평가한다. Stefan Wolle. "Der Palast der Republik als inszenierte Utopie vom Staat der kleinen Leute"(2016년 11월 강연).

94 Moritz Holfelder, "Abriss: Palast der Republik: Schwierig zu lieben", *Süddeutsche Zeitung*(2010. 5. 17).

95 공화국궁전에서 사용하던 일부 의자 및 그림, 유리꽃, 식당의 큰 도자기 등은 베를린 역사박물관 지하 창고에, 또 일부 문, 깃발 및 램프 등은 베를린 슈판다우 지역의 창고로 옮겨졌다.

96 실제로 이후 바로크 양식의 파사드엔 약 2,800개의 조형물이 복원되었고 약 2만 3,000개의 사암 블록이 별도 제작되어 사용되었다고 한다. 인용문과 그 외 실내 공간 건축에 대해서는 훔볼트포럼 홈페이지 www.humboldtforum.org/en/building-site/ 참조.

97 Thomas Loy, "Volksinitiative Humboldt-Forum: Aufruf zum Sturz der Ostfassade", *Der Tagesspiegel*(2014. 2. 21).

98 훔볼트포럼은 탐험가이자 지리학자/자연과학자였던 알렉산더 폰 훔볼트Alexander von Humboldt(1769~1859)와 교육개혁가이자 철학자/언어학자/정치가였던 빌헬름 폰 훔볼

트Wilhelm von Humboldt(1767~1835) 형제의 이름을 따 "다양하고 열린 대화에 영감을 주는 동시에 세계에 대한 유럽 중심적 이해를 비판적으로 반성할 수 있는" 토론과 논쟁의 장으로서 설립했다는 게 현재의 공식 설명이다. 홈볼트포럼 홈페이지 www.humboldtforum.org 참조.

99 통독 후 박물관섬에 대해서도 대대적인 개보수·복원 작업이 진행되고 있는데, 유네스코 세계문화유산으로 지정된 1999년의 확정한 마스터플랜에 따라 단계적으로 시행 중이다. 이에 대해서는 www.museumsinsel-berlin.de/masterplan/projektion-zukunft/ 참조.

100 세계에서 가장 크고 의미 있는 민족학박물관으로 꼽히는 베를린의 민족학박물관 Ethnologisches Museum에는 식민지 유물 2만여 점이 소장되어 있다고 한다. 민족학박물관의 베냉 유물에 대해서는 박물관 측의 설명 사이트 www.smb.museum/museen-einrichtungen/ethnologisches-museum/sammeln-forschen/benin-sammlung/ 참조. 훔볼트포럼의 계획에 대해서는 이전에도 이미 일부에서 우려가 제기된 바 있고, 일부 예술가들과 학자들의 반대 캠페인 '안티 훔볼트'도 이루어지고 있었다. 가령, Bernhard Schulz, "Humboldt-Forum: Koloniale Erben-eine Schloss-Debatte", *Der Tagesspiegel*(2008. 12. 11)과 www.no-humboldt21.de/anti-humboldt-box/ 참조.

101 〈No Humboldt 21〉 참여 단체와 주요 활동에 대해서는 홈페이지 www.no-humboldt21.de 참조.

102 홈페이지 www.africavenir.org 참조

103 제국주의 시대 아프리카 식민지에서 약탈해 온 문화유산의 약 90퍼센트가 유럽에 소장되어 있다. 2000년대 들어서 독일(2004년 현재의 나미비아 내 헤레로 부족 학살 사죄), 이탈리아(2008년 리비아 식민통치 사죄), 영국(2013년 현재의 케냐 내 마우 마우 무장투쟁 유혈 진압 사죄) 등 일부 유럽 국가들의 식민지 과거사 사죄 움직임과 함께 2010년을 전후해 유럽 전역에서 아프리카 유물 반환 논란이 확산되었다. 이에 대해서는 Felwine Sarr & Bénédicte Savoy, *Zurückgeben: Über die Restitution afrikanischer Kulturgüter*(Berlin, 2019), pp. 13~19 참조.

104 그러나 2022년 5월 연방 문화장관이 낮에는 성경 구절을 그대로, 밤에는 조명 빔을 사용해 다른 문구를 비추는 대안에 찬성한다는 입장이 보도되면서 다시 논란이 계속되고 있는 상황이다. "Mögliche Überdeckung der Bibelzitate am Humboldt-Forum führt zu Streit", *rbb24*(2022. 11. 2) 참고.

105 가령, Anna Pataczek, "Ausblick Humboldt-Forum: Ziehen die Benin-Bronzen ein?", *rbb24*(2022. 1. 2) 참조. 이 때문에 베를린성 복원에 극우 인사들의 기여 규모와 실제

사용처가 연방하원 내에서 질의되기도 했다.

106 Frederick Studemann, "Berlin's Stadtschloss and the trouble with history", *Financial Times*(2019. 9. 13).

107 Jörg Häntzschel, "Bénédicte Savoy über das Humboldt-Forum: "Das Humboldt-Forum ist wie Tschernobyl"", *Süddeutsche Zeitung*(2017. 7. 20)와 Christiane Peitz, "Kunsthistorikerin Savoy: Da herrscht totale Sklerose", *Der Tagesspiegel*(2017. 7. 21) 등 참조.

108 예를 들어 함부르크대학의 역사학자 짐머만Jürgen Zimmermann 교수는 "식민주의는 장난이 아니다"라는 8월 9일자 《프랑크푸르터 알게마인자이퉁Frankfurter Allgemeine Zeitung》지 기고문에서 훔볼트포럼의 "식민지 기억상실증"을 비판하며 본격적인 탈식민화를 요구했다. 짐머만 교수의 홈페이지 kolonialismus.blogs.uni-hamburg.de/tag/humboldt-forum/ 참조.

109 앞의 Felwine Sarr & Bénédicte Savoy(2019) 참조.

110 알렉산더 폰 훔볼트 탄생 250주년인 2019년 미국의 민족학자 글렌 페니H. Glenn Penny 교수는 베를린 민족학박물관의 역사를 다룬 《훔볼트의 그늘: 독일 민족학의 비극적 역사》라는 저서를 독일어로 먼저 발간하면서 이같이 지적했다. H. Glenn Penny, *Im Schatten Humboldts. Eine tragische Geschichte der deutschen Ethnologie*(Berlin, 2019) 참조. 영문판은 2021년 프린스턴대학교 출판부에서 *In Humboldt's Shadow*로 출간되었다.

111 Bénédicte Savoy, *Afrikas Kampf um seine Kunst: Geschichte einer postkolonialen Niederlage* (Berlin, 2021) 참조.

112 대표적으로 2019년 탈식민주의 단체들의 조직인 베를린 탈식민화협회Decolonize Berlin e.V가 설립되었고(www.decolonize.de) 2020년엔 주로 베를린에 기반을 둔 국제 예술가들의 '훔볼트포럼에 반대하는 문화노동자연합'(www.CCWAH.info)이 발족했다.

113 이에 대해서는, Daniel Morat, "Katalysator wider Willen. Das Humboldt Forum in Berlin und die deutsche Kolonialvergangenheit", *Zeithistorische Forschungen/Studies in Contemporary History*, No. 16, 2019 참조.

114 전시회에 대해서는 홈페이지 www.dhm.de/ausstellungen/archiv/2016/deutscher-kolonialismus 참조.

115 독일 정부와 관계 기관들의 이런 움직임에 대해서는 www.bundesregierung.de/breg-de/bundesregierung/bundeskanzleramt/staatsministerin-fuer-kultur-und-medien/sammlungsgut-aus-kolonialen-kontexten-1851438 참조.

116 베를린시 의회의 결정은 www.parlament-berlin.de/ados/18/IIIPlen/vorgang/d18-

1788.pdf, 최근의 거리 개명 노력은 "Koloniale Straßennamen und ihre Umbenennung im Bezirk Mitte", www.berlin.de/kunst-und-kultur-mitte/geschichte/erinnerungskultur/strassenbenennungen/artikel.1066742.php 참조. 현재 베를린 곳곳에서 구체적인 탈식민화 사업이 진행되고 다양한 문화행사가 개최되고 있다. www.dekoloniale.de 참조.

117 "Rede von Kulturstaatsministerin Grütters anlässlich der Fertigstellung und Eröffnung des Humboldt Forums", *Bundesregierung*(2020. 12. 16) 참조.

118 "Rede von Kulturstaatsministerin Grütters bei der Eröffnung des Westflügels des Humboldt Forums", *Bundesregierung*(2021. 9. 22) 참조.

119 www.bundespraesident.de/SharedDocs/Reden/DE/Frank-Walter-Steinmeier/Reden/2021/09/210922-Humboldt-Forum.html 참조. 이에 대해 독일 정부는 2015년 이후에야 '집단학살'을 공식 인정하고 나미비아 정부와 화해 협상을 추진, 2021년 5월 타결된 것으로 보도되었다.

120 훔볼트포럼의 식민주의 유산에 대한 입장은 www.humboldtforum.org/en/colonialism-and-coloniality 참고.

121 "선천적 기형"이라는 표현은 Claudia van Laak, "Eröffnung des Humboldt Forums: Prestige-Projekt mit Geburtsfehler", *Deutschlandfunk*(2020. 12. 16), 질문은 Anna Larkin, "Humboldt Forum: Symbol of oppression or progressive arts centre?", *Exberliner*(2020. 12. 14) 참조. 또한, '약탈' 유물이라는 공식 인정이 이루어지지 않고 있다는 지적도 나왔다. 가령 Jörg Häntzsche, "Humboldt-Forum Belrin Mehr zu klären als Provenienzen", *Süddeutsche Zeitung*(2021. 9. 21) 등 참조.

122 외국의 시선은 가령 Abby Klinkenberg, "Berlin's Humboldt Forum Is a Strange Marriage of Progressive Content and Conservative Form", *Hyperallergic.com*(2021. 8. 16)와 Laura Helena Wurth, "Dreams and ideology clash at Humboldt Forum in Berlin", *RIBA Journal*(2021. 3. 30), Oliver Wainwright, "Berlin's bizarre new museum: a Prussian palace rebuilt for €680m", *The Guardian*(2021. 9. 9) 등 참조.

123 프로이센문화유산재단 산하 박물관에서 보관하고 있던 32구의 유해를 하와이원주민자치청(OHA: Office of Hawaiian Affairs)에 인계했다. 재단의 보도자료 "Rückgabe menschlicher Überreste nach Hawaii"(2022. 2. 11) 참조.

124 〈Confronting Colonial Pasts, Envisioning Creative Futures〉 프로젝트에 대해서는 www.smb.museum/museen-einrichtungen/ethnologisches-museum/sammeln-forschen/forschung/confronting-colonial-pasts-envisioning-creative-futures/ 참조. 민

족학박물관이 소장하고 있던 23점을 나미비아 국립박물관 등에 대여키로 한 데 대해서는 프로이센문화유산재단 보도자료 "Nächste Phase der exemplarischen Partnerschaft zwischen SPK und Museums Association of Namibia gestartet"(2022. 5. 23) 참조.

125 2021년의 독일-나미비아 정부 간 협상에 대해 다시 나미비아 정부의 대표성과 배상 규모(30년간 개발협력 지원비로 연간 3,600만 유로 제공) 등이 문제로 지적되면서 많은 비판을 받았다. 특히, 탈식민화 단체들은 배상 규모가 총 6억 8,000만 유로가 투입된 훔볼트포럼 건축비나 연간 6,000만 유로 가량 소요되는 운영비에 비해서도 턱없이 부족한 것이라며 재협상이 필요하다는 입장이다. 이에 대해서는 가령, "Kolonialverbrechen : Herero und Nama fordern neue Verhandlungen", *Tageschau* (2022. 1. 26) 참조.

126 영국 케임브리지대학은 2021년 10월 말 약탈유물 '베닌 브론즈'의 일부를 반환했고, 프랑스도 11월 9일 반환협정에 서명했다. 사보이 교수는 연말 언론 인터뷰에서 "베냉 문화장관이 몇 해 전 반환의 날이 온다면 그건 베를린장벽 붕괴와 마찬가지 일이라고 얘기했었다"고 전했다. Claudia Mäder, "Bénédicte Savoy: ›Vor einigen Jahren sagte der Kulturminister von Benin zu mir: Wenn es eines Tages zu Restitutionen käme, wäre es wie der Fall der Berliner Mauer‹", *Neue Zürcher Zeitung*(2021. 12. 8) 참조. 나아가 독일 외교부는 2022년 7월 1일 나이지리아 문화장관과 식민지 약탈문화재 '반환을 위한 공동선언문'을 발표한 데 이어, 12월엔 외교장관과 연방 문화장관이 나이지리아를 방문해 실제로 20점을 직접 반환했다. 이로써 그간 대여냐 반환이냐를 두고 논란을 빚어 온 소유권 반환 문제에 대해서도 역사적 전환점이 마련되었다.

127 Aleida Assmann, "Ping Pong in der Mitte Berlins. Imperialer Glanz und koloniales Elend", *Zeitgeschichte-online*(Februar 2021) 참조.

128 Susanne Führer, "Kunsthistorikerin Bénédicte Savoy-Nur Transparenz reicht nicht", *Deutschlandfunk Kultur*(2022. 6. 6) 참조.

129 훔볼트포럼의 약탈 유물 반환 논란을 거치면서 나치 약탈 예술품에 대한 논란도 다시 거세졌다. 이에 대해서는 가령 연방정부의 사이트 "NS-Raubgut: Aufarbeitung und Restitution"(2021. 12. 8 업데이트), www.bundesregierung.de/breg-de/bundesregierung/bundeskanzleramt/staatsministerin-fuer-kultur-und-medien/kultur/rueckgabe-ns-raubkunst 참조.

130 세계적인 집단학살사 연구자 모세스A. Dirk Moses 교수가 2021년 5월 스위스 역사잡지 《현재의 역사》에 〈독일인의 교리문답〉이라는 글을 발표하면서 홀로코스트를 문명의 파괴로 기억하는 것이 독일의 도덕적 토대로 인식되고 이것을 다른 대량학살과 비

교하는 것은 이단이나 배교로 간주되었다고 지적하고 이제 이 교리문답을 버릴 때라고 강조하면서 촉발되었다. A. Dirk Moses, "Der Katechismus der Deutschen", *Geschichten der Gegenwart*(2021. 5. 23) 참조. 이 문제 제기에 대한 여러 학자들의 논문을 엮은 소책자에 1980년대 역사가 논쟁의 주역이었던 철학자 위르겐 하버마스가 개입하면서 다시 역사가 논쟁이 재현되는 게 아니냐는 반응이 나왔다. 그러나 1980년대 당시 논쟁과는 다른 맥락과 함의를 가지고 있다는 데는 동의가 이루어지고 있다. 하버마스의 입장은 Jürgen Habermas, "Statt eines Vorworts", Saul Friedländer et al. eds., *Ein Verbrechen ohne Namen. Anmerkungen zum neuen Streit über den Holocaust* (München, 2022), pp. 9~13 참조.

131 Thomas Thiemey, "Cosmopolitanizing ColonialMemories in Germany", *Critical Inquiry 45*, 2019, pp. 967~990.

132 Rebekka Habermas, "Restitutionsdebatten, koloniale Aphasie und die Frage, was Europa ausmacht", *Aus Politik und Zeitgeschichte*, No. 40-42, 2019, pp. 17~22 참조.

133 강 작가의 작품에 대해서는 훔볼트포럼의 공식적인 소개 사이트 "Against colonial injustice", www.humboldtforum.org/en/magazine/article/wider-koloniales-unrecht/과 공모전에서 1등으로 선정한 이유를 간략히 공개한 www.bbr.bund.de/BBR/DE/Bauprojekte/Berlin/Kultur/HUF/KaB_Wettbewerb_Treppenhalle/Beurteilung_1._Preis.html 참조. 작품 윗부분이 아프리카 지구에 설치될 때 베를린시 문화장관은 "이 땅의 가시 같은 작품"이라고 평했다. "Statue of Limitations erinnert an deutschen Kolonialismus", *Die Zeit*(2022. 3. 25) 참조.

134 강선구 작가가 언론 인터뷰 중에 강조한 말이다. Hanno Hauenstein, "Humboldt Forum: Kang Sunkoo: 'My work is not a fig leaf-it is a sword of Damocles'", *Berliner Zeitung*(2020. 12. 22) 참조.

135 Frederick Studemann(2019) 참조.

136 "DDR-Ufo im Berliner Westen gelandet", *Der Spiegel*(2019. 3. 9).

137 Thomas Großbölting, *Wiedervereinigungsgesellschaft: Aufbruch und Entgrenzung in Deutschland seit 1989/90*(Bonn, 2020) 표지 그림.

138 당시 베를린 축제무대의 '공화국궁전 축제'에 대해서는 행사 브로슈어 Palast der Republik-Kunst, Diskurs & Parlament(www.berlinerfestspiele.de/media/2019/immersion_2019/immersion19_downloads/immersion19_palast_broschuere.pdf에서) 참조.

139 이 기간에 이뤄진 다양한 토론과 통일 30년에 대한 새로운 담론은 blog.berlinerfestspiele.

de/ein-palast-der-gegenerzaehlungen/ 참조. 베를린 축제무대 관장 토마스 오버렌더Thomas Oberender는 이를 신자유주의에 대한 저항운동이었던 '오큐파이 월가Occupy Wall Street'를 빗대 《역사를 점거하라》라는 책으로 엮어냈다. Thomas Oberender ed., *Occupy History: Gespraeche im Palast der Republik dreizehn Jahre nach seinem Verschwinden* (Köln, 2019).

140 로스톡미술관Kunsthalle Rostock에서 2009년 6월부터 10월 13일까지 개최된 〈Palast der Republik – Utopie, Inspiration, Politikum〉 제목의 전시회다. 전시회 홈페이지 www.kunsthallerostock.de/de/ausstellungen/ausstellung/2019/palast-der-republik 참조.

141 훔볼트포럼재단의 2009년 5월 19일자 보도자료, www.humboldtforum.org/wp-content/uploads/2020/05/20190515_Pressemitteilung_Palast_der_Republik_im_HF_DE.pdf 참조.

142 2020년 말 예술가와 건축가, 문화재 전문가들이 모여 공화국궁전후원협회Förderverein Palast der Republik e.V.를 결성했고 20021년 7월 개관식 때 반대 시위를 펼치며 공화국궁전 재건을 위한 청사진을 제시했다. 마치 베를린성후원협회가 그랬던 것처럼 기간별로 공화국궁전의 재건 준비 작업을 진행하되, 공화국궁전이 2006년 30년 만에 철거되기 시작한 대로 훔볼트포럼도 30년이 되는 2050년부터 철거하겠다는 계획이다. 협회와 계획에 대해서는 홈페이지 palast.jetzt 참조.

143 인용 문구는 모두 훔볼트포럼의 '공화국궁전은 현대다' 프로그램 홈페이지 www.humboldtforum.org/de/programm/laufzeitangebot/programm/der-palast-der-republik-ist-gegenwart-39426 참조.

144 Petra Ahne, "Im Schloss spukt das Palastgespenst", *Frankfurter Allgemeine Zeitung* (2022. 4. 29).

145 가령, Nikolaus Bernau, "Palast der Republik: Unsinniger Abriss und alternative Utopien", *Rundfunk Berlin-Brandenburg radio*(2022. 4. 30)과 Aron Boks, "Das Schlossgespenst: Humboldtforum sucht Utopien für den Palast der Republik", *Freitag*, 20/2022.

146 흔히 평가절하의 단적인 사례로 동독 예술이 꼽힌다. 통일 직후 대부분의 작품들이 "동독의 이데올로기적 선전예술"로 도매금 취급되었기 때문이다. 이에 대해서는 가령 Karin & Rüdiger Thomas, "Bilderstörung: Fehlwahrnehmungen im deutschen Verständigungsprozess am Beispiel der Kunst", *Aus Politik und Zeitgeschichte*(2020. 7. 3) 참조.

147 초기부터 예산 확보와 공모과정의 불투명성으로 여러 문제 제기가 있었다. 우선 1,000만 유로 이상 투입되는 예산 확보도 문제였고, 1차 공모-선정과정에서의 문제

로 2차 공모까지 진행해야 했다. 또 다른 논란거리는 설치 장소와 필요성 문제였다.

148 초기 기념비 관련 역사관과 독일 국가정체성 논란에 대해서는 Robert Meyer, Lutz Haarmann, "Das Freiheits-und Einheitsdenkmal. Die geschichtspolitische Verortung in der Ideengeschichte der Bundesrepublik", *Deutschland Archiv*(2011. 9. 13) 참조.

149 Anna Saunders(2018), pp. 314~328 참조.

150 Elske Rosenfeld, "Geschichtspolitik von oben? Gedanken zum geplanten Zukunftszentrum für Europäische Transformation und Deutsche Einheit", *Deutschland Archiv*(2021. 11. 24). 저자는 자유민주주의적 정상국가 서독과 역사적 일탈로서의 전체주의적이고 억압적인 불법국가 동독이라는 이분법과 마침내 불법국가에 승리한 1989년이라는 서사가 통일 25주년인 2015년을 전후해 수정되기 시작한 것으로 파악한다. 그 배경에는 유감스럽게도 극우 조직 페기다Pegida와 대안당의 등장과 성장이 있었다고 본다. 동독 지역 변화에 대한 광범위한 토론과 재평가가 강요되었다는 것이다. 이때부터 동독 지역 주민들의 "소외와 절망"을 진지하게 받아들이고 동독 지역을 위한 핵심 과제를 통합으로 재설정하게 되었다고 주장한다.

151 훔볼트포럼 우측 슈프레강 건너편은 2차 세계대전으로 대파된 주거단지를 동독 당국이 1970년대 중반 공화국궁전 건설과 함께 정리해 마르크스-엥겔스포럼이라는 이름의 공원으로 조성한 곳이다. 1986년 공원 중앙에 루드비히 엥엘하르트Ludwig Engelhardt가 제작한 마르크스-엥겔스 동상 등이 설치되었는데, 2010년 지하철 공사 때문에 옆 위치로 옮겨지면서 방향도 원래와는 정반대인 훔볼트포럼을 바라보는 쪽으로 변경되었다. 통일 직후부터 철거 또는 이전 논란이 계속되었지만, 자리를 지켰고, 훔볼트포럼 건설이 마무리되면서 후속 정비 사업의 일환으로 설계공모가 진행되어 2021년 마무리되었다. 2022년 7월 마르크스-엥겔스 동상은 원래의 공원 중앙위치로 되돌아왔다. 이에 대해서는 www.stadtentwicklung.berlin.de/aktuell/wettbewerbe/ergebnisse/2021/rathausforum/preis_1.shtml 참조.

152 통독 이전 서독은 베를린을 '자유의 도시'로 강조했던 반면, 동독은 '평화의 도시'임을 강조했다. 이 '평화의 비둘기'는 1949년 피카소 작품으로 이후 40년 동안 동독의 대표 이미지가 되었다. "Die eherne Friedenstaube", www.ddr-museum.de/de/blog/2017/die-eherne-friedenstaube 참조.

153 훔볼트포럼 뒤쪽엔 1918년 11월 베를린성에서 자유사회주의공화국이 선포되던 장면을 새긴 부조 동판이 그대로 박혀있다. 그 선포 현장이었던 베를린성 베란다 벽면을 통째 옮겨 전면의 일부로 만든 동독 국가평의회 청사가 바로 옆 보존건물로 서있

고, 부조 동판을 품은 옆 음악대학 건물엔 동독 애국가의 작곡자 이름이 걸려있다.

154 통일 30주년을 전후해 이런 변화는 특히 두드러진다. 그간 묻어둔 애환과 불만은 물론 오래된 옛 주장과 목소리들도 다시 여기저기서 그러나 이번엔 꽤 공식적으로 흘러나왔다. 대표적으로 연방정치교육원bpb과 로베르트 하베만협회가 공동으로 다양한 분야의 의견을 모은 Ilko-Sascha Kowalczuck et al. eds., *(Ost)Deutsch;ands Weg I & II* (Bonn, 2021) 참조.

155 '평화혁명과 통일 30년위원회'의 권고 후 실무 그룹이 꾸려져 2021년 6월 보다 구체화시킨 최종보고서를 제출했고, 2022년 5월 초 연방정부와 연방하원이 의결했다. 공모절차를 거쳐 2028년 즈음 옛 동독 지역의 한 도시에 세워질 예정이다. Uwe Schwabe, Ilko-Sascha Kowalczuk et al. "Welche Zukunft braucht das Zukunftszentrum? Ein Plädoyer", *Deutschland Archiv*(2022. 4. 12) 참조.

156 베를린 시내에 있던 유대인 고아원Baruch Auerbach'sches Waisenhaus을 기억하기 위한 조형물이다. 2013년 공모를 통해 아티스트 수잔네 아너Susanne Ahner의 작품이 선정되어 이듬해 설치되었다.

157 Jon Berndt Olsen, "Monument(s) to Freedom and Unity Berlin and Leipzig", *German Politics and Society 132*, Vol. 37, No. 3, 2019, p. 111.

158 '제2차 세계대전과 독일의 유럽점령 문서센터ZWBE(Zweiter Weltkrieg und deutsche Besatzungsherrschaft in Europa)' 건립을 위해 의회 승인을 요청한 연방 문화장관은 "독일인의 범죄가 오늘날까지 유럽을 형성하고 있기 때문"에 이를 문서화해 알리고 전시할 센터가 필요하다면서 "이 역사의 정리는 아직 완료되지 않았고 또 결코 완료되지 않을 것"이라고 강조했다. 연방정부 홈페이지, "Dokumentationszentrum Zweiter Weltkrieg: Aufarbeitung ist niemals abgeschlossen"(2022. 6. 14) 참조.

159 세계 챔피언이라는 표현은 헝가리 작가 페터 에스테르하치Péter Esterházy가, DIN 규격은 영국의 사학자 티모쉬 가튼 애쉬Timothy Garton Ash가 언급했다. Katharina Grabbe, *Deutschland—Image und Imaginäres: Zur Dynamik der nationalen Identifizierung nach 1990*(Berlin, 2013), p. 225에서 재인용.

160 Ton Nijhuis, "Export hit "Vergangenheitsbewältigung". Germany and European integration as a model for Korea and East Asia?", *Asian Journal of German and European Studies* 1. https://doi.org/10.1186/s40856-016-0003-0. 네덜란드 암스테르담대학 독일연구소 소장인 저자는 희생자를 기리고, 가해자를 규탄하며, 진실과 기억에 기반한 화해의 토대를 마련하기 위해서는 비극적 과거에 대한 기억이 살아있어야 하고, 과거

에 대한 비판적 관점을 공유해야 한다고 강조한다. 그러나 한·중·일 동북아에서는 일본의 태도 때문에 쉽지 않다고 평가했다.

161 Susan Neiman, *Learning from the Germans: Race and the Memory of Evil*(New York, 2019); 존 캠프너, 박세연 옮김, 《독일은 왜 잘하는가》, 열린책들, 2022 등 참조.

162 Gabi Dolff-Bonekämper, *Der Streitwert der Denkmale*(Berlin, 2021). 특히 서문 참조.

163 Heinrich Boell Stiftung, "Erinnerungskultur entsteht aus dem Kampf um die historische Wahrheit"(2017. 4. 13)

164 Aleida Assmann, *Der lange Schatten der Vergangenheit. Erinnerungskultur und Geschichtspolitik*(München, 2007), p. 111.

165 2021년 7월 독일 연방정부는 민주주의 역사를 새로운 기억문화로 발전시킬 재단을 설립했다. 인용문은 연방정부 보도자료: Bundestag beschließt Gesetzentwurf für Stiftung Orte der deutschen Demokratiegeschichte – Kulturstaatsministerin Grütters: "Freiheit und Demokratie müssen täglich gelebt werden"(2021. 6. 10).

2. 가라앉는 장벽, 떠오르는 방화벽

1 크리스토프 지로Christophe Girot(1957~)에 의해 제작된 작품으로 〈물 속으로 가라앉는 장벽Sinkende Mauer〉을 의미한다. 위치는 인발리덴 공원Invalidenpark. 1967년 이곳에서 철거된 자비교회Gnadenkirche와 그 주변에 있었던 장벽의 사라짐을 기억하며 제작되었다.

2 라이너 쿤체는 동독체제를 비판한 유명 산문집 《아름다운 날들*Die wunderbaren Jahre*》(1976)을 서독에서 출간한 이후 동독작가동맹으로부터 축출되었으며, 1977년엔 동독에서 추방되어 서독에 정착한 시인이다. 그는 1977년 게오르크 뷔흐너상 수상을 비롯해 1993년 독일연방 공로훈장Großes Bundesverdienstkreuz 등 많은 문학상과 공로상을 수상했다.

3 제2차 세계대전 이후 베를린장벽 건설 전까지의 동서독 분단과 1차 및 2차 베를린 위기에 대한 간략한 소개는 이은정, 《베를린, 베를린: 분단의 상징에서 문화의 중심으로》, 창비, 2019, 1장 〈독일의 분단과 베를린〉 참고.

4 이에 대한 자세한 국내 소개 논문은 최승완, 〈두 베를린, 하나의 생활권—1950년대를 중심으로〉, 《서양사론》 제144집, 2020, 191~225쪽과 앞의 이은정(2019), 25~30쪽

(ebook) 참고. 동독 당국은 양측의 화폐가치 차이를 악용하고 지하 경제를 촉진하는 부작용을 우려해 서베를린의 많은 얌체족들을 경고하는 "Herr Schimpf, Frau Schande" 포스터를 제작해 부착하기도 했다.

5 Karl Kaul, *Ankläger auf der Anklagebank – Erlebnisse und Erfahrungen mit Westberliner Gerichten*(Berlin, 1952). 이 책에서 동베를린 변호사인 칼 카울은 서베를린에서 변호를 맡은 사건들을 설명하고 있다.

6 개신교협회Evangelischen Kirche in Deutschland(EKD)는 정치적 경계를 넘어 교차영역 정책을 유지했다. 분단에도 불구하고 EKD는 두 독일의 복음주의 지역교회연합으로 남아 있었다. 1961년 장벽이 설치된 이후 EKD는 양쪽 진영에서 공통된 임무를 수행하기 어려워졌고 일상적인 교회 사업도 통합적으로 추진하기 어려워, 1969년 동독 내 여덟 곳의 지역교회연합을 묶어 별도의 동독개신교연합BEK을 분리시켰다. 그러나 BEK 정관에는 EKD와 영구적으로 함께 연관되었다는 내용이 포함되어 있었다.

7 1949~1961년 사이 약 270만 명이 서독으로 이주한 것으로 추정되고 있다. 이주자의 약 절반 정도가 25세 이하 젊은 층이었고, 고학력자와 전문가들의 이주도 심각해 동독은 1950년대 고학력자Akademiker의 약 3분의 1을 잃은 것으로 알려져 있다. 덕분에 서독은 즉시 투입 가능한 고급/전문인력과 젊은 노동력을 공급받게 되었는데, 교육·훈련비 절감액만 약 300억 마르크에 이른 것으로 추산되었다. Bernd Martens, "Der Zug nach Westen – Jahrzehntelange Abwanderung, die allmählich nachlässt", *bpb*(2020. 5. 7) 참조. 이와 관련해 최근 국내에서 출간된 연구서도 참조할 수 있다. 최승완, 《동독민 이주사 1949~1989》, 서해문집, 2019. 또 서독의 탈동독 이주민 수용과 통합정책에 대해서는 추가적으로 FES Information Series로 발간된 김영윤, 〈동독 이탈 주민에 대한 구서독 정부의 정책〉(2003-07)과 허준영, 〈서독의 동독 이탈주민 통합정책〉(2011-06) 등 참조.

8 이미 1950년 1월 18일 베를린 샤로텐부르크 지역 쿠노-피셔-길Kuno-Fischer-Straße 8번지에 긴급수용센터가 만들어지긴 했지만, 1953년 4월 14일 마리엔펠데에 중앙긴급수용센터가 설치되면서 기능을 이관했다.

9 긴급수용센터는 장벽이 설치된 1961년 이후부터는 그 기능이 약화되었지만, 1989년 베를린장벽이 무너진 후 또다시 동독 주민을 위한 긴급캠프의 역할을 하기도 했고, 최근에는 외국인 난민들을 위한 시설로 이용되고 있다. 1998년 연방하원은 이곳을 국가 주요 기념관으로 지정해 분단사 기념관 사업의 하나로 2005년부터 상설 전시가 열리고 있다.

10 www.notaufnahmelager-berlin.de/de/-quot%3Bfeindobjekt-quot%3B-marienfelde-587.html.

11 "Die treibende Kraft hieß Ulbricht", *Deutschlandfunk*(2011. 8. 13).

12 동독은 경계 봉쇄와 장벽 건설을 '장미 작전Aktion Rose'이라고 명명했다. 이 글에서는 흔히 베를린 1/2차 위기로 알려진 베를린장벽 건설의 정치적 배경에 대해서는 별도로 언급하지 않는다. 그리고 베를린장벽이 세워지기 전 베를린 내 중요한 사건이라고 할 수 있는 1953년 6월 17일 동베를린 시민들의 봉기에 대해서도 다루지 않는다. 다만, 6 · 17봉기의 배경에 대해서는 이 책의 2권 1장에 간략히 언급되어 있다.

13 장벽으로 인해 폐쇄된 역을 서독 사람들은 '유령역Geister Bahnhof'이라 불렀다. 불빛도 어둡고 동독 경비대원들이 무장하고 지키고 있었기 때문에, 서행으로 이곳의 터널을 통과하던 서독 사람들은 공포심을 가지며 그렇게 불렀다. '유령역'에 대한 소개를 포함해 베를린장벽 건설 이후의 대립과 갈등에도 불구하고 하수도와 교통망 등 도시 기반시설의 유지·운영을 위해 동서 베를린이 불가피하게 협력한 사례에 대한 소개는 이은정(2019), 3장 〈막을 수 없는 흐름〉 참고.

14 당시 서베를린 시장이었던 빌리 브란트의 유명한 베를린장벽 반대 연설도 이때 나왔다. "Rede vor dem Rathaus Schöneberg gegen den Mauerbau in Berlin", *Willy-brandt-biografie*(1961. 8. 16). 장벽 설치 관련 브란트의 반응에 대한 국내 연구는 노명환, 〈장벽 설치에 대한 브란트의 반응과 동방정책 구상〉, 《역사학연구》 77, 2020, 421~449쪽 참조.

15 이에 대해서는 예를 들어 Dietmar Pieper, "Besser als ein Krieg", *Der Spiegel*(2012. 9. 24) 참조.

16 당시 베를린장벽을 지칭한 다양한 표현에 대해서는 www.berliner-mauer.de 참조.

17 장벽 건설 이후 동서독 상호 선전전에 대해서는 Dirk Schindelbeck, "Flugblatt-schlachten an den Zonengrenze: Propaganda als politisches Mittel im innerdeutschen Konflikt", *Forum Schulstiftung*, No. 49, 2008, pp. 94~116와 Thomas Flemming, "Propaganda: Wir sind die Stärkeren", *ZEIT Geschichte*, No. 5, 2019 등 참조. 서독 심리전 부대는 1963년 최소 3,000만 장, 1970년엔 약 20톤의 전단을 날려보낸 것으로 알려져 있다. "Pappraketen und Parolen", *Die Welt*(1997. 8. 25), 양측 간 사진 전쟁에 대해서는 Dirk Schindelbeck, "Die Mauer und ihre Bilder", *bpb*(2011. 7. 26)와 Elena Demke, ""Antifaschistischer Schutzwall"—"Ulbrichts KZ". Kalter Krieg der Mauerbilder", Klaus-Dietmar Henke ed., *Die Mauer. Errichtung, Überwindung,*

Erinnerung(München, 2011), pp. 96~110 등 참조.

18 확성기 전쟁에 대해서는 특히 *Spiegel Geschichte*(2016. 8. 31)에 실린 "Das Dröhn-Duell an der Mauer"와 Danny Kringiel, "Berliner Lautsprecherkrieg: Völker-verständigung mit 5000 Watt" 참조. 동독 국가안보부의 1961년 12월 20일자 보고서 www.ddr-im-blick.de/jahrgaenge/jahrgang-1961/report/beschallung-ostberlins-durch-lautsprecherwagen-in-wb도 참고할 수 있다.

19 초기에 활동했던 학생 탈출 지원 그룹에 이어 등장한 전문 탈출 도우미들에게 지불한 비용은 1964/65년 3,000~7,000마르크에서 1967년 1만 5,000마르크로 몇 배 이상 급등했다고 한다. bundesstiftung-aufarbeitung.de/de/recherche/dossiers/flucht-fluchthilfe-und-freikauf/geschichte 참조. 탈출 도우미와 베를린 땅굴에 대해서는 www.risiko-freiheit.de 참조.

20 베르나우어 길의 땅굴 중 3개 정도만 성공적으로 활용되었다고 한다. '터널 57'을 통해 남자 23명, 여자 31명, 어린이 3명 등 57명이 탈출했다. 대학생 탈출 지원 그룹 약 30명이 파들어간 '터널 29'는 1962년 초여름 29명을 탈출시켰다. 이때도 비용은 미국 NBC와 독일 및 이탈리아 TV방송사 등에 판매한 사진과 영상 판권으로 충당되었는데, 후에 금전 문제를 둘러싸고 그룹 내 학생들 간 분쟁이 벌어졌다고 한다. 한편, 일부 연구자들은 장벽 건설 이후 동서 베를린 경계에 총 75개의 터널 프로젝트가 있었고 그중 19개 프로젝트가 성공했다고 집계하고 있다. "Berliner Unterwelten zeigen erstmals originalen Fluchttunnel an der Bernauer Straße", *Berliner Woche*(2019. 11. 3); "Unter der Mauer hindurch in die Freiheit - Der Tunnel 57", *Jugend Opposition in der DDR* 등 참조.

21 페히터Peter Fechter(1944~1962)가 쓰러진 곳 근처에 위치한 '체크포인트 찰리Checkpoint Charlie'는 장벽 건설 후 소속 장병들과 외교관, 외국인 전용 통행로로 서방 연합군(미군) 측이 베를린 시내 경계에 설치한 검문소였다.

22 예를 들어 "Dummheit vor dem Feind", *Der Spiegel*(1962. 8. 29). 이 사건은 1962년 8월 31일자 미국 《타임》지의 표지로도 등장했다. 아들의 죽음에 페히터의 부친은 화병으로 사망했고, 모친은 정신병에 걸렸다고 한다. "Der Mauertote Peter Fechter", *Mitteldeutscher Rundfunk*(2016. 8. 31); "35 Schüsse - Das lange Sterben des Peter Fechter", *Die Welt*(2010. 8. 17).

23 빌리 브란트 시장은 당시 항의 시위대 앞에서 희생자를 애도하며 장벽을 다시 한번 "부끄러운 장벽Schandmauer"이라고 역설했다. 부끄러운 장벽 또는 수치의 장벽이라는

표현은 장벽이 세워진 직후 1961년 9월 이미 등장하긴 했지만, 브란트 당시 시장에 의해 자주 사용되면서 일반화되었다는 게 정설이다.

24 Friedrich Jeschonnek, Dieter Riedel, William Durie, *Alliierte in Berlin 1945~1994* (Berlin, 2007), p. 249.

25 서독의 물질적 기여에 대한 대가로 동독이 정치범/구금자를 석방한 이른바 정치범 거래Häftlingsfreikauf는 1962년 말부터 1989년 가을까지 이어졌다. 1964~1989년 사이 총 3만 명 이상의 정치범/구금자들이 석방되었는데, 약 34억 마르크 이상이 지불되었고, 이 재원은 재정에 어려움을 겪던 동독의 안정화에 기여한 것으로 알려져 있다. 이에 대한 간략한 설명은 bundesstiftung-aufarbeitung.de/de/recherche/dossiers/flucht-fluchthilfe-und-freikauf/geschichte 참조.

26 '통행증협정Passierscheinabkommen'에 대해서는 이은정(2019), 4장 〈장벽, 접근을 통한 변화의 시작〉, 특히 69~73쪽(ebook) 참고. 2차 1964년 10월/11월 약 60만 명과 크리스마스/신년 약 82만 명, 3차 1965년 크리스마스/신년 약 82만 명이 방문한 것으로 알려져 있다. 또 4차 1966년 4월 부활절과 5월/6월 기간에도 가족방문이 성사되었다. 정치적 노림수가 없지 않았던 동독 측 제안을 브란트 시장이 연방정부와의 마찰을 피하기 위해 거의 즉각 수용해 일사천리로 협상을 진행했다는 평가도 있다. Bernd Matthies, "50 Jahre Passierscheinabkommen: Willys Wiedervereinigung", *Der Tagesspiegel*(2013. 12. 19) 참조.

27 브란트 시장의 1962년 5월 26일 SFB 방송. Winfried Sträter, "Bomben gegen das_Schandmal":1962 wurde ein Sprengstoffanschlag auf die Berliner Mauer verübt", *Deutschlandfunk Kultur*(2007. 6. 13) 참조.

28 페흐터의 죽음과 브란트의 동방정책에 대해서는 가령, Lars-Broder Keil, Sven Felix Kellerhoff, "Mord an der Mauer – Der Fall Peter Fechter", *Die Welt*(2012. 8. 13) 참조.

29 연방정부의 홈페이지 www.bundesregierung.de/breg-de/themen/deutsche-einheit/eine-traurige-bilanz-393916 참조.

30 베를린장벽 매각/철거과정에 대해서는 Anna Kaminsky, "Die Erinnerung an die Berliner Mauer seit 1990", *Deutschland Archiv*(2012. 1. 20) 참조. 국내 소개된 글은 육영수, 〈베를린장벽 역사기념물 만들기: 관광의 풍경에서 기억의 터전으로〉, 《역사비평》 116, 2016, 277~318쪽.

31 그래서인지 포츠담 광장에 서 있던 장벽 중 패널 3개가 동서독 분단과 냉전을 지켜본 중앙정보국CIA 청사 마당에 설치되어 있다. 1997년 창설 50주년을 계기로 세웠다고

하니 그 또한 나름 상징적이다. 세계 각국에 설치된 베를 장벽 현황은 the-wall-net.org 참조.

32 베를린장벽 판매 사업에 대해서는 특히 Jan Stremme, "Mauerverkäufer: Träume aus Beton", *Süddeutsche Zeitung*(2019. 11. 18) 참조.

33 현재 남아있는 장벽에 대한 정보는 www.chronik-der-mauer.de/grenze/166397/mauerreste에서 볼 수 있다.

34 2006년 베를린 주정부가 수립한 《베를린장벽을 기억하기 위한 총괄개념》 문서인 *Thomas Flierl, Gesamtkonzept zur Erinnerung an die Berliner Mauer: Dokumentation, Information und Gedenken*(Berlin, 2006) 참조.

35 "Mauerstreifen probeweise", *Der Spiegel*(1994. 11. 28).

36 1990년 4월 만프레트 부츠만Manfred Butzmann을 비롯한 세 명의 베를린 예술가들이 "장벽을 루피너스 밭으로Mauer Land Lupine"라는 구호와 함께 이 프로젝트를 시작했다.

37 1990년 크로이츠베르크 구청 건설과가 장벽 패널이 서있던 자리 바닥에 구리판과 돌로 만든 이중밴드를 설치한 사례가 〈베를린 역사·현대포럼Berliner Forum für Geschichte und Gegenwart〉에 의해 채택되면서 현재의 모습을 갖추게 되었다. 이 포럼은 또 장벽 역사정보판을 설치할 것도 함께 권고해 현재 30개 장소에 간략한 설명 문구와 사진으로 만들어진 정보판이 세워져 있다. magazin.spiegel.de/EpubDelivery/spiegel/pdf/13693554에서 당시 논쟁에 대한 간략한 소개를 볼 수 있다.

38 분단시절 오버바움 다리Oberbaum Brücke 외에 베를린-포츠담 사이의 하펠Havel강을 잇는 그리니케 다리Glienicker Brücke는 미국과 소련, 동서독 양측의 정보요원 맞교환 장소로 잘 알려져 있다.

39 동독의 장벽 건설과정은 크게 철조망을 벽돌벽이나 일자형 콘크리트벽으로 교체하는 1단계(1961~1968), L자형 철근콘트리트 패널 '국경 장벽 75'로 교체 또는 설치한 2단계(1968~1980), 센서나 전기선 등을 통해 장벽의 보안을 크게 강화한 하이테크 장벽의 3단계(1981~1989)으로 나눌 수 있다. '국경 장벽 75'는 동독 장벽기술의 '마스터피스'로 평가된다. 이에 대해서는 "Der Ausbau der Mauer", *Planet-wissen* 참조

40 장벽 붕괴 직후인 1989년 11월 21일 동독 출신의 화가 하이케 슈테판Heike Stephan은 동독화가협회의VBK 소속 회원들과 함께 포츠담 광장의 장벽에 그림을 그리는 캠페인을 벌였다. 하지만 그림은 국경경비대에 의해 즉각 덧칠되었다. 그녀는 캠페인 기간 동안 서독 화가들과 교류했고, 다비드 몬티David Monty와 접촉하게 된다. 두 화가는 장벽을 세계에서 가장 큰 갤러리로 만든다는 구상에 의기투합해 12월 자금도, 공

식 승인도 없이 세상에 공개했다. 동독 각료회의까지 올라간 이 계획에 대해 수차례 회의를 거쳐 최종적으로 그림 내용에 대한 전제조건을 붙여 승인이 내려졌다. 승인 후 예술가 모집과 벽면 할당과 같은 실무적인 일이 많아지고 재원 조달이 어렵게 되면서 발의한 두 화가는 뒤로 물러나고 대신 몬티의 보조원이었던 맥린Christine MacLean이 자발적으로 실무를 도맡게 되었다. 그래서 일각에서는 그녀를 '이스트사이드 갤러리의 어머니'라고 부르기도 한다. Christine MacLean, *Berlin East Side Gallery Berlin: Two Berlins One Wall*(Berlin, 2019), pp. 85~86와 Thomas Kittan, "Der Retter der East Side Gallery lebt heute einsam im Heim", *Berliner Zeitung*(2019. 2. 14), Astrid Herbold, "Seriöse Kunstwerke humanistischen Geistes", *Astrid Herbold Blog-Archiv* 등 참조.

41 앞의 각주에서 인용한 자료 외에 가령 www.berliner-mauer.de/kunst/east-side-gallery 하위 메뉴에 게재된 몬티 인터뷰와 맥린 인터뷰 등을 참조.

42 미국 언론사의 기사는 edition.cnn.com/style/article/east-side-gallery-berlin-trnd/index.html에서 볼 수 있고, 이에 대한 국제통신사 Pressenza의 반박 성명은 www.schatenblick.de/infopool/medien/meinung/mmst0020.html 참조.

43 킨더Birgit Kinder의 작품 해설에 대해서는 Maria Neuendorff, "Ein Denkmal kann man nicht übermalen", *Märkische Oderzeitung*(2013. 10. 22)와 위 각주의 자료 참조. 화가는 원작 "Test the Best"를 2009년 사진과 같이 덧칠하면서 문구를 "TEST THE REST"로 바꿨다. 트라비Trabi는 동독 자동차기업 트라반트Trabant 생산 차종의 애칭이다.

44 시트니Kiddy Citny가 작품에 쓴 프랑스어는 "who fucks whom" 정도로 번역될 수 있는데, 이 작품 의도에 대해서는 그와의 인터뷰 기사 Jana Illhardt, "East Side Gallery: Mauerkünstler Kiddy Citny im Interview", *Der Tagesspiegel*(2013. 3. 28) 참조.

45 "East Side Gallery artists battle over rights and compensation", *Deutsche Welle*(2011. 5. 16) 참조.

46 이에 대해서는 가령 "Tausende demonstrieren gegen Mauerabriss", *Der Spiegel* (2013. 3. 4) 참조.

47 앞의 루피너스 밭 조성을 시도했던 예술가 부츠만의 제안이었다. Tom Mustroph, "Die Mauer wurde auch im Osten bunt: Künstler bemalen im November 89 auf der DDR-Seite den grauen Beton", *Neues Deutschland*(2004. 11. 22).

48 인도계 독일 예술가이자 사업가인 졸리 쿤자푸Jolly Kunjappu의 〈자유를 향한 춤 Dancing to Freedom〉이라는 작품의 글귀다.

49 새로운 제안에 대해서는 monument-to-joy.org 참조. 갤러리의 미래에 대한 우려는 가령 Hans Ackermann, "Eröffnung vor 30 Jahren: East Side Gallery-geliebt und "unsichtbar begraben"", *rbb24*(2020. 9. 28) 참조.

50 Reto Thumiger, "Quo vadis East Side Gallery?", *Pressenza*(2019. 11. 19).

51 〈전쟁과 폭력을 반대하는 나무들의 의회Parlaments der Bäume gegen Krieg und Gewalt〉는 분단의 아픔을 기억하고 장벽 희생자들을 기리며 통일을 기념한다는 취지로 1990년 행위예술가 바긴Ben Wagin(1930~)의 이니셔티브에 따라 지금의 연방하원 의사당 바로 옆에 조성된 기억공간이다. 장벽 패널 외에 16개 연방주를 상징하는 16그루의 나무가 심겼고, 장벽 희생자들을 위한 추념비가 세워졌다. 16그루의 나무는 실제로 16개 주정부 관계자들이 식수했다고 한다.

52 앞의 Anna Kaminsky(2021) 참조.

53 베를린시의 결정 후 1994년 연방정부의 위탁을 받아 독일역사박물관이 공모전을 실시했고, 4년 뒤 1998년 장벽 건설일에 맞춰 당선작인 건축설계사무소 Kohlhoff & Kohlhoff사의 〈베를린장벽 기념관Gedenkstätte Berliner Mauer〉 일부가 개관되었다. 1999년 장벽정보센터Dokumentationszentrum Berliner Mauer가, 그리고 2000년 〈화해의 예배당Kapelle der Versöhnung〉이 들어섰다. 〈화해의 예배당〉은 장벽 확장과정에서 동독에 의해 1985년 폭파된 〈화해교회Versöhnungskirche〉를 기념해 건축된 것이다.

54 베르나우어 길은 앞의 땅굴 사례에서 볼 수 있듯이 길 하나를 두고 동서 베를린으로 나눠진 곳이라 어느 지역보다 분단의 아픔이 두드러진 곳이다. 심지어 건물 담벼락이 장벽 경계가 된 곳도 있다. 이 때문에 탈주 시도가 특히 많았다.

55 장벽길Mauerweg에 대한 정보는 www.berlin.de/mauer/mauerweg 참조.

56 Thomas Flierl, *Gesamtkonzept zur Erinnerung an die Berliner Mauer: Dokumentation, Information und Gedenken*(Berlin, 2006).

57 2008년 9월 17일 설립된 베를린장벽재단은 부지 매입을 포함한 전체적인 장벽 보존과 관리 업무를 맡고 있다. 베르나우어 길 장벽기념관을 시작으로 2009년 마리엔펠데 긴급수용센터, 2017년 첫 번째 장벽 희생자인 귄터 리트핀Günter Litfin(1937~1961) 추념관, 그리고 2018년부터 이스트사이트 갤러리, 2021년부터 〈나무들의 의회〉의 관리·운영기관이기도 하다.

58 가장 대표적인 장벽 희생자 추념물은 앞서 소개한 연방하원 의사당 바로 인근의 〈나무들의 의회〉와 슈프레강 변에 부착된 흰 십자가다. 개개인에 대한 추모비는 첫 희생자 귄터 리트핀, 벽돌공 페터 페흐터, 마지막 희생자 크리스 구에프로이Chris Gueffroy

(1968~1989) 등이 있다.

59 베르나우어 길을 중심으로 한 베를린장벽에 대한 조사 작업에 실제로 고고학자들이 참여하게 되면서 폼페이 발굴 작업에 비유하는 글이 늘고 있다. 가령, Stefan Strauß, "Mauerpark–Sensationsfund: Archäologen entdecken DDR–Fluchttunnel", *Berliner Zeitung*(2018. 1. 11)과 Stefanie Schlünz, "Man sieht das Monstrum und denkt, wie kommt man da rüber", *T-online*(2019. 10. 27) 등 참조. 최근엔 아예 '현대 고고학'이라는 개념에 베를린장벽을 포함시키기도 한다. Max Rauner, "Gegenwartsarchäologie – Wenn Müll zum Kulturerbe wird", *Südwestrundfunk2*(2020. 8. 23) 참조.

60 이 프로젝트에 대해서는 www.denkwerk–berlin.de/kunstprojekte_roggenfeld.html 참조. 훔볼트대학 생명과학부의 농업·원예과학연구소가 호밀밭 관리와 수확, 파종을 담당하면서 수확된 호밀을 활용해 다양한 프로젝트를 진행시키고 있다. 2019년엔 약 400kg이 수확되었다고 한다.

61 원문: "Wenn wir die Geschichte vergessen, holt sie uns ein."

62 이 '호밀밭 프로젝트'에 대해서는 gemeinde–versoehnung.de/projekte/roggenfeld 참조.

63 《이코니미스트》지는 이미 1999년 통일 이후 경제 침체에 빠진 독일을 '유럽의 병자'라고 불렀다. www.economist.com/special/1999/06/03/the–sick–man–of–the–euro 참조. 그 뒤에도 독일의 경제성장률은 2002년 –0.2퍼센트, 2003년 –0.7퍼센트로 마이너스를 기록했고, 2004년 1.7퍼센트로 반등했다가 2005년 다시 0.7퍼센트로 주저앉았다(연방통계청 2021년 5월 기준 집계치 service.destatis.de/DE/vgr_dashboard/bip.html). 2005년 독일 전체의 실업률(독일의 실업자 집계 기준)은 11.7퍼센트였고, 지역별로는 구 동독 지역이 18.7퍼센트, 서독 지역이 9.9퍼센트로 전후 최악의 상황이었다(연방 고용공사의 실업률 통계 statistik.arbeitsagentur.de/Statistikdaten/Detail/Aktuell/iiia4/alo–zeitreihe–dwo/alo–zeitreihe–dwo–b–0–xlsx.xlsx).

64 2005년 이전 장벽 붕괴와 독일 통일의 주체로 동독 시민들의 역할을 인정하거나 강조한 인사들도 있는데, 가령 1999년 장벽 붕괴 10주년 계기 연방하원 기념식에서 동독 시민운동가 출신으로 당시 연방하원 의장이었던 볼프강 티어제Wolfgang Thierse는 "10년 전 오늘 동독 국민들이 영웅이었다"고 언급했고, 서독 외교장관으로 독일 통일 과정을 외교적으로 조율한 겐셔Hans–Dietrich Genscher(1927~2016) 전 장관은 2004년 장벽 붕괴 15주년에 "장벽은 동독 국민들에 의해 무너졌다Die Mauer wurde vom Osten her zum Einsturz gebracht"고 강조한 바 있다. 겐셔의 고향도 동독의 도시 할레 인근이었다. 이들의 언급에 대해서는 각각 Patrik Schwarz, "Sie hatten das Paradies geträumt und

wachten auf in Nordrhein-Westfalen." *Tageszeitung*(1999. 11. 10)와 "Gedenken an den Fall der Mauer vor fünfzehn Jahren", *Deutschlandradio*(2004. 11. 10) 참조.

65 이에 대한 보다 상세한 내용은 이 책의 2권 4장 참조.

66 이에 대해서는 수많은 자료에서 소개하고 있지만, 최신 버전으로는 "Der Mauerfall: Eine Rekonstruktion", *Mitteldeutscher Rundfunk*(2020. 11. 9) 참조.

67 1961~1990년까지 유령역이었던 인근의 보른홀머길역 내에도 당시 장벽 붕괴와 관련된 사진들이 전시되어 있다.

68 당시 제막식에 참석한 보베라이트Klaus Wowereit(1953~) 베를린 시장의 연설 중 일부다.

69 슈타지 소속 하랄트 예거Harald Jäger 중령으로 알려져 있는데, 그에 대한 책이 2007년 발간되었다. Gehard Hasse-Hindenberg, *Der Mann, der die Mauer Oeffnete*(München, 2007). 이 책을 바탕으로 2014년 크리스챤 슈보쵸프Christian Schwochow(1978~) 감독이 제작한 영화 〈보른홀머 길Bornholmerstrasse〉이 방영되었다.

70 제막식에 참석한 보베라이트 베를린 시장은 여기서도 동일한 메시지를 전했다. Thomas Moser, "20 Jahre Mauerfall—Das neue Denkmal an der B 96 vor Lichtenrade", www.lichtenrade-berlin.de/news/archiv-2016/25-blog/blog2016 / 505-20-jahre-mauerfall-das-neue-denkmal-an-der-b-96-vor-lichtenrade 참조.

71 로베르트 하베만협회는 1990년 11월 동독 시민운동단체 '새로운 포럼Neues Forum'의 정치교육기관으로 설립된 이래 동독 반정부운동의 역사를 보존하고 정리하는 데 주력, 1992년 아카이브를 신설하고 자료 수집 및 정리, 조사연구서 발간, 세미나와 전시회 개최 등을 사업을 진행해 왔다. 협회 홈페이지 www.havemann-gesellschaft.de 참조. 2005년부터 연방정치교육원bpb과 공동으로 저항의 관점에서 동독사를 조망하는 교육사이트 www.jugendopposition.de를 운영하고 있다.

72 1999년 장벽 붕괴 10주년엔 장벽 붕괴 당시의 고르바쵸프 소련 대통령, 조지 부시 미국 대통령, 헬무트 콜 서독 총리 등 세 지도자를 초청해 연설과 대담을 갖는 것이 주요 행사였다는 사실에 비추어 이 변화는 더욱 대비된다.

73 revolution89.de/ausstellung/impressionen/2009/ 참조. 슈타지 본부 건물은 1990년 1월 15일 시위대에 의해 점령된 이래 사통당의 감시 문서 보존과 과거사 청산을 위해 통독과 함께 각각 박물관과 문서청으로 전환되었다. 슈타지문서청은 2021년 6월 17일 슈타지 문서 일체를 연방 문서고Bundesarchiv로 이관하고 그 업무를 종료했으며, 사통당 독재 희생자 보훈기구로 전환되었다. www.stasi-unterlagen-archiv.de/ueber-uns/

bstu-in-zukunft 참조.

74 2019년 장벽 붕괴 30주년을 맞아 연방정부와 연방하원, 베를린시는 공동으로 대대적인 행사 개최를 했는데, 알렉산더 광장 시위일인 2019년 11월 4일부터 10일까지를 〈평화혁명—장벽 붕괴 30주년〉 주간으로 정하고 7개 장소를 지정, 각 장소와 연계된 다양한 프로그램을 진행했다. 이 기념 행사에 대해서는 홈페이지 mauerfall30.berlin 참조.

75 슈타인마이어 연방 대통령의 〈평화혁명—장벽 붕괴 30주년〉 기념 연설의 일부다. www.bundespraesident.de/SharedDocs/Reden/DE/Frank-Walter-Steinmeier/Reden/2019/11/191109-Brandenburger-Tor-9-Nov.html.

76 앞의 Bernd Martens(2020) 참조.

77 1990년 3월 동독 정부의 결정으로 설립된 신탁청Treuhandanstalt은 그해 7월부터 본격적으로 업무를 개시해 1994년 말까지 동독의 사회주의 계획경제를 시장경제로 전환하는 역할을 담당했다. 4년 6개월 동안 진행된 이 과정을 통해 이른바 동독의 탈산업화(De-industrialisierung 또는 Entindustrialisierung)라는 동독 산업 기반의 붕괴가 초래되었고, 이에 따라 대규모 실업이 발생했다. Marcus Böick, "Treuhandanstalt und Wirtschaftsumbau", *bpb*(2020. 12. 1)와 Bernd Martens, "Der entindustrialisierte Osten", *bpb*(2020. 5. 28) 참조. 국내에 소개된 신탁청 관련 상세한 자료는 특히 통일부, 《독일통일 총서 11: 신탁관리청 분야》, 서울, 2015 참조.

78 Ulrich van der Heyden, "DDR-Wissenschaftler: Nie zuvor wurde so viel Human-kapital auf den Müll geworfen", *bpb*(2020. 1. 5) 참조.

79 Steffen Grimberg, "Die "Medienrevolution" blieb aus", *Mitteldeutscher Rundfunk* (2020. 9. 30) 참조.

80 공식 통계상 베를린을 제외한 구동독 지역 인구는 1990년 총 1,603만 명에서 2019년 총 1,253만 명으로 이 기간 중 서독으로부터의 유입 인구를 포함해서도 350만 명이 감소했다. *bpb*(연방정치교육원), *Datenreport 2021: Ein Sozialbericht für die Bundesrepublik Deutschland*(Bonn, 2021).

81 콘라트 슈만Conrad Schumann(1942~1998)은 장벽이 채 세워지기 전 철조망이 동서 베를린을 가로막고 있던 1961년 8월 15일 그 철조망을 뛰어넘었다. 그가 철조망을 넘던 베르나우어 길의 교차로 루피너 길Ruppiner Strasse에는 당시 탈주과정과 이후 서독에서 인터뷰한 내용, 가족사진 등이 역사 정보판에 전시되어 있다. 한편, 사진 〈자유로의 도약Sprung in die Freiheit〉과 그의 이름값은 1987년 미국 레이건 대통령이 베를린 750주년 행사에 그를 초청해 귀빈석에 앉혀놓고 "미스터 고르바초프, 장벽을 허무시오"라고 연

설했다는 사실에서도 확인할 수 있다. 덕분에 슈타지는 그해 실시한 사면에서 그를 제외했음이 후에 밝혀지기도 했다. Thomas Loy, "Vor den Augen der Welt: Wie die Flucht des Polizisten Conrad Schumann zur Ikone der Teilung wurde", *Der Tagesspiegel*(2011. 8. 2).

82 Susanne Lenz, "Das Foto des fliehenden Grenzsoldaten geht immer noch um die Welt: Bernauer Straße, 15. August: "Der hüpft gleich rüber"", *Berliner Zeitung*(2001. 8. 1).

83 Stefan Küpper, "DDR-Grenzer Conrad Schumann: Der Sprung seines Lebens", *Augsburger Allgemeine*(2010. 5. 6) 참조.

84 동서독 간 소포를 이용한 선물 교환은 초기부터 광범위하게 이루어졌다. 일종의 소포 보내기 운동이라고 할 수 있는 '건너편에 소포를Päckchen von drüben'이 전개되면서 가령 1965년 서독 주민 100명당 87개의 소포가 동독으로 보내졌는데, 이는 동독 주민 1인당 평균 3개에 해당되는 양이었다. 반대로 동독에서는 주민 100명당 128개를 서독으로 보내 서독 주민 100명 당 40개의 동독 소포를 받는 정도였다. "Päckchen von drüben", *Bundesarchiv*(2021. 4. 9).

85 오스탈기에 관해서는 그동안 국내에서도 많이 소개되었다. 다만, 여기서는 다음 단락에서 서술하는 내용들과 가깝게 관련되어 있고 최근의 연구 성과들을 포괄하려고 한 이동기, 《비밀과 역설: 10개의 키워드로 읽는 독일통일과 평화》, 아카넷, 2020의 9장과 강구섭, 《독일 통일의 또 다른 이름들》, 전남대학교출판문화원, 2021, 61~70쪽을 특별히 언급한다. 다음 단락에서는 특별히 구체적으로 언급할 필요가 있을 경우에만 이 두 책을 인용한다.

86 베를린 동독박물관 DDR Museum에 대해서는 홈페이지 www.ddr-museum.de 참조. 전후 독일 현대사를 전담하는 공공기관인 '독일 역사의집 재단Stiftung Haus der Geschichte'이 관리·운영하고 있는 베를린 문화양조장 박물관Museum in der Kulturbrauerei Berlin의 전시는 www.hdg.de/museum-in-der-kulturbrauerei 참조.

87 여론조사 결과는 조사기관에 따라 상이한데, 콘라트 아데나워재단이 2019년 의뢰해 조사한 결과에 따르면, 삶에 대한 만족도는 78퍼센트, 동독으로 돌아가고 싶다는 응답자 비율은 5퍼센트 정도였다. Viola Neu, "Keine Sehnsucht nach der DDR", *Konrad Adenauer Stiftung*(2019. 11. 28).

88 연방정부가 2019년 4월 발족시킨 '평화혁명과 독일통일 30년위원회Kommission 30 Jahre Friedliche Revolution und Deutsche Einheit'다. 각계 인사 22명으로 구성된 이 특별위원회는 2019/2020년 각각의 30주년 기념 행사 기획과 함께 통일 이후의 과정과 현황을 평가·점검하고 미래를 향한 청사진과 대책을 담은 권고안을 마련해 2020년 12월

최종보고서를 정부에 제출했다. 위원회 활동과 30주년 기념 행사 전체 개념, 최종보고서에 대해서는 www.bmi.bund.de/DE/themen/heimat-integration/gesellschaftlicher-zusammenhalt/30-jahre-deutsche-einheit/30-jahre-deutsche-einheit-node.html 참조. 위원회의 최종보고서 원문도 내려받을 수 있다.

89 메르켈 총리는 10월 3일 통일의 날 메시지에서도 통일을 이룬 용기를 재차 높이 평가하면서 이 용기를 가지고 동서독 차이를 극복하고, 평화로운 세계와 미래를 이루어가자고 강조했다. www.bundeskanzlerin.de/bkin-de/aktuelles/30-jahre-deutsche-einheit-1794882.

90 2019년 콘라트 아데나워재단 조사 결과 동독 주민들의 72퍼센트가 서독 주민들의 이해 부족을, 44퍼센트가 서독 주민들의 거만함을 지적했다. 앞의 Viola Neu(2019). 강구섭(2021), 103~112쪽도 참조.

91 독일의 대표적인 민간재단인 베텔스만재단의 2020년 조사 결과다. 조사보고서 원문은 www.bertelsmann-stiftung.de/fileadmin/files/BSt/Publikationen/GrauePublikationen/ST_LW-Studie_30_Jahre_deutsche_Einheit_V03_2020-09-01.pdf에서 내려받을 수 있다.

92 잘 알려진 대로 비슷한 지적이 이미 통독 직후부터 계속 제기되어 왔다. 이에 대한 국내 문헌으로는 가령, 한운석의 〈통일독일의 민족통합 문제와 그 원인들〉, 《독일연구》 제2호, 2001, 75~118쪽과 〈독일 통일 20년의 성과와 한계〉, 《역사와 담론》 54호, 2009, 235~272쪽, 그리고 앞의 이동기(2020)와 강구섭(2021) 등 참조. 2등시민Bürger zweiter Klasse 또는 하등시민으로 느끼는 동독 주민들의 비율은 여론조사마다 상이하지만 대체로 상승세에 있다고 할 수 있다. 2009년 42퍼센트(www.wiwo.de/politik/deutschland/allensbach-umfrage-42-prozent-der-ostdeutschen-fuehlen-sich-als-buerger-zweiter-klasse/5579234-all.html)에서 2019년 연방정부 위탁 조사에서는 57퍼센트(앞의 《독일통일 현황 연례보고서 2019》, 13쪽), 앞의 베텔스만재단 2020년 조사에서는 60퍼센트, '평화혁명과 독일통일 30년위원회' 조사에서는 66퍼센트(위원회 최종보고서 175쪽)로 집계되었다.

93 여론조사 기관 인프라테스트infratest의 조사 결과 참조: www.infratest-dimap.de/umfragen-analysen/bundesweit/umfragen/aktuell/30-jahre-mauerfall.

94 인프라테스트infratest 조사에서는 88퍼센트가, 베텔스만재단 조사에서는 84퍼센트가 동독에 더 좋은 점이 많거나 있었다고 평가했다. 이 조사 결과는 2009년의 57퍼센트에 비해 30퍼센트가량 증가한 것으로 《슈피겔》지가 인터뷰한 동독 출신의 평범한 시

민들이 현 체제에 대한 비판세력으로 계속 변모하고 있음을 시사한다. Julia Bonstein, "Heimweh nach der Diktatur", *Der Spiegel*(2009. 6. 20) 참조. '평화혁명과 독일통일 30년위원회' 조사에서도 현 정치체제에 대한 동독 주민들의 불신과 불만이 상대적으로 월등히 높다는 사실이 확인되었다. 위원회 최종보고서, 191~196쪽.

95 Matthias Drobinski. "Die Marktwirtschaft wurde heiliggesprochen", *Süddeutsche Zeitung*(2019. 10 .2).

96 앞의 인프라테스트infratest 조사에서 향후 10년 내 동서독 생활여건이 동등해질 것이라고 생각하는지를 묻는 질문에 동독 주민의 17퍼센트만이 긍정적으로 응답했다(서독 주민은 44퍼센트). 2009년엔 긍정적인 응답이 51퍼센트였다는 점에서 비관적인 전망이 크게 늘었다.

97 당시 여론조사 결과를 보도한 "Erst vereint, nun entzweit", *Der Spiegel*(1993. 1. 17) 참조.

98 그러나 통독 직후 신설된 한나 아렌트 전체주의연구소의 게하르트 베시에Gerhard Besier 소장은 2006년 이미 동독을 나치와 같은 전체주의 국가로 보는 관점은 실패했다고 단언한 바 있다. Sven Felix Kellerhoff, "Die Totalitarismustheorie ist gescheitert", *Die Welt*(2006. 11. 1). 정치권에서도 옛 동독을 불법국가로만 보아서는 안 된다는 주장이 꾸준히 제기되어 왔고, 현재까지도 정치적 논란의 대상이 되고 있다.

99 대표적인 것이 동독 지역 소재 공영방송인 MDR(Mitteldeutscher Rundfunk)의 조사 연구와 특집방송 시리즈다. 조사 연구는 라이프치히대학 등과 공동 진행했다. www.mdr.de/heute-im-osten/projekte/wer-beherrscht-den-osten/index.html 참조. MDR의 특집방송 시리즈의 내용과 연구 결과는 '평화혁명과 독일통일 30년위원회' 최종보고서에도 반영되어 있다.

100 대표적으로 Naika Foroutan & Jana Hensel, *Die Gesellschaft der Anderen*(Berlin, 2020)과 Jana Hensel & Wolfgang Engler, *Wer wir sind: Die Erfahrung, ostdeutsch zu sein*(Berlin, 2018)을 들 수 있다.

101 독일통일사 분야의 권위자로 꼽히는 중견 역사학자 코발추크Ilko-Sascha Kowalczuk는 최근 《인수》라는 제목의 통독 평가서를 펴냈다: *Die Übernahme - Wie Ostdeutschland Teil der Bundesrepublik wurde*(München, 2019). 두 번째 통일에 대해서는 가령 작센주의 쾨핑Petra Köpping 통합부 장관의 인터뷰 "Niemand will die DDR zurück", *Deutschlandfunk*(2017. 11. 9) 참조.

102 슈타인마이어 연방 대통령의 '평화혁명 및 장벽 붕괴 30주년' 기념 연설, www.bundespraesident.de/SharedDocs/Reden/DE/Frank-Walter-Steinmeier/Reden/2019/10

/191009-Leipzig-Friedliche-Revolution.html 참조.

103 원문: "Wende 2,0", "Hol Dir Dein Land zurück-vollende die Wende!". 독일대안당 AfD의 브란덴부르크주 주의회선거 캠페인으로 홈페이지에는 "시민운동가가 되라!", "89년에 시작된 것을 완성할 때다", "전환의 완성—투표로 평화혁명을 완성하라!" 또는 "1989/2019의 역사를 써라!—전환을 완성하라!" 등의 문구가 게재되었다. 당시 로베르트 하베만협회를 중심으로 한 주요 인사들의 항의성명은 www.havemann-gesellschaft.de/beitraege/nicht-mit-uns-gegen-den-missbrauch-der-friedlichen-revolution-1989-im-wahlkampf 참조. 국내에도 학자들과 언론에 의해 여러 차례 소개되었다. 가령, 이동기(2020), 135~138쪽, 이동기, 〈동독인의 관점에서 본 독일 통일〉, 《미완의 독일 통일》, 한울아카데미, 2022, 62~80쪽 등 참조.

104 2021년 9월 총선에서 독일대안당은 전국적으로 480만 표 이상을 획득하며 정당 득표율 10퍼센트를 다시 넘겼고, 구동독 지역 작센주와 튀링엔주에서는 24퍼센트 이상의 정당 득표율을 기록하며 제1당으로 부상했다. 특히 작센주에서는 상당수 지역구를 싹쓸이해 독일 정치에 재차 경종을 울렸다. 2021년 총선 결과에 대해서는 연방 선거관리위원회 홈페이지 www.bundeswahlleiter.de/bundestagswahlen/2021/ergebnisse/bund-99.html 참조.

105 예를 들어, Matthias Meisner, "Brandmauer gegen die AfD errichten", *Der Tagesspiegel*(2019. 8. 9)와 자민당FDP의 결의안 "Brandmauer gegen die AfD"(2020), 그리고 "CDU-Vize Breher: "Brandmauer gegen AfD steht", *ZDF*(2021. 5. 24), "Hält die CDU-Brandmauer zur AfD?", *Berliner Morgenpost*(2021. 6. 3) 등 참조. 이와 함께 '평화혁명과 독일통일 30년위원회'가 통일은 과정이고 앞으로도 한 세대는 더 지나야 할 과제라는 점을 지적하면서 제시한 권고안을 신속히 이행하고 동서독 지역 간 격차 해소에 전력을 기울여야 한다는 공감대가 형성되고 있다. 아울러 경제적인 측면뿐만 아니라 동독 주민의 삶에 대한 인정과 차별적인 시선을 거두어야 한다는 목소리 역시 크다.

3. 토마토는 얼마나 멀리 날아갔을까

1 이 기념 기둥 뒤로 '둡체크' 글씨를 지운 벽의 흔적이 보이고, 기념 기둥엔 "바르샤바조약군이 체코슬로바키아를 침공한 1968년 8월 21일 18세의 프랑크 하베만Frank Havemann과 한스-위르겐 우스츠코라이트Hans-Jürgen Uszkoreit가 국립도서관과 다른

세 건물의 외벽에 "둡체크"라는 이름을 썼다. 다른 많은 청소년들처럼 그들은 이 항의로 인해 수감되었고, 이어 수년간 사회주의 생산 현장에 견습생으로 투입되었다"는 설명이 적혀있다.

2 물론 이런 정서적 반발과 실제 68학생운동의 반反나치 또는 탈나치운동과는 차이가 있다. 이에 대해서는 가령 Wolfgang Benz, "1968 und der Nationalsozialismus", Robert Grünbaum et al. eds., *Das doppelte 1968*(Berlin, 2019), pp. 232~245.

3 독일 68학생운동에 대한 국내 최근 연구로 정대성, 《68혁명: 상상력이 빚은 저항의 역사》, 당대, 2019 참고. 이동기는 68운동을 '68청년봉기'라고 재규정하고, "일시적인 혁명적 분출보다는 일상문화의 해방과 새로운 삶의 모색 노력"으로서 장기적 과정의 일부로 보는 것이 적절하다면서 '장기 60년대'로의 전환·해석 필요성을 강조했다. 이동기, 《현대사 몽타주: 발견과 전복의 역사》, 돌베개, 2018, 55~76쪽 참조. 베를린의 68에 대한 간략한 소개는 이은정, 《베를린, 베를린: 분단의 상징에서 문화의 중심으로》, 창비, 2019, 78~81쪽(ebook) 참고.

4 둡체크에 의해 1968년 1월부터 시작된 개혁조치들을 '수정주의', 프라하의 봄을 '반혁명Konterrevolution'으로 규정한 소련과 바르샤바조약국들이 8월 21일 탱크를 앞세우고 프라하를 점령함으로써 '인간의 얼굴을 한 사회주의' 꿈은 좌절되었다. 동독의 인민군NVA도 프라하로 향했지만 과거 나치의 침공 전력으로 인해 국경을 넘지는 않았다. 이에 대해서는 예를 들어, "Der Einmarsch des Warschauer Pakts im Überblick", *bpb*(2018. 9. 8)와 Stefan Wolle, *Der Traum von der Revolte*(Berlin 2008), p. 167 등 참조. 당시 울브리히트Walter Ulbricht(1893~1973) 정권과는 달리 동독 시민들은 1953년 6월 17일 베를린에서 과도한 재건노동 및 경제정책에 대해 불만을 가진 노동자들의 대규모 시위를 진압할 목적으로 투입되었던 소련군과 1956년 헝가리 봉기에 대한 소련군의 진압, 그리고 연이어 바르샤바조약군의 프라하 점령을 목격함으로써 큰 충격과 함께 새로운 사회주의에 대한 갈망과 현실 사이의 큰 괴리를 처절하게 경험하게 되었다.

5 동독 출신 여성 심리학자 안네테 시몬Annette Simon(1952~)의 평가다. Annette Simon & Jan Faktor, *Fremd im eigenen Land?*(Giessen, 2010), p. 22.

6 서독의 68과 동독의 68에 대한 이런 평가는 Stefan Wolle(2008) 참조. 그는 지난 20여 년간 동서독 68이 결과는 달랐지만 자본주의와 사회주의가 아닌 제3의 길이라는 유토피아를 추구했다고 주장해 왔다. 그의 "Die versäumte Revolte: Die DDR und das Jahr 1968", *Aus Politik und Zeitgeschichte*, B22–23, 2001, pp. 37~46과 "Zwischen Dubček und Dutschke: Die DDR im Jahr 1968", FES MV et al., *1968 – Die Utopie eines dritten*

Weges. Beiträge vom 16. Häftlingstreffen in Güstrow 2018(Schwerin, 2019), pp. 36~49 참조.

7 1967년 12월 3일 공영방송 ARD와의 인터뷰에서 두취케가 언급한 얘기다. 당시 27세였던 두취케는 독일의 대표적인 대담 프로그램 〈Zu Protokol〉 진행자 귄터 가우스 Günter Gaus(1929~2004)가 초청한 저명 인사 중 최초의 20대 청년이었다. 대담 영상은 www.youtube.com/watch?v=SeIsyuoNfOg에서 다시 볼 수 있다.

8 악셀-슈프링어Axel Springer그룹과 서독 학생운동의 대립구도와 전개과정은 Dae Sung Jung, *Der Kampf gegen das Presse-Imperium: Die Anti-Springer-Kampagne der 68er-Bewegung*(Bielefeld, 2016)과 그 요약판이라고 할 수 있는 저자의 《68혁명: 상상력이 빚은 저항의 역사》, 당대, 2019 2부 참고. 1960년대 서독 학생운동의 중추였던 독일사회주의학생연합SDS과 의회민주주의에 대한 대안으로 '직접행동'을 실행한 의회 외부 저항운동APO에 대해서는 여기서 자세히 다루지 않는다.

9 악셀-슈프링어그룹 소속 신문사들이 학생운동에 대해 일방적인 비난 보도로 일관해 학생들에게 극우 보수의 화신으로 여겨지며 "슈프링어를 몰수하라"라는 반反슈프링어 캠페인이 전개된 반면, 《슈피겔》 등 상당수 언론사들은 학생운동에 우호적이거나 심지어 자금을 지원한 사례도 있었다. 당시 독일 언론들의 학생운동에 대한 입장과 태도에 대해서는 가령 Katrin Fahlenbrach, "Zwischen Faszination, Grauen und Vereinnahmung", *bpb*(2008. 2. 6) 등 참고.

10 두취케에게 총격 테러를 가한 23세 극우 청년 바흐만Josef Bachmann은 극우단체와 접촉해 왔던 것으로 알려졌다. 두취케는 후에 수감 중인 바흐만에게 용서한다는 편지를 보냈고 두 사람은 몇 차례 서신을 주고받았다. 서신은 "Diese Briefe schrieb Dutschke an seinen Attentäter", *Bild*(2010. 4. 27). 바흐만은 1970년 감옥 안에서 자살했는데, 두취케는 "계급사회의 희생자"라는 문구와 함께 그의 묘지에 조화를 보냈다고 한다.

11 Malte König, ""Geschichte ist machbar, Herr Nachbar!" Die Umbenennung der Berliner Kochstraße in Rudi-Dutschke-Straße 2004 bis 2008", *Vierteljahrshefte für Zeitgeschichte*, Vol. 66, No. 3, 2018, pp. 463~486, 인용문은 각각 p. 465와 p. 484.

12 '루디-두취케 길' 거리 개명사를 연구한 앞의 Malte König(2018). 덧붙여, 직접적인 연관관계가 드러나진 않았지만 두취케와 악셀 슈프링어 집안에 얽힌 또 하나의 불행한 일은 두취케 장례식이 열리는 날 38세의 유망한 사진기사였던 슈프링어의 아들 지몬 Sven Simon(Axel Springer junior의 별칭)이 유서도 남기지 않은 채 자살했다는 사실이다.

13 《타쯔》는 1978년 일종의 악셀-슈프링어그룹에 대한 대안 신문으로 설립된 일간지로, 일간신문이라는 의미의 Tageszeitung를 줄인 taz로 이름 붙였다. 《타쯔》는 악셀-슈

프링어그룹 본사에서 대각선으로 약 100미터쯤 떨어져 있는 자사 청사를 이미 1993년 이래 "루디 두취케 하우스Rudi Dutschke House"로 부르고 있었다. 한편, 1996년 기존 거리 이름이 '악셀-슈프링어 길'로 개명된 바 있다.

14 "Rudi Dutschke bekommt eine Straße Kreuzberger BVV beschloss Umbenennung", *Der Tagesspiegel*(2005. 8. 30).

15 2005년 구의회는 거리명에서도 양성평등이 달성될 때까지 여성 인사의 이름을 부여키로 결정했다. 당시 구내 거리 중 12개 거리는 여성 이름, 125개는 남성, 238개는 일반 이름이었다. 기민당은 이 결정을 근거로 여성 이름이 아닌 두취케 길로 개명되는 데 대해 문제를 제기하여 반대했다. 논란 끝에 구의회는 두취케와 1992년 네오나치에 의해 살해된 실비오 마이어Silvio Meier의 이름을 붙인 2개 거리에 대해서는 예외를 인정하기로 결정했다.

16 "Springer-Klage abgeschmettert: Die Dutschke-Straße kommt", *Tageszeitung*(2008. 4. 21).

17 "Quotenfrau auf Straßenschild", *Tageszeitung*(2013. 4. 25)와 앞의 Malte König(2018), pp. 473~474.

18 각각 "Die Dutschke-Straße kommt", *Tageszeitung*(2008. 4. 21)와 "Umbenennung in Rudi-Dutschke-Straße: Eine neue feine Adresse", *Tageszeitung*(2008. 4. 30) 참조.

19 www.medienarchiv68.de 참조.

20 예를 들어, Michael Meyer, "Historische Zeitungsseiten gegen ein schlechtes Image", *Deutschlandfunk*(2010. 1. 16) 참조.

21 "Ausstellung in der Polizeihistorischen Sammlung Berlin: "Drei Kugeln auf Rudi Dutschke"", *Der Tagesspiegel*(2018. 4. 9) 참고.

22 볼프 비어만Wolf Biermann(1936~)은 동독의 대표적인 저항가수이자 반정부 활동가로 이 장 뒤에서 계속 언급된다. 그는 두취케 피습 직후 〈두취케를 향한 세 발의 총알Drei Kugeln auf Rudi Dutschke〉을 작곡했다.

23 N. Harbusch, M. Heidemanns, R.G. Reuth, H.-W. Saure, "Studenten griffen das Berliner Verlagshaus an", *Bild*(2018. 4. 11).

24 Thomas Schmid, "Bilder eines Attentats. Rudi Dutschke und die Schuhe auf dem Kurfürstendamm", *Die Welt*(2018. 4. 30).

25 현재 그는 연방 문화장관실의 지원을 받아 선정된 '독일 민주주의 100인' 중 한 명이 되었다.

26 지그리트 뤼거Sigrid Rüger(1939~1995)는 당시 베를린자유대학에서 사회학과 정치학을 전공하던 학생이었다. 철학부 학생회장을 맡았고, 대학개혁위원회에서 활동하고 있었다. Susanne Schunter-Kleeman, "Femmage an Sigrid Damm-Rueger", Heinrich-Böll-Stiftung & Femistische Institut eds., *Wie weit flog die Tomate?*(Berlin, 1999), pp. 30~39. 한스-위르겐 크랄Hans-Jürgen Krahl(1943~1970)은 아도르노의 박사과정 제자이자 두취케 등으로부터 가장 뛰어난 이론가로 인정받던 학생운동 지도자의 한 명이었다. 27세 되던 해 교통사고로 세상을 떠났다. 헬케 잔더Helke Sander(1937~)는 헬싱키에서 대학을 다니며 활동하다 베를린으로 돌아와 당시 독일영화아카데미DFFB 재학 중이었다. 여성해방행동위원회(1968년 1월)와 여성운동 그룹 '빵과 장미'(1971)의 공동 창립자로 독일 여성운동과 여성영화의 선구자로 평가받고 있다.

27 "Vorfrühling: 1968", FMT-FrauenMidiaTurm(Feministisches Archiv und Bibliothek), frauenmediaturm.de/neue-frauenbewegung/chronik-1968/

28 Henriette Wrege, "Tomatenwurf auf SDS-Kongress am 13.Sept.1968", *Hörfunkreihe Zeitlupe des SWF Baden-Baden*(1998. 8).

29 독일 여성운동사 일반과 68여성운동 및 그 영향에 대해서는 국내에 번역, 소개된 로제마리 나베-헤르츠, 이광숙 옮김, 《독일여성운동사》, 지혜로, 2006의 6장 〈서독의 신여성운동〉 참고.

30 Susanne Schunter-Kleeman(1999), pp. 37~38.

31 Helke Sander(2002), p. 165. 1968년 초 잔더는 베를린의 다른 여성들과 함께 최초의 공동육아 공동체인 어린이방Kinderladen을 시작했다. 당시 대형 슈퍼마켓들이 생기면서 골목의 많은 가게들이 문을 닫는 상황이 벌어졌는데, 이 가게를 개조해 자율적인 공동육아를 시작했다. 어린이방은 아이들에게 억압적 교육이 아닌 탈권위와 자립심, 자율성 등 새로운 교육을 제공하면서 동시에 육아로 인해 학업과 활동에 지장을 받고 있는 여학생들을 돕기 위한 일종의 육아 공동체였다. 베를린의 어린이방은 1968년 5월에 3개, 1년 후인 1969년 2월에는 15개로 늘어났고 전국으로 확산되었다. Ingo Juchler, *1968 in Berlin*(Bonn, 2017), pp. 44~47 등 참고.

32 잔더에게도 "지그리트의 행동은 한 번도 들어보지 못했던 행동이었다. 그녀를 통해 나는 처음으로 행동하는 시민의 용기를 경험했다. 그것은 나를 위한 것이기도 했다. 저항에 맞설 수 있는 공간을 만들 수 있게 했던 용기였다." Hazel Rosenstrauch, "Ich hab' noch einen Koffer mit 68er Kram.", Heinrich-Böll-Stiftung & Femistische Institut, (1999), pp. 65~70, 인용구는 p. 65.

[33] 앞의 로제마리 나베-헤르츠(2006)와 "Ein Tomatenwurf und seine Folgen", *bpb* (2008. 9. 8) 등 참조.

[34] 낙태를 금지한 형법 전 218조 폐지 요구는 당시 여성운동의 연대 고리가 되었다. 엘리스 슈바르처Alice Schwarzer에 의해 시작된 "우리는 낙태했다" 캠페인은 1971년 6월 6일 《슈테른*Stern*》지 표지 사진과 함께 374명의 여성들이 "우리는 낙태했다"고 선언하는 이벤트로 이어졌다. 이후 수많은 여성들이 이 캠페인에 동참함으로써 218조 폐지운동은 당시 사회적으로 큰 파장을 일으켰다. Eva-Maria Gras, "Ein Tomatenwurf und seine Folgen", *KDFB*, No. 6, 2018와 "06. Juni 1971-Vor 35 Jahren: 374 Frauen bekennen "Wir haben abgetrieben!"", *Westdeutscher Rundfunk*(2006. 6. 6) 등 참조.

[35] 1973년 여성센터가 설립된 이래 '여성을 돕는 여성협회Verein Frauen helfen Frauen'가 폭행당한 여성과 그 아이들을 위한 집을 개설했고, '여성 긴급전화' 설치 등도 이어졌다. Cristina Perincioli, "Anarchiamus, Lesbianismus, Frauenzentrum: Warum musste die Tomate so weit fliegen?", Heinrich-Böll-Stiftung & Femistische Institut(1999), p. 98~117 참조.

[36] 여성 전용 카페와 여성 주점, 여성만을 위한 여행, 여성 헬스센터, 여성교육 프로젝트 등 각종 여성 전용 프로그램이 만들어져 새로운 여성문화가 형성되어 갔다. 여성운동과 페미니스트 잡지 *COURAGE*(1976~1984)와 *EMMA*(1977)가 창간된 것도 이때다. 한편, 1974년 대학 내 여성학 강의가 개설되기 시작했고, 1976년 6월 베를린자유대학에서 첫 여성 하계대학이 개최되었다. 1978년엔 베를린에 여성연구교육정보센터FFBIZ가, 이후 빌레펠트대학 등에서 여성학연구소가 설립된 데 이어 1987년 프랑크푸르트대학에 여성학 C4 정교수직이 처음으로 신설되었다. frauenmediaturm.de/neue-frauenbewegung/forschung-wissenschaft 참조. 이 교수직은 1997년 여성학 및 젠더 연구를 위한 코넬리아 괴테센터CGC로 확대되었다. 코넬리아 괴테Cornelia Goethe(1750~1777)는 유명한 요한 볼프강 괴테의 여동생으로 오빠 못지않은 뛰어난 문학적 재능을 가졌지만, 여성이라는 이유로 그 재능을 발전시킬 수 없었다고 알려져 있다. 프랑크푸르트대학의 정식 명칭이 요한 볼프강 괴테대학이라는 점에서 대비되는 명칭인 셈이다. 이 센터에 대해서는 www.cgc.uni-frankfurt.de/

[37] Susanne Schunter-Kleeman(1999), p. 38.

[38] Dorothee Damm, "Meine Mutter, die 68erin", Heinrich-Boell-Stiftung & Femistische Institut(1999), p. 25. 도로테 담Dorothee Damm은 토마토 사건 2주 후에 태어난 지그리트의 딸이다.

39 이런 일반적인 평가는 수없이 많지만, 여기서는 가령 Arno Orzessek, "Eine Attacke mit symbolischer Wucht", *Deutschlandfunk Kultur*(2018. 11. 7) 참조. 68학생운동과 나치 과거사 청산에 대한 일반적인 소개는 이진모, 〈독일 역사정치 속의 68운동과 과거극복〉, 《역사와 담론》 50, 2008, 271~297쪽 참조.

40 《슈피겔》과의 인터뷰에서 남편 세르주가 언급한 의미 부여다. "Die Ohrfeige war eine Befreiung", *Der Spiegel*, No. 46, 2015, pp. 148~162, 인용은 p. 191.

41 1972년 노벨문학상을 수상한 하인리히 뵐이 베아테에게 꽃을 보낸 사실을 두고 역시 한참 뒤인 1999년 노벨문학상을 받은 귄터 그라스가 이견을 제기하면서 논쟁이 벌어지기도 했다. 베아테는 이후 항소를 통해 4개월의 보호감찰로 감형되었다.

42 Barbara Kostolnik, "Nazi-Jägerin, die den Kanzler ohrfeige", *Deutschlandfunk*(2019. 2. 13).

43 베아테가 2015년 발간한 회고록 Beate & Serge Klarsfeld, *Erinnerungen*(München, 2015)에서 밝힌 언급이다. 앞의 Beate Lormaier(2015)에서 재인용. 조피 숄Sophie Scholl(1921~1943)에 대해서는 이 책의 1권 3장 참고. 나치에 저항한 뮌헨 지역의 학생 그룹 '백장미' 소속으로 오빠와 함께 전단지를 뿌리다 체포되어 22세의 나이에 단두대에서 처형당했다.

44 이 책의 1권 4장에 간략히 소개되어 있다. 베아테 클라스펠트Beate Klasfeld(1938~)는 베를린에서 태어나 1963년 프랑스의 변호사이자 역사가인 세르주 클라스펠트Serge Klarsfeld(1935~)와 결혼해 키징어 연방총리의 뺨을 때릴 때는 아이 하나를 둔 엄마였다.

45 Peter Hölzle, "Vor 75 Jahren" Der Tod des Widerstandskämpfers Jean Moulin", *Deutschlandfunk*(2018. 7. 8) 참조.

46 바비Klaus Barbie는 이후 1991년 교도소에서 암으로 사망했다. 그에 대한 다큐멘터리가 〈내 이름은 알트만일 거요. 전범의 두 번째 삶Mein Name sei Altmann. Das zweite Leben eines Kriegsverbrechers〉이라는 제목으로 2015년 독일 ARTE 방송에서 방영되었고, 그 외 〈호텔 테르미누스〉(1988) 등의 영화들도 제작되었다.

47 앞의 회고록 Beate & Serge Klarsfeld(2015)와 인터뷰 기사 Deike Diening, "Die Nazijäger Beate und Serge Klarsfeld: Uns war klar, Beate geht in die Geschichte ein", *Der Tagesspiegel*(2015. 11. 17) 참조.

48 아이히만의 심복이자 나치 친위대 돌격대장으로 13만 명의 유대인을 절멸수용소로 보낸 브룬너Alois Brunner 얘기다.

49 "Wir hätten Mord in Erwägung gezogen", *Westdeutscher Rundfunk*(2006. 3. 22).

50 "Beate Klarsfeld: Eine Ohrfeige und vierzig Jahre Arbeit", *Netzeitung*(2005. 9. 2) 참고.

[51] "Die Geschichte kennt kein Ausruhen", *Juedische Allgemeine*(2019. 7. 2).

[52] 예를 들어 베아테가 키징거 총리의 나치 경력을 조사하기 위해 관련 자료들을 동독으로부터 전달받았고, 자금 지원도 받았다는 비난이 되풀이되곤 했다. 가령, Henryk M. Broder, "Klarsfelds Gier nach dem eigenen Denkmal", *Die Welt*(2012. 2. 29) 참조.

[53] 베아테는 좌파당 추천 후보였는데, 동독 반정부 인사로 통독 후 슈타지 문서청장을 역임한 요하임 가욱Joachim Gauck 후보가 선출되었다. 가욱 대통령은 2015년 나치 전범 추적 공로로 베아테에게 십자공로훈장을 수여했다. 이미 2009년에는 '게오르그 엘저 상'을, 2011년에는 프랑스 공로훈장을 받았으며, 2019년 부부가 프랑스-독일 미디어 상도 수상했다. 노벨평화상 후보로 두 번이나 추천되기도 했다. 부부는 노령에도 불구하고 현재까지 유럽의 극우주의와 인종주의, 반유대주의를 경고하며 활동 중이다.

[54] "Beate und Serge Klarsfeld: Wegbereiter der Erinnerung", *Euronews*(2015. 5. 21).

[55] 클라스펠트 부부가 늘 되풀이한 말이다. 가령, 앞의 《슈피겔》 인터뷰(2015)와 "Nicht Rache, sondern Gerechtigkeit", *SWR*(2019. 1. 17) 등 참조.

[56] 프란츠 카프카Franz Kafka(1883~1924)는 프라하에서 태어난 유대계 독일어 작가로 《성》, 《변신》, 《소송》 등의 작품으로 널리 알려져 있다. 그러나 카프카의 작품은 동독을 비롯한 일부 사회주의 국가에서는 1960년대까지도 거의 소개되지 않았다. 그의 작품들이 사회주의 리얼리즘과 부합하지 않을 뿐더러, 자본주의에서 발생하는 부조리와 소외 현상을 다룬 시대에 뒤떨어진 주제를 다루고 있다는 점 등이 이유였다. 동구 사회주의권 국가마다 상이한 카프카 수용에 대해서는 Ludger Udolph, Steffen Höhne eds., *Franz Kafka: Wirkung und Wirkungsverhinderung*(Wien, 2014)와 Angellika Winnen, *Kafka-Rezeption in der Literatur der DDR*(Würzburg, 2006) 등 참조. 본대학의 체코문학(카프카) 연구 사이트 ww.kafka.uni-bonn.de/cgi-bin/kafka5f2b.html?Rubrik=rezeption 에서 간략한 소개 자료를 볼 수 있다.

[57] Tschechoslowakische Akademie der Wissenschaften, *Franz Kafka aus Prager Sicht 1963*(Prag, 1965) 참고. 이 카프카 회의가 1968년 프라하의 봄을 가져왔다는 기존의 "전설적인" 카프카 회의 해석은 가령 프라하의 봄 40주년을 기념한 2008년 리브리체 카프카 회의에서 1950년대 이래 체코슬로바키아의 독특한 상황과 개최자 골트슈튁커 개인의 정치적 경험과 의도 등에 대한 최근 연구를 통해 다소 상대화하고 역사화되었다. 2008년 회의에 대한 논평은 가령 Hana Blahová & Kurt Ifkovits, "Kafka und die Macht: 1963 - 1968 - 2008", www.kakanien-revisited.at/mat/HBlahova_KIfkovits1.pdf 와 Susanne Götze, "Ein Fensterchen Hoffnung. Kafka Rezeptionen im Umfeld des

Prager Frühlings" prager frühling(2009. 7. 10), www.linksnet.de/index.php/artikel/24591 등 참조.

58 전자의 관점은 가령 동독의 문학가이자 연극학자로 브레히트 연구의 권위자였던 베르너 미텐츠바이Werner Mittenzwei(1927~2014)가, 후자의 주장은 프라하대학의 골트슈튁커 교수가 각각 대표했다. *Franz Kafka aus Prager Sicht 1963*(1965), pp. 7~15. 이들은 카프카가 가령 소설 《소송》의 첫 문장, "어느 날 아무 잘못도 없이 체포되었기 때문에……" 등을 통해 권위적 관료주의와 위계적 권력구조를 묘사함으로써 자본주의하에서의 인간소외와 함께 현실 사회주의 체제의 문제점을 우회적으로 드러내고 있다고 보았다. 그러나 소외가 사회주의에서도 일어난다는 해석은 당시 동독 작가들로서는 받아들일 수 없는 것이었다.

59 일각에서는 카프카를 탄탄한 사회주의자로 본 반면, 다른 이들은 기본적으로 민주주의 사상을 가진 자본주의자로 분석했다. Karlen Vesper, "Schwalben und Fledermäuse", *Neues Deutschland*(1998. 9. 5).

60 "Kafka-Konferenz in Liblice", *Der Tagesspiegel*(2008. 10. 27).

61 이 때문에 이 회의는 후에 '숨겨진 스탈린주의 논쟁'으로 평가되기도 했다. Ulrich Greiner, "Kafka Kamnach Liblice", *Die Zeit*(2008. 10. 30).

62 Stefan Wolle(2008), p.205. 2008년 회의에서는 골트슈튁커 등이 자신들의 정치적 입장을 관철하기 위해 카프카를 부활시키고, 자신들의 카프카 해석을 제시했다는 주장도 설득력 있게 제시되었다. Jürgen Danyel, "Kafka und der Prager Frühling. Die Konferenz in Liblice 1963 und ihre Folgen", *Zeitgeschichte-online*, No. 8, 2018 참조.

63 Roger Garaudy가 *Les lettres francaises*지 181호(1963. 7. 11)에 실은 글.

64 "World: Who's Afraid of Franz Kafka?", *Time*(1964. 4. 17). Jürgen Danyel(2018)에도 언급되어 있다.

65 Alfred Kurella, "Der Frühling, die Schwalben und Franz Kafka", *Der Sonntag*, No. 31, 1963, pp. 10~12.

66 1964년 초 동독 사통당 중앙위원회 회의에서 로베르트 하베만과 카프카 회의의 수정주의적 사고에 대한 비판이 이루어진 것으로 보고되었다. Horst Sindermann, "Aus dem Bericht des Politbüros an das 5. Plenum des Zentralkommitees", *Neues Deutschland*(1964. 2. 13). 반카프카 캠페인에 대해서는 Angellika Winnen(2006) 참조.

67 1968년 6월에만 24만 4,000명 이상의 동독 시민들이 체코슬로바키아를 방문했고, 역으로 21만 4,000명 이상의 체코슬로바키아 시민들이 동독을 방문했다. 7월에는 중순

까지 각각 방문객이 15만 4,000명과 9만 명으로 늘었다. Stefan Wolle(2001). 메카라는 표현도 여기서 인용했다. 당시 분위기에 대해서는 이외에 Stefan Wolle(2008)와 Frank Wilhelm, "Chance auf Meinungsfreiheit: Der Prager Frühling und der Bezirk Neubrandenburgt", FES MV et al.(2019), p. 66 등 참고.

68 '프라하의 봄'이 좌절되자 1963년 리브리체 카프카 회의 조직자들은 "반혁명 주모자" 혹은 "반혁명의 지적 개척자"로 박해를 받아 가령 골트슈튁커 등은 나라를 떠나야 했다. 한편, 동독에서도 카프카 회의에 대한 비판이 더욱 거세졌는데, 가령 사통당 기관지는 1968년 9월 카프카 회의가 수정주의와 부르주아 이데올로기의 영향이 커지는 중요한 이정표였으며, 체코슬로바키아에서 반혁명의 이론적, 이데올로기적 길을 냈다고 논평했다. "Rolle der Kafka-Konferenz", *Neues Deutschland*(1968. 9. 10). 실제로 울브리히트는 카프카 회의로부터 프라하의 봄이 시작되었다고 언급했던 것으로 알려져 있다. Stefan Wolle(2008), p.208.

69 Stefan Wolle(2008), pp. 159~167.

70 "Hoch Dubcek!-Kinder von Berliner intellektuellen protestieren", *Jugendopposition in der DDR*, www.jugendopposition.de/themen/145443/proteste-in-berlin. 반정부 인사 로베르트 하베만의 큰아들 프랑크 하베만Frank Havemann(19세)과 작은아들 플로리안 하베만Florian Havemann(16세), 드레스덴 음대 학장 아들이었던 한스-위르겐 우스츠코라이트Hans-Jürgen Uszkoreit(18세), 사통당 중앙위원이자 마르크스-레닌연구소 소장 딸이었던 에리카 베르톨트Erika Berthold(18세), 문화부 차관 아들이었던 토마스 브라쉬Thomas Brasch(23세), 반정부 예술가 딸이었던 로지타 훈징어Rosita Hunzinger(18세), 브레히트 부인 헬레나 바이글의 조카인 산다 바이겔Sanda Weigel(20세) 등이 그들이다. 이후 로지타 훈징어, 우스츠코라이트, 플로리안 하베만은 모두 서독으로 넘어갔다. 당시 프랑크 하베만과 우스츠코라이트는 1968년 8월 21일 저녁 동베를린 국립도서관과 그 근처 4곳의 벽에 "둡체크"를 쓴 장본인들이다. 이런 자녀들의 행동으로 인해 예를 들어 로타르 베르톨트는 마르크스-레닌연구소 소장 지위를 잃었고, 과학아카데미에서도 역할이 축소되었다. 이에 대해서는 Stefan Wolle(2008), p. 171 참고.

71 프랑크 하베만과 에리카 베르톨트의 사랑 이야기다. Ute Kätzel, "Kommune 1 Ost", *Der Freitag*(2002. 12. 20).

72 1963년 카프카 회의 이후 동독 작가 사회에서도 카프카의 소외에 대한 공감, 프라하의 봄의 자유/민주적 사회주의 등이 다양한 차원에서 스며들었다고 평가된다. Stefan Wolle(2008), pp. 208~212. 특히, Angellika Winnen(2006)는 하이너 뮐러의 작품미학이

카프카 작품의 '소외'를 통해 중요한 변화를 가지게 되었다고 분석했다.

73 예를 들어, 동독의 유명 작가 프란츠 퓌만Franz Fühmann(1922~1984)은 베를린에 있는 체코슬로바키아 대사관 앞으로 항의 시위를 한 후 얼마 지나지 않아 동독 정치와 거리를 두며 작가협회에서 탈퇴했다.

74 라이너 쿤체에 대해서는 앞의 2장 도입부 참고. 쿤체는 체코슬로바키아 출신 의사인 아내를 통해 체코슬로바키아 예술가들과 접촉하게 되었고, 통독 이후까지 총 60명이 넘는 체코 및 슬로바키아 시인의 작품을 번역했다. 1961년부터 이루어진 슈타지의 쿤체 감시보고서 파일인 '파일명 〈서정시Lyrik〉'는 수천 페이지에 이르는데, 1968년 '프라하의 봄' 시기에 작성된 보고서에는 쿤체가 1967년 9월/11월 이후부터 체코의 반혁명 작가들과 접촉하며 이들을 지지하고 있었다는 사실과 1968년 5월 베를린의 체코슬로바키아 문화원에서 시를 낭독한 것으로 기록되어 있다. 특히, 이 행사가 "부정적이고 적대적인" 인사들에 의해 주도되었으며, 그가 이들의 목표에 동조한 것으로 적혀있다. *Deckname〈Lyrik〉*(Frankfurt/M, 1990), pp. 14~20 참조.

75 Ehrhart Neubert, *Geschichte der Opposition in der DDR 1949~1989*(Berlin, 1998), p. 238. 한편, 8월 21일은 서독의 작가들에게도 충격을 주었는데, 가령 체코슬로바키아 작가협회의 초청으로 당일 프라하에 체류 중이던 하인리히 뵐은 이때의 광경을 "탱크가 카프카를 향해 있었다"고 묘사하며 "동서독 양쪽 모두에게 필요한 이상적인 민주적 사회주의 모델이라고 생각되던 프라하의 개혁이 좌절되는 순간을 바라보며 무기의 어리석음이 승리한 것"이라고 평가했다. Heinrich Boell, *Der Panzer zielte auf Kafka*(Köln 2018), p. 107.

76 마토이어에 대해서는 이 책의 서문을 참고.

77 얀 팍토르Jan Faktor(1951~)에 따르면, 1968~1989년 동독의 젊은 지식인들은 대략 4번의 중요한 분화과정을 겪는데, 그 첫 번째 분화의 계기가 바르샤바조약군의 프라하 점령이다. 이때 형성된 비판적인 지식인/예술가 그룹들에 의해 1970년대 비공개 토론과 새로운 문화적 시도가 활발하게 전개된다. Jan Faktor, "Abspaltungsprozesse unter den jungen DDR-Intellektuellen von 1968 bis 1989", Annette Simon & Jan Faktor, *Fremd im eigenen Land?*(Giessen, 2010), pp. 49~53.

78 잉에보르크 훈징어Ingeborg Hunzinger(1915~2009)는 동독에서 가장 유명한 여류조각가로 알려져 있다. 〈투쟁하는 자〉, 〈생각하는 자〉, 〈구타당하는 자-스스로 일어서는 자-해방자〉, 〈로젠슈트라세의 여성투쟁가들〉(이 책 1권 3장 참고), 그리고 미완의 유작 〈로자 룩셈부르크〉(이 책 1권 5장 참고) 등 그녀의 작품들은 대부분 역사 속 여성들의 저항,

인간의 자유와 해방 등의 주제에 천착하고 있다. 그녀의 타계를 계기로 베를린시가 발표한 보도자료 "Nachruf auf Ingeborg Hunzinger"(2009. 7. 22)와 "Bildhauerin Ingeborg Hunzinger gestorben", *Die Zeit*(2009. 7. 20) 등 참조.

79 Ingo Juchler, *1968 in Berlin: Schauplätze der Revolte*(Berlin, 2017), p. 70.

80 Ingo Juchler(2017), p. 70 참조.

81 Ehrhart Neubert(1998), p. 239~248과 Jan Faktor(2010), 앞의 Ilko-Sascha Kowalczuck(1998), pp. 268~270 등 참조.

82 1960년대 초 미국의 레이 존슨Ray Johnson(1927~1995)이 시작한 메일-아트Mail-Art는 1960년대 후반 동베를린 예술가 로베르트 레펠트Robert Rehfeldt(1931~1993)에 의해 도입되어 1970~1980년대 동독에서 상대적으로 정치색이 강한 운동으로 발전해 갔다. 존 하트필드John Heartfield의 영향이 두드러진 것도 동독 메일-아트 운동의 특색이다. 앞의 Ehrhart Neubert(1998), pp. 353~354 참조.

83 가령 "Knast für eine Postkarte", *Der Spiegel*(2008. 4. 10) 참고.

84 Jan Faktor(2010), p. 51; Ehrhart Neubert(1998), pp. 224~234; Martin Jander, "Der Protest gegen die Biermann-Ausbürgerung-Stimulans der Opposition", Klaus-Dietmar Henke et al.(1999), pp. 281~294 등 참조.

85 그의 추방과 국적 박탈에 대해서는 동독 반정부운동사를 다룬 글 거의 모두 언급하고 있다. 가령 BStU(슈타지문서청), *"Staatsbürgerliche Pflichten grob verletzt" Der Rauswurf des Liedermachers Wolf Biermann 1976 aus der DDR*(Berlin, 2016) 참조. 그는 2005년 내한 공연을 가지는 등 여러 차례 방한했고, 그에 대한 책자도 발간되었다. 류신, 《장벽 위의 음유시인 볼프 비어만》, 한울아카데미, 2011.

86 루돌프 바로Rudolf Bahro(1935~1997)의 *Die Alternative: Zur Kritik des real existierenden Sozialismus*(Hamburg, 1977).

87 Rolf Wiggershaus, "Ein hartnäckiger Weltretter. 20. Todestag von Rudolf Bahro", *Deutschlandfunk*(2017. 12. 5). 바로가 《대안》을 집필하게 된 계기는 1967~1977년 그가 고무 공장을 비롯해 여러 플라스틱 업체에 근무하면서 동독 경제가 심각한 위기에 처해 있음을 감지하면서부터라고 한다. 그는 위기의 주된 원인을 기층민주주의Basisdemokratie적 측면에서 실제 생산과정에 대한 노동자들의 참여가 부재한 '소외'의 구조에 있다고 생각했다. 이에 따라 그는 1967년 12월 울브리히트에게 보내는 서한을 통해 공장 운영 책임을 노동자들에게 이양해야 한다고 건의하기도 했다. 그러나 '프라하의 봄'이 좌절되는 것을 목도하면서 자신의 생각을 보다 체계적으로 확장시키고 정

교화해 공개적으로 널리 알리고 논의토록 해야 할 필요성을 느끼게 되었다고 한다.

88 "Das trifft den Parteiapparat ins Herz", *Der Spiegel*(1977. 8. 22). 바로는 1975년 박사학위 논문을 메르제부르크 공대TH Merseburg에 제출했지만, 심사위원들의 호평에도 불구하고 슈타지의 방해로 무산되었다.

89 Erhart Neubert(1998), p. 230~234 참조.

90 《대안》은 서점에 배포되기도 전에 초판이 매진되었고, 이후 여러 출판사에서 계속 발간되었다.

91 오시에츠키 석방운동에 대해서는 이 책의 1권 2장 참고. 12개국 인사들이 참여한 바로석방위원회Komitee für die Freilassung Rudolf Bahros의 연대활동과 국제적인 압력으로 결국 동독 출범 30주년인 1979년 10월 11일 바로가 사면되었다. 위원회는 1980년 해산했지만, 참여 위원들은 오랜 기간 동독 여행이 금지되었다고 한다.

92 1978년 11월 16~19일 베를린공대에서 개최된 〈루돌프 바로를 위한, 루돌프 바로에 관한 국제회의Internationalen Kongress für und über Rudolf Bahro〉에는 훗날 독일 연방총리가 된 게하르트 슈뢰더Gerhard Schröder(당시 사민당 청년조직JUSO 대표)도 참석했다. 베를린자유대학 플렉트하임Ossip K. Flechtheim 교수가 국제인권협회Internationalen Liga für Menschenrechte의 부회장 자격으로 참석해 바로에게 '오시에츠키상'을 수여했다. Steinke Mänicke, *Bahro-Kongreß 1978. Aufzeichnungen, Berichte und Referate*(Berlin, 1979).

93 Podiumsdiskussion: Der Prager Frühling—Strukturbedingungen und Formen einer Systemkrise in Osteuropa.

94 Herbert Marcuse, "Über Bahro, Protosozialismus und Spätkapitalismus - Versuch einer revolutionstheoretischen Synthese von Bahros Ansatz", *Kritik*, 6. Jg. No. 19, 1978, pp. 5~27.

95 www.demokratie-geschichte.de/koepfe/2572 참조.

96 Ehrhart Neubert(1998), pp. 234~244. 보다 상세한 내용은 이 책의 1권 6장 〈아이들의 천국—콜비츠 광장〉과 2권 4장 〈아우서 콘트롤레—89평화혁명의 현장들〉 참조.

97 에리카 베르톨트에 따르면, '동독 코뮌Kommune Ost 1' 내부는 비공개였지만 서베를린의 청년들과 마찬가지로 그들이 추종하는 혁명 아이콘들인 체 게바라, 호치민, 카스트로, 마오쩌둥, 마르크스, 마르쿠제와 관련된 포스터와 사진으로 채워져 있었다. Ingo Junchler(2017), p. 68.

98 Franziska Groszer, "Aufbruch und andere Brücke. Die Kommune 1 Ost-Eine Collage",

Heinrich Böll Stiftung & Femistische Institut(1999), pp. 141~153 참조.

99 Annette Simon & Jan Faktor, *Fremd im eigenen Land?*(Gießen, 2010), p. 20.

100 앞의 Franziska Groszer(1999)와 Ute Kätzel(Freitag, 2002) 참고.

101 서베를린 '코뮨'의 대표적 사진 중 하나. 1967년 1월 1일 베를린에 설립된 코뮨은 완전히 새로운 방식의 삶을 의미했다. 따라서 코뮨은 성혁명과도 같은 도발적인 사진들을 종종 언론에 공개했다. 자유연애와 성해방 담론의 대표적인 스타들이 바로 랑한스Rainer Langhans와 오버마이어Uschi Obermaier였다.

102 '코뮨 1'은 먼저 "파시즘은 작은 가족에서 발생한다. 이는 억압적 성격의 국가에서 나오는 가장 작은 세포다. 남자와 여자는 서로 의존하여 살았기 때문에 둘 다 자유로운 인간으로 발전할 수 없었다. 따라서 이 세포를 부수어야 한다"는 명제로부터 출발했다. 뮌헨의 예술 그룹 흔적Spur 출신으로 '전복행동 그룹'을 조직해 활동하던 쿤첼만 Dieter Kunzelmann(1939~2018)을 중심으로 프리츠 토이펠Fritz Teufel, 라이너 랑한스 Rainer Langhans 등이 중심인물이었다. 이들은 특히 《일차원적 인간》(1964) 등 마르쿠제의 저작을 탐독하고 영향을 받은 것으로 알려져 있는데, 마르쿠제는 후기 산업사회의 문제점을 비유적으로 설명하면서 억압에 저항하고 투쟁하는 '상상력(정신)'을 통해 일차원적 인간을 극복하고, 단순한 저항을 넘은 연대를 통한 '위대한 거부'를 강조했다. 서베를린의 '코뮨 1'에 대한 자료는 수없이 많은데, 최근 쿤첼만 사망을 계기로 보도된 기사 "Zum Tod von Dieter Kunzelmann: Kommune-1-Bewohner und Antisemit", *Der Spiegel*(2018. 5. 16) 참조.

103 험프리Hubert H. Humphrey 부통령의 베를린 방문에 맞춰 그들이 제조한 '폭탄' 속에는 푸딩, 요거트, 밀가루 등의 혼합물이 포함되어 있었지만, 《빌트》 등의 언론에 의해 "폭탄 테러", "암살 기도" 등으로 비난받기도 했다. 이에 대해서는 가령, Ute Kaetze (2002), p.214 참조.

104 '코뮨'이 실험한 '오픈관계'는 68운동 그룹 내에서도 이견이 많았다. 예를 들어 두취케는 '코뮨'을 지지하긴 했지만 부인과의 사적인 결혼생활도 중요하다고 판단했기 때문에 코뮨에 합류하지 않았다. 또 참여했던 여성 멤버들조차 오래 머물지는 못했다.

105 코뮨 1과 함께 서베를린에 1967년 7월 만들어진 코뮨 2의 경우, 4명의 남성과 3명의 여성, 2명의 아이가 공동거주하며 크게 두 가지 집단실험을 시도했다. 하나는 '부르주아적' 개인성과 개인주의화 구조를 심리 분석과 극기 노력 등을 통해 극복해 보려는 것이었고, 다른 하나는 반권위주의적 공동육아였다. 이 역시 내부 성추행 문제 등으로 1년 만에 해체되었다.

106 가령 Inés Carrasco, "Studentenbewegung: Kommune 1", *ARD*(2018. 5. 8) 참조. 68운동 이후의 대안적 거주형태 확산에 관해서는 국내에도 소개되어 있다. 이병철, 〈독일 68세대의 학생문화—대안적 주거형태의 발전을 중심으로〉, 《한국교육사학》 1/37, 2015, 81~108쪽 참조.

107 베를린의 카이저-프리드리히 길Kaiser-Friedrich-Str. 54번지 건물 입구에 예술가 알토르야이Gabor Altorjay가 디자인한 금속판의 문구다.

108 당시 26세의 베를린자유대학 학생 벤노 오네조르크benno Ohnesorg(1940~1967)는 1967년 6월 2일 저녁 이란 국왕Schah 부부의 서베를린 오페라 하우스 방문에 맞춰 시위 도중 경찰 쿠라스Karl-Heinz Kurras의 근거리 총격에 뒷머리 총상을 입고 사망했다. 오네조르크의 죽음에 대해서는 국내에 소개된 정대성(2019)의 3부 2장 참조.

109 발터 벤야민Walter Benjamin(1892~1940)은 독일계 유대인으로 1919년 베른대학에서 예술비평으로 박사학위를 받고 비판적 이론 작업을 하다 나치 집권 후 파리로 피신했다. 1921년 파울 클레Paul Klee(1879~1940) 전시회에서 그의 작품 〈새로운 천사Angelus Novus〉(1920)에 끌려 이를 구입한 뒤 평생 자신의 사색과 사유의 모티브로 삼았고, 나치가 1939년 8월 소련과 불가침조약을 맺고 한 달 뒤 9월 폴란드를 침공, 파죽지세로 점령지를 넓히는 상황에서 흔히 역사철학 테제로 불리는 그의 마지막 역사철학 논고 〈역사의 개념에 관하여〉를 집필했다. 그의 사후 출간된 이 논고 9번째 테제에서 벤야민은 클레의 〈새로운 천사〉를 "역사의 천사" 형상으로 보았다. 새로운 천사에 대한 그림 설명은 최성만 옮김, 《발터 벤야민 선집 5》, 길, 2008, 339쪽 참조.

110 1967년 6월 8일 학생들은 도이체 오퍼 앞에 나무십자가를 만들어 그를 추모했고, 6월 9일 하노버에서 거행된 그의 장례식에는 약 1만 명의 학생들이 참석했다. 이에 대해서는 Ole Lerch, "Zufallfund: Film Ohnesorg-Beerdigung entdeckt", *Norddeutscher Rundfunk*(2017. 6. 1) 등 참조.

111 정치학자 노이만Noelle-Neumann에 따르면, 1967년 6월 3일에서 10일까지의 언론 기사를 비교하면 악셀-슈프링어 계열사 신문의 83퍼센트가 '극단적인 보도'(다른 신문사에서는 6퍼센트)를 내보냈고, 특히 시위대를 비판하는 기사가 67퍼센트를 차지한 반면 경찰에 대한 비판은 11퍼센트에 불과했다. 이에 대해서는 Michael Sontheimer, "Manipulation und Wahrheit", *Tageszeitung*(2017. 6. 2) 등 참조.

112 "Historische Debatten(5): Notstandsgesetze", *Deutscher Bundestag*, www.bundestag.de/dokumente/textarchiv/notstandsgesetze-200088. 당시 서독 노조 지도부가 긴급조치법 저지 파업을 거부하면서 학생운동과의 연대가 깨지고 APO의 힘도 약화되기 시작했

다. 결국 1970년 3월 학생운동을 주도하던 SDS가 공식 해체하면서 68학생운동도 종식되었고, 일부는 다양한 소그룹으로 분화되었다.

113 벤야민의 역사철학에 대한 연구는 벤야민 붐이 일었던 국내에도 상당히 많다. 가령, 최성만, 《발터 벤야민 기억의 정치학》, 길, 2014; 김진영, 《희망은 과거에서 온다》, 포스트카드, 2019 등. 앞의 인용 문구는 김진영의 책 제목, 뒤의 인용 문구는 한상원의 《앙겔루스 노부스의 시선》, 에디투스, 2018, 228쪽.

114 당시 마르쿠제 외에도 한나 아렌트가 1968년 상반기 잡지 《메르쿠어*Merkur*》에 벤야민에 대한 3회 연재 기고문을 실었다. 《슈피겔》도 4월 벤야민과 그의 저작, 서한 등에 대한 당시 출간 현황을 보도했다: "Marxistischer Rabbi", *Der Spiegel* , No. 16, 1968.

115 마르쿠제의 베를린자유대학 강연집 *Das Ende der Untopie: Vorträge und Diskussionen in Berlin 1967*, www.irwish.de/PDF/Marcuse/Marcuse-Das_Ende_der_Utopie.pdf 과 Jeffrey Paris, "The End of Utopia", *Peace Review*, Vol. 14, No. 2, 2002, pp. 175~181 등 참조.

116 오스트리아 작가 흐르들리카Alfred Hrdlicka(1928~2009)의 작품이다. 이에 대해서는 앞의 정대성(2019) 참조.

117 마르쿠제는 1979년 하버마스 방문차 독일에 왔다가 뇌졸중으로 쓰러져 사망했다. 그는 유대계였기 때문에 독일에서 화장되기를 원치 않아 시신은 오스트리아에서 화장되었고, 그 후 유골(재)은 미국으로 옮겨졌다. 이후 그의 유골은 한참 뒤 아들 피터 마르쿠제와 손자 해롤드에 의해 고향인 베를린에 옮겨져 묻히게 되었다.

118 두취케는 사망 후 유족들이 묘지를 찾지 못하고 있는 상황에서 한 목사가 베를린-달렘 지역의 묘지에 내준 곳에 묻혔다.

119 진태원, 〈베냐민에게 법은 정의를 가로막는 근본 장애물〉, 《한겨레》 2014년 3월 16일.

120 마르쿠제의 아들 페터Peter와 손자 하롤트Harold가 반복해 온 설명이다. 최근의 언론 인터뷰 Hannes Soltau, Moritz Honert, "Sein Rat war immer: Weitermachen", *Der Tagespiegel*(2019. 2. 7) 참조.

121 도로테엔슈타트 묘지Dorotheenstädtischer Friedhof는 브레히트와 부인 바이겔이 함께 마지막으로 살았던 주택 바로 옆에 조성되어 있는, 상대적으로 규모가 작은 시내 중심의 묘지다. 철학자 헤겔을 비롯해 피히테, 브레히트, 권터 그라스, 하이너 뮐러, 하인리히 만, 크리스타 볼프, 안나 제거스 등의 저명 작가, 존 하트필드 등 예술가, 폴 데사우, 한스 아이슬러 등 음악가, 본회퍼를 비롯한 저항자, 에곤 바르, 건축가 칼 프리드리히 쉰켈, 평화혁명의 주역 뵈르벨 볼라이 등 유명 인사들이 모두 이곳에 잠들어 있다.

1 베를린 판코우Pankow에 위치한 '빵공장Brotfabrik Berlin'. 1890년 소규모 빵집으로 시작해 이후 증축된 미하엘 콜러 빵공장Michael Kohler Brotfabrik이 1952년 제빵사의 서베를린 탈주 후 판매점, 청년클럽, 전시회장 등으로 사용되다 1990년 5월 15일 복합문화공간으로 새로이 거듭난 곳이다. '예술은 음식이다Kunst ist Lebensmittel'라는 부제에 걸맞게 연극, 영화, 전시, 음악 공연 등 다채로운 문화행사가 개최되고 있다. 특히, 영화상영 프로그램이 여러 상을 수상하는 등 작지만 알찬 예술문화센터로 지역 내 명소가 되었다. 홈페이지 www.brotfabrik-berlin.de 참고.

2 문화마차KulturWagen는 '빵공장'의 특별전시장 역할을 하고 있다. 이 역시 결코 규모로만 판단할 수 없는 의미있는 전시 공간이다. 파울 클레Paul Klee(1879~1940)가 1920년 자신의 저술에서 적은 인용문은 '문화마차'를 소개하는 홈페이지에서도 볼 수 있다. www.brotfabrik-berlin.de/kulturwagen 참고.

3 동독에서는 1950년대부터 주로 등사기로 제작된 유인물들이 배포되기 시작했으며, 1989년까지 전국적으로 150여 정간물을 포함해 약 190개의 사미즈다트Samisdat가 만들어진 것으로 알려져 있다. 동베를린에서 발간된 정치 사미즈다트에 대해서는 Ilko-Sacha Kowalczuk ed., *Freiheit und Öffentlichkeit. Politischer Samizdat in der DDR 1985~1989*(Berlin, 2002)와 Ilko-Sacha Kowalczuk, *Endspiel: Die Revolution von 1989 in der DDR*(Bonn, 2009), pp. 251~253 등 참고. 동독의 지하 언론에 대한 국내 소개 논문은 고홍숙, 〈동독의 지하 언론〉, 《한국언론학보》 48, 2004, 31~57쪽 참고.

4 2019년 언론인 페터 벤시에르스키Peter Wensierski의 단행본 *Fenster zur Freiheit. Die Radix-Blätter, Untergrundverlag und -druckerei der DDR-Opposition*(Halle, 2019), 번역하자면 《자유를 향한 창: 라딕스 블레터》가 출간되어 주목을 받으면서, 저자의 요약 기사가 여러 곳에 실렸다.

5 페터 벤시에르스키Peter Wensierski는 《라딕스 블레터》가 끝까지 슈타지에 발각되지 않고 대량으로 제작되어 배포된 사실을 "믿기 어려울 만큼 놀라운 일"이라고 강조하고 있다.

6 Helmut Müller-Enbergs et al.eds., *Wer war wer in der DDR? Ein Lexikon ostdeutscher Biographien*(Berlin, 2010). 인쇄기를 반입한 하인츠 슈어Heinz Suhr(1951~2020)는 당시 서독 녹색당의 원내 대변인 신분으로 외교관 여권을 소지하고 있어 검문을 받지 않고

동베를린 출입이 가능했다.

7 크리스토프 본네베르거Christoph Wonneberger(1944~) 목사는 1986년부터 니콜라이교회에서 유명한 평화를 위한 월요기도회를 개최해 89평화혁명을 이끈 주역의 한 명으로 평가된다.

8 당시 동베를린에는 1981년 결성된 판코우 평화서클Friedenskreis Pankow과 1984년 발족한 프리드리히스펠데 평화서클Friedenskreis Friedrichsfelde 등이 활동하고 있었다. 한편, 신생정당으로 1983년 처음으로 서독 연방하원에 진출한 녹색당은 기존 정당들과 달리 동구의 평화·인권 그룹들과도 교류했는데, 지도자 페트라 켈리Petra Kelly(1947~1992)를 중심으로 한 하인츠 슈어 등 녹색당 인사들은 반핵평화운동을 명분 삼아 동독 정부의 승인하에 동베를린을 방문해 동독 지도부 면담 외에 동독의 평화·인권운동가들과의 교분을 쌓고 이들을 후원하고 있던 터였다. 가령, Ehrhart Neubert(1997), pp. 481~485, 637~639와 Thomas Klein, "Frieden und Gerechtigkeit", *Die Politisierung der Unabhängigen Friedensbewegung in Ost-Berlin während der 80er Jahre*(Köln, 2007), pp. 177~133 등 참조.

9 루드비히 멜호른Ludwig Mehlhorn(1950~2011)은 1970년대 후반부터 동베를린의 평화인권 그룹과 모임을 가졌고, 특히 폴란드의 반체제 인사들과 접촉하면서 동구권의 많은 사미즈다트를 접하고 있었다.

롤란트 얀Roland Jahn(1953~)은 1976년 볼프 비어만Wolf Biermann(이 책 2권의 3장 참고) 추방 반대 시위에 참여한 이후 공개적으로 저항활동을 하다 여러 차례 체포, 구속되기도 했지만, 1983년 당시로서는 획기적인 예나평화공동체Firedensgemeinschaft Jena를 조직했다. 결국 슈타지의 와해 작전으로 다른 조직원 수십 명과 함께 서독으로 추방되었고 시민권도 박탈당했다. 이후 그는 서베를린에서 동독 내 환경오염과 인권침해 등을 고발하는 언론인으로 활동하면서 동독 내 반정부 그룹을 지속적으로 지원했고, 통독 후에는 2011~2021년 슈타지문서청장을 역임하며 동독 과거사 청산에 중요한 역할을 했다. Tom Sello, "Roland Jahn", Ilko-Sascha Kowalczuk & Tom Sello eds., *Für ein freies Land mit freien Menschen. Opposition und Widerstand in Biographien und Fotos*(Berlin, 2006), pp. 321~324와 그에 대한 전기 Gerald Praschl, *Roland Jahn. Ein Rebell als Behördenchef*(Berlin, 2011) 등 참조.

위르겐 푹스Jürgen Fuchs(1950~1999) 역시 동독 내 평화·시민운동 그룹을 지원하던 추방 인사였다. 1976년 비어만 추방 항의활동으로 구속되고 이듬해 서독으로 추방되었다.

10 〈77헌장Charta 77〉은 1970년대 후반 이후 체코슬로바키아 내 반정부운동을 상징하는

선언문이자 저항 그룹이다. 훗날 체코 대통령을 역임한 바츨라프 하벨Václav Havel(1936~2011) 등이 주도해 240명 이상의 서명을 받은 〈77헌장〉은 1977년 1월 7일 서구 유력 언론들에 게재되면서 널리 알려져 국제적인 지지 그룹도 결성되었다. 〈77헌장〉의 골자는 무엇보다 1975년 8월 체코슬로바키아 정권도 함께 서명한 헬싱키 최종결의의 인권 분야(바스켓 3) 조항 준수를 촉구하는 것이었다. 〈77헌장〉 작성 경위와 영향에 대한 간략한 소개는 가령 "Bürgerinitiative in Tschechien: Die Charta 77", *Mitteldeutscher Rundfunk*(2020. 3. 16) 참조. 빅하르트는 17세 때 이미 멜호른으로부터 〈77헌장〉을 전달받아 읽었다고 술회했다. 〈77헌장〉이 동독 내 반정부 인사들에게 미친 영향에 대해서는 Wolfgang Templin, "Charta 77—Nähe und Einfluss", www.wtemplin.eu/publikationen/charta-77-n%C3%A4he-und-einfluss 참조.

11 빅하르트는 앞의 2009년 인터뷰에서 인쇄기 비용은 위르겐 푹스와 볼프 비어만이 지불했다고 언급했다. "Einflußnahme des Roland Jahn auf eine 'Friedensgruppe' in der DDR", Ilko-Sascha Kowalczuk &, Arno Polzin eds., *Fasse Dich kurz! Der grenzüberschreitende Telefonverkehr der Opposition in den 1980er Jahren und das Ministerium für Staatssicherheit*(Göttingen, 2014), pp. 372~374 참조.

12 당시 동독 정부의 승인을 받은 동베를린 주재 특파원들은 외교관들과 마찬가지로 검문을 받지 않고 출입할 수 있었다. 《라딕스 블레터》를 비롯해 당시 정치 사미즈다트는 대부분 배포 장소에 모금함을 두고 권당 5~10마르크로 판매해 수금된 돈으로 인쇄용품 조달에 사용했다.

13 하인츠-요제프 두어스테비츠Heinz-Josef Durstewitz(1945~) 신부는 자신이 직접 《라딕스 블레터》에 필자로 참여하기도 했고, 조직활동에도 동참했다. 1989년 동독의 부정선거를 규탄하는 서명운동에 함께 한 동독 유일의 가톨릭 사제로 알려져 있다.

14 만프레드 슈톨페Manfred Stolpe(1936~2019) 당시 개신교 동베를린-브란덴부르크 지역 협회장 겸 동독 개신교연합 부회장은 후에 1990년 사민당SPD에 입당해 통독 직후부터 2002년까지 브란덴부르크주 총리를 역임하고 2002~2005년 연방 건설교통부 장관을 지냈다. 그가 1986년 가을 빅하르트에게 잠시 제공한 업무차량 왜건형 트라비Trabi를 반납토록 하지 않은 이유는 밝혀지지 않았지만, 결과적으로 그의 슈타지 협력 여부와 관계없이 《라딕스 블레터》의 발간과 배포에 기여한 셈이다.

15 벤시에르스키Wensierski는 덧붙여 슈테판의 부친 페터 빅하르트가 반정부 활동으로 슈타지의 감시를 줄곧 받고 있었지만, 슈테판이 인쇄소를 개시하기 전 종합적인 검증을 끝낸 슈타지가 더 이상 큰 혐의점이 없다고 결론 내리면서 부친에 대한 감시를 소홀히

했던 사실도《라딕스 블레터》가 발각되지 않을 수 있었던 요인의 하나로 들고 있다.

16 파울 첼란Paul Celan(1920~1970)은 루마니아 태생으로 제2차 세계대전 당시 나치가 루마니아를 점령한 뒤 강제수용소로 이송되었다. 그곳에서 부모가 살해당했고, 이후 독일에서 살지는 않았지만 독일어로 평생 유대인으로서의 슬픔과 비애, 트라우마를 주된 주제로 삼아 시를 썼다.

17 검은색 표지의 창간호 제목은《그림자에 갇힘*Schattenverschlüsse*》이었다. 파울 첼란의 시 여러 편이 해설과 삽화와 함께 실려있다. 빅하르트는 직전 한 교회에서 파울 첼란 워크숍을 개최하기도 했다.

18 브레즈네프는 1968년 11월 "각 사회주의 국가의 이익과 자주권은 전체 사회주의 진영의 이익과 안전에 의해 제한된다"는 이른바 "사회주의 국가의 제한적 주권"에 대한 지침을 발표했다. 이 독트린은 1968년 8월 21일 소련을 포함한 바르샤바조약군의 프라하 침공에 대한 이론적 근거와 정당성을 제공했다.

19 볼프 비어만 추방에 대해서는 이 책 2권 3장 참고.

20 라인하르트 람페Reinhard Lampe(1950~) 목사는 세계로부터 고립되어 인적/문화적/학문적 교류와 접촉을 제한하는 것은 동독에 지속적으로 악영향을 미친다고 비판했다. "25년은 충분하다25 Jahre sind genug"는 현수막과 이날의 항의 시위로 4개월 구속되었던 람페 목사는 연대 항의로 석방된 뒤 바로《라딕스 블레터》 집필진으로 참여했다. Peter Wensierski(2019), pp. 113~118, 204와 Ilko-Sacha Kowalczuk(2002), pp. 412~434 참조.

21 '경계짓기 실행·원리 거부 이니셔티브APPA(Initiative Absage an Praxis und Prinzip der Abgrenzung)'의 이념은 헬싱키 최종결의의 바스켓 3 인권 분야 조항과 밀접히 연계되어 있다. APPA 그룹은 1989년 평화혁명기에 가장 중요한 정치단체의 하나로 부상한 '민주주의 지금Demokratie Jetzt'으로 이어진다.

22 빅하르트와 멜호른의 네트워킹 노력은 Stephan Bickhardt, "Vernetzungversuche", Eberhard Kuhrt et al., *Opposition in der DDR von den 70er Jahren bis zum Zusammenbruch der SED-Herrschaft*(Wiesbaden, 1999), pp. 331~344 참조.

23 코발추크Ilko-Sacha Kowalczuk가 당시 동베를린에서 정치 사미즈다트를 발간하던 주요 인물들과 인터뷰한 글을 제목으로 인터뷰에서 멜호른이 언급한 말이다. "Das freie Wort war die schärfste Waffe der Opposition", lko-Sacha Kowalczuk ed.(2002), pp. 105~136, 멜호른의 언급은 p. 107.

24 〈개요1. 경계짓기 실행·원리 반대Aufrisse1: Absage an Praxis und Prinzip der Abgrenzung〉의

요구는 이미 1987년 5월 성령강림일에 APPA의 이름으로 동독 개신교회 총회 안건으로 제출한 실명 제안서에 명시되어 있다. 이 제안서는 베를린장벽이 세워진 지 25년이 지났음을 상기시키고, 고르바초프의 개혁·개방정책과 유럽안보협력회의의 신뢰구축 조치가 추진되고 있음을 지적하면서, ○폴란드-동독 간 여행자유의 전면 복원, ○동구권 사회주의국가 간 이동자유 공론화, ○서구권 국가로의 여행자유 법적 보장, ○경제·재정정책 관련 사회적 논의 허용, ○추방된 동독 인사 포함 정치적 입국금지 해제 등을 촉구했다.

25 1988년 1월 발간된 《라딕스 블레터》의 제6권 《흔적*Spuren*》은 ○의사표현의 자유, ○자유로운 정보 접근, ○이동의 자유, ○무제한적 여행의 자유, ○집회결사의 자유, ○종교 및 세계관과 무관한 동등한 교육기회 보장 통의 권리를 관철해 나가는 것을 과제로 한다고 선언하고, 이를 실행하기 위한 구체적인 대책을 촉구했다. Peter Wensierski(2019), pp. 84~88.

26 Rainer Eckert, "Das Programm einer demokratischen Revolution. Debatten der DDR-Opposition in den radix-Blättern 1987~1989", *Deutschland Archiv*, 32, 1999, pp. 773~778.

27 시온교회Zionskirche는 이 중요한 두 개 사미즈다트 발간 장소이자 뒤에 언급할 환경도서관 외에도 '아래로부터의 교회Kirche von Unten(KvU)'로 유명하다. Thomas Klein (2007), pp. 285~297 참조. IFM을 포함해 동독 평화·인권·환경운동에 대한 개괄적인 국내 소개 논문으로 최승완의 〈동독의 민주화 세력 연구—1980년대 체제비판적 그룹들을 중심으로〉, 《서양사론》 57, 1998, 55~94쪽 참조.

28 베르너 피셔Werner Fischer(1950~)도 1976년 볼프 비어만 추방에 대한 항의 시위에 동참하고, 이후 평화운동 그룹 등 여러 지하 그룹에 참여했다. IFM에 가담하면서 체코슬로바키아 〈77헌장〉 그룹 등 동구권 반체제 그룹과 접촉하면서 연대활동을 펼쳤다.

29 고백교회에 대해서는 revolution89.de/revolutionsorte의 "Bekenntniskirche" 참조.

30 1987년 12월 10일 IFM이 배포한 자기 소개문 사본은 "Türchen 10-Dürfen wir vorstellen: Die Initiative Frieden und Menschenrechte", www.havemann-gesellschaft.de 에서 볼 수 있다.

31 헬싱키 최종결의의 영향은 동독에서는 1985년까지 소련과 폴란드, 체코슬로바키아 등에 비해 상대적으로 미미했다. 헬싱키 프로세스가 1980년대 중반까지 동독 내 인권운동에 미친 영향에 대해서는 Ehrhart Neubert, "Der KSZE-Prozeß und die Bürgerrechtsbewegung in der DDR", Klaus-Dietmar Henke et al. eds., *Widerstand und*

Opposition in der DDR(Köln, 1999), pp. 295~308 참조.

32 폴란드 반체제 그룹을 포함한 IFM의 동구권 저항 그룹과의 접촉에 대해서는 Gerd Poppe, "Begründung und Entwicklung internationaler Verbindung", Eberhard Kuhrt et al.(1999), pp. 349~377 참조. 이들은 공동선언문에서 이렇게 적었다: "……우리는 유럽의 분단을 평화적으로 극복하고 이 대륙의 민주적 통합을 위해 국가의 자기결정 원칙에 기반한 정치적 민주주의와 다원주의를 지지할 것이다. 1956년 헝가리혁명의 경험은 우리에게 영원한 유산이자 영감의 원천이었다." Wolfgang Templin & Reinhard Weißhuhn, "Die Initiative Frieden und Menschenrechte", Eberhard Kuhrt et al.(1999), pp. 171~211, 특히 pp. 194~195 참조.

33 Thomas Klein(2007), p. 450.

34 동독 내 환경운동에 대해서는 BMU(연방환경부), *Wir haben uns nicht versteckt "Engagement für Natur und Umwelt in der DDR*(Berlin, 2021)이 종합적인 개관을 제공하고 있고, 홈페이지에도 게재되어 있다. "Natur-und Umweltengagement in der DDR", www.bmuv.de/30jahrenaturschutz/natur-und-umweltengagement-in-der-ddr.

35 동독 주요 오염 지역의 당시 상황에 대해서는 Mitteldeutscher Rundfunk 방송의 최근 시리즈물이 참고할 만하다. "Bitteres aus Bitterfeld"(2019. 10. 2); "Der Braunkohleabbau im Mitteldeutschen und Lausitzer Revier"(2020. 12. 14) 등.

36 환경보호법Landeskulturgesetz(직역하면 국가문화법)과 환경보호·수자원관리부Ministeriums für Umweltschutz und Wasserwirtschaft(MUW) 설치 등 1970년대까지 동독의 환경정책에 대한 새로운 평가에 대해서는 Tobias Huff, "Über die Umweltpolitik der DDR. Konzepte, Strukturen, Versagen", *Geschichte und Gesellschaft*, Vol. 40, No. 4, 2014, pp. 523~554 참조.

37 앞의 토비아스 후프Tobias Huff에 따르면, 1972년 동서독 기본협정 체결 이후 환경 보호에 대한 관심은 낮아졌고, 경제 성장과 소비 증대를 통해 체제 정당성을 확보하려는 호네커의 경제사회정책이 본격화되면서 환경정책은 우선순위에서 뒤로 밀리게 되었다. 더욱이 대기오염 등에 대한 1983년 유럽 모니터링 평가 프로그램(EMEP) 시행을 앞두고 1982년 11월 동독 오염 현황에 대한 측정과 데이터 공개를 엄격히 규제하고 환경정보를 기밀로 취급한다는 결정을 내렸다.

38 체르노빌 사태에 대한 동독 당국의 대응에 대해서는 BStU(슈타지문서청), *Tschernobyl Der Super-GAU und die Stasi*(Berlin, 2016) 참조.

39 카를로 요르단Carlo Jordan(1951~)과 볼프강 뤼덴클라우Wolfgang Rüddenklau(1953~), 크

리스티안 할브록Christian Halbrock(1963~), 그리고 올리버 켐퍼Oliver Kämper가 '환경도서관' 설립 멤버였다. "체르노빌은 어디에나 있다Tschernobyl ist überall"는 이들의 항의 슬로건이기도 했다. 체노르빌 사태에 대한 동독 반정부 그룹의 움직임에 대해서는 특히 Ehrhart Neubert(1997), pp. 626~628과 Thomas Klein(2007), pp. 259~271, 동구권 국가에서의 반응은 Detlev Preuße, *Umbruch von unten*(Wiesbaden, 2014), pp. 273~291 등 참조.

40 '환경도서관'이 폴란드 플라잉대학flying university을 모델로 삼았다는 사실은 익히 알려져 있는데, 프로이세Preuße는 이에 더해 1979년부터 프라하와 브르노Brno, 브라티슬라바 등 체코슬로바키아 주요 도시에서 운영되던 지하 대학도 함께 언급했다. Detlev Preuße(2014), p. 282.

41 Barbara J. Falke, *The Dilemmas of Dissidence in East Central Europa: Citizen Intellectuals and Philosopher Kings*(Baltimore, 2003), pp. 42~43.

42 특히, 폴란드에서 사미즈다트는 각별한 위상을 차지하고 있었다. 발간부수나 종류도 동독과는 비교가 되지 않았다. 예를 들어, 자유노조 '연대'의 기관지로 폴란드 최초의 독립잡지라고 할 수 있는 《주간 연대*Tygodnik Solidarność*》는 1981년 4월 3일부터 매주 50만 부나 발행되었고, 계엄령 이후에도 전단지 외에 5천 권이 넘는 책들과 3천 종의 잡지가 발간되었다. Ilko-Sascha Kowalczuk(2002), p. 33~34 참조.

43 "Fliegende Universität", www.poieinkaiprattein.org/philosophy/fliegende-universitaet. 서베를린 Knesebeckstr. 17번지에서 매주 금요일 저녁마다 강사를 초빙한 플라잉대학이 열렸다.

44 "Umweltblätter"와 "Verbotene Bücher-Die Gründung und Arbeit der Umwelt-Bibliothek", *Jugendopposition*, 각각 www.jugendopposition.de/145467와 www.jugendopposition.de/145321 참조.

45 Klaus Schroeder, *Der SED-Staat. Partei, Staat und Gesellschaft 1949~1990*(München, 1998), p. 281, 283 참조.

46 "Die Umweltbibliothek", www.stasi-unterlagen-archiv.de/informationen-zur-stasi/themen/beitrag/die-umweltbibliothek/ 참조.

47 이날의 '덫Falle' 작전과 시온교회 '환경도서관' 급습 사건은 아주 유명해 거의 모든 동독 반정부운동 관련 문헌에 짧게라도 언급되어 있다.

48 앞의 "Die Umweltbibliothek", *stasi-unterlagen-archiv.de*와 "Solidarisierung mit der Umwelt-Bibliothek", *jugendopposition*, 참조.

49 1988년 1월 10일 카를로 요르단은 '아르케-기독교회 내 녹색네트워크Arche-Das Grüne Netzwerk in der evangelischen Kirchen'를 결성했다. 몇 개월 후 녹색을 '녹색생태Grün-ökologisches'로 확장했다.

50 비터펠트 오염 실태는 〈Bitteres aus Bitterfeld〉이라는 제목의 영상으로 만들어져 서베를린 SFB 방송을 통해 방영되었다. 이 영상은 두고두고 동독 내 환경오염 상황을 고발하는 증거가 되기도 했다.

51 www.demokratie-geschichte.de/karte/2152 참조.

52 '평화대회Firedenswerkstatt', 직역하면 평화워크숍은 1982년 6월 27일 동베를린의 구원교회Erlöserkirche에서 전국 각지의 3,000여 명이 참가한 가운데 처음 개최되었다. 행사 규모를 고려해 '워크숍'보다는 '대회'로 옮겼다. '평화대회'는 서독 평화운동가와 교회 관계자와 언론 등이 참석해 국제적인 성격도 가졌다. 1986년까지 대규모로 연례 개최되다 동독 당국이 1987년 베를린 750주년 행사를 구실로 교회 지도부를 압박해 1987년엔 활동적인 평화 그룹 중심으로 열린 뒤 막을 내렸다.

53 가령 서베를린과 암스테르담, 뉴저지, 노르웨이와 스웨덴 도시 내 교회들과 교류한 것으로 알려져 있다. Hans-Joachim Veen et al. eds, *Lexikon Opposition und Widerstand in der SED-Diktatur*(Berlin, 2000), p. 5 참조.

54 가령 "Der Staatsfeind Nummer eins", *Deutschlandfunk*(2009. 5. 28) 참조.

55 사마리아교회의 '블루스 축제Blues-Messe'에 대해서는 Dirk Moldt, *Zwischen Haß und Hoffnung. Die Blues-Messen 1979~1986: Eine Jugendveranstaltung der Evangelischen Kirche Berlin-Brandenburg in ihrer Zeit*(Berlin, 2008) 참조.

56 1981년 6월 블루스 축제에 대한 슈타지의 감시 결과 보고서엔 교회 측이 행사의 내용과 절차를 예배에 걸맞게 진행했다고 평가한 대목이 있다. "Bericht über den Verlauf der Blues-Messen am 26.6.1981", www.ddr-im-blick.de/jahrgaenge/jahrgang-1981/report/bericht-ueber-den-verlauf-der-blues-messen-am-2661981 참조.

57 블루스 축제 등 동독 교회에서의 대중음악 공연에 대해서는 가령, Michael Rauhut, "With God and Guitars: Popular Music, Socialism, and the Church in East Germany", *Popular Music and Society*, Vol. 40, No. 3, 2017, pp. 292~309 참조.

58 AAPA의 《새로운 행동*Neues Handeln*》은 2만 5,000부가 제작되었다고 한다.

59 1988년 1월 LL 추모 행사에 대해서는 이 책의 1권5장 참고. 이날 시위로 베르벨 볼라이, 베르너 피셔 등 IFM의 핵심인사들이 체포당해 추방되었고, IFM은 한동안 활동이 금지되기도 했다. '에스펜하인 1마르크 모금·서명운동'은 1988년 6월 라이프치히

인근 소도시인 에스펜하인의 환경오염 실태를 고발하면서 지역 재생을 위한 모금 및 서명운동으로 출발, 단기간에 3만 명이 참여하고 전국적으로 확산되면서 이듬해까지 총 10만 명이 동참한 동독 역사상 최대 서명운동이었다.

60 올로프 팔메Sven Olof Joachim Palme(1927~1986)는 스웨덴 정치인으로 사회민주당 대표와 총리를 역임했다. 국제적으로는 반전평화와 반독재 민주주의를 적극 옹호하며 동서 양 진영의 군축과 평화 중재자 역할을 했으며, 국내적으로는 복지시스템의 기틀을 마련한 인물로 평가받고 있다. 1986년 2월 스톡홀름 시내에서 괴한의 총격을 받아 타계했고, 1987년 동구권에서는 그를 기리는 추념 행진이 벌어졌다. 이에 대해서는 가령, Ehrhart Neubert(1997), pp. 690~693 참조.

61 〈라디오 글라스노스트—통제 불가Radio Glasnost—außer Kontrolle〉는 1989년 11월까지 총 27회 방송되었다. 이에 대해서는 가령, Jacqueline Boysen, "Radio Glasnost—außer Kontrolle: Ein West-Berliner Sender der DDR-Opposition", *Deutschland Archiv*(2010. 12. 22) 참조.

62 1989년 5월 7일 동독 지방선거에 대해서는 많은 연구서와 자료, 언론 기사들이 다루고 있기 때문에 여기서는 일일이 인용하지 않는다.

63 개표 결과 발표 후 두 달 뒤까지의 기간 동안 고발, 이의제기, 항의서한 발송 등의 움직임에 대한 슈타지 보고서는 www.ddr-im-blick.de/jahrgaenge/jahrgang-1989/report/bedeutsame-probleme-bei-den-kommunalwahlen-am-7-mai-1, 항의 시위 동향에 대한 보고서는 www.stasi-mediathek.de/medien/zu-protestaktivitaeten-im-zusammenhang-mit-den-kommunalwahlen-1989/blatt/80 참조.

64 1989년 8월 19일의 '범유럽 피크닉'과 9월 11일 국경 전면 개방을 기념해 2년 뒤인 1991년 9월 10일 양국 의회 의장이 참석한 가운데 제막되었다. 연방하원 의사당 북쪽 모퉁이 벽에 설치되었다.

65 동독의 평화혁명과 독일 통일에 대해서는 지난 30년 동안 많은 연구서와 자료들이 생산되었고 또 재생산되었다. 독일 통일에 특히 관심이 많은 국내에도 많이 소개되어 왔다. 그래서 아래 간략히 정리한 내용에 대해서는 특별히 인용할 필요가 있을 때를 제외하고는 일일이 참고문헌을 인용하지 않는다. 다만, 주로 Ehrhart Neubert(1997); Thomas Klein(2007); Ilko-Sacha Kowalczuk(2009); Eberhard Kuhrt(1999); Martin Gutzeit et al. eds., *Opposition und SED in der Friedlichen Revolution*(Berlin, 2011) 등을 참고했다.

66 탈주를 일종의 저항 행위로 볼 수 있다는 평가에 대해서는 Stefan Wolle, "Flucht als

Widerstand?", Klaus-Dietmar Henke et al. eds., *Widerstand und Opposition in der DDR*(Köln, 1999), pp. 309~326 참조. 당시 탈주운동에 대해서는 국내에도 잘 정리되어 소개되어 있다. 특히 최승완, 《동독민 이주사 1949~1989》, 서해문집, 2019, 109~115쪽과 이동기, 《비밀과 역설: 10개의 키워드로 읽는 독일 통일과 평화》, 아카넷, 2020, 140~146쪽, 그리고 이은정, 《베를린, 베를린: 분단의 상징에서 문화의 중심으로》, 창비, 2019, 86~93쪽(ebook) 등 참고.

67 "우리가 국민이다Wir sind das Volk"는 얼마 뒤 등장한 "우리는 한 민족이다Wir sind ein Volk"와 대비되면서 89평화혁명 과정에서 가장 중요한 시위 구호의 하나로 평가되고 있는데, 그만큼 언제 어떤 의미로 이 구호가 나왔는지 논란의 대상이 되기도 했다. 이와 관련해서는 Bernd Lindner, "Begriffsgeschichte der Friedlichen Revolution. Eine Spurensuche", *Aus Politik und Zeitgeschichte*, Vol. 64, No. 24-26, 2014, pp. 33~39, 특히 38ff와 Vanessa Fischer, 'Wir sind das Volk!", *Deutschlandfunk*(2009. 9. 16) 참조.

68 알렉산더 광장 시위의 연사 명단에는 크리스타 볼프Christa Wolf, 슈테판 하임Stefan Heym, 하이너 뮐러Heiner Müller, 배우 울리히 뮈에Ulrich Mühe 등 당시 동독의 대표적인 작가들과 예술가도 포함되어 있었다.

69 2009년 6월 17일 독일 연방하원 의사당 모퉁이에 설치된 기념 동판이다. 기념 동판이 설치된 붉은 벽돌벽은 그해 폴란드 의회가 독일 연방하원에 기증한 '솔리다르노시치'(연대)의 진원지 그단스크 조선소 외벽의 일부다. 독일 언론들은 종종 많은 관광객들이 이 벽을 베를린장벽의 일부라고 오해하기도 한다고 지적하곤 한다.

70 '새로운 포럼'은 결성 후 시민단체로 등록하기 위해 1987년 9월 19일 동독 내무부에 신청서를 제출했지만, 승인받지 못했다. 동독 헌법에 반하는 반국가적이고 불법적인 단체라는 이유였다. 결성 후 일 주일 정도 지난 시점에서 '새로운 포럼'의 회원은 이미 1,500명을 넘어서고 있었다. 동독 당국의 불승인 처분에도 불구하고 '새로운 포럼'에는 연말까지 1만 명의 회원과 20여만 명의 창립 동의 서명자가 참여했다. 최대 조직이었다.

71 1988년 1월 '환경도서관'에서 분리해 나올 때부터 정치 참여를 지향한 '아르케'는 동구권 환경단체들의 네트워크인 '그린웨이Greenway'와의 연계도 밀접하게 가지면서 정당 구조를 강화해 갔다. 1989년 5월 지방선거에서 독자적인 후보를 내려고 시도했고, 1991년 인민 의회 선거에 출마할 후보자 '녹색명단Grünen Liste'을 작성하기도 했다. '아르케'는 지방선거 부정 발각 이후 1989년 6월 3일 고백교회에서 개최된 제1회 베를린 '환경의 날' 행사에서 녹색명단을 승인하고 재선거를 실시할 것을 공개 촉구하기

도 했다. '그린웨이'와의 연대에 대해서는 Carlo Jordan, "Greenway – das osteuropäische Grüne Netzwerk(1985~1990)", Heinrich–Böll Stiftung ed., *Grünes Gedächtnis 2010*(Berlin, 2010), pp. 34~44 참조.

72 당시 결성된 정치단체와 정당을 정리한 국내 자료는 통일부, 《독일의 통일·통합 정책 연구 제1권 분야별 연구》, 서울, 2011에서 볼 수 있다.

73 원탁회의 구성은 2월 초 개시된 폴란드의 사례를 따라 이미 상반기 IFM과 APPA이 각각 제안한 바 있었다. 10월 말 '민주주의 지금'의 볼프강 울만이 다시 제안하면서 추진된 원탁회의는 11월 10일 새로운 정치단체들의 공동 요구에 이어 공식적인 진행을 위해 동참하게 된 교회협회를 통해 보낸 초청장을 모드로 총리가 수용하는 방식으로 성사되었다. 중앙원탁회의Der Zentrale Runde Tisch는 1990년 2월 한 번 변경되긴 했지만 구 정치세력(기존 5개 정당)과 신 정치세력(7개 정치단체)가 동등한 의결권을 가지고 참여하도록 되었다. 중앙뿐만 아니라 각 지방에도 유사한 원탁회의가 구성되었다.

74 슈타지의 1989년 6월 보고서에 실명이 명시된 인사는 라이너 에펠만Rainer Eppelmann, 볼프람 치헤Wolfram Tschiche, 크리스토프 본네베르거Christoph Wonneberger, 게르트/울레케 포페Gerd/Ulrike Poppe, 베르벨 볼라이Bärbel Bohley, 베르너 피셔Werner Fischer, 볼프강 뤼덴클라우Wolfgang Rüddenklau, 라인하르트 슐츠Reinhard Schult, 토마스 클라인 Thomas Klein, 하이코 리츠Heiko Lietz 등 11명이었다.

75 중앙원탁회의 회의장은 공간의 협소함 때문에 본회퍼 하우스에서 쇤하우젠Schloß Schönhausen성으로 변경되었다.

76 슈타지는 이미 모드로 총리가 취임한 직후 국가안보청Amt für Nationale Sicherheit(AfNS)으로 개편된 상태였고 상당수의 슈타지 청사에 시민위원회가 구성되어 있던 상황이었지만, 중앙원탁회의는 첫 회의에서 이의 해체를 요구했다. Klaus Bästlein, "Der 15. Januar 1990–ein Stasi–Erfolg?", *bpb*(2017. 1. 16) 참조.

77 이런 평가에 대해서는 각각 Francesca Weil, ""Weniger als Feigenblätter……" oder Institutionen zivilgesellschaftlichen Engagements? Die Runden Tische 1989/90 in der DDR", *Deutschland Archiv*(2016. 3. 24)와 "Aufbruch zur Demokratie: "Runde Tische" in der DDR", *Mitteldeutscher Rundfunk*(2020. 12. 7) 참조.

78 실무 그룹이 성안한 헌법 초안을 1990년 4월 4일 발표했지만, 이미 자유선거 결과 조속한 통일을 공약으로 내세운 기민당 중심의 독일동맹Allianz für Deutschland이 압승한 상황에서 무의미하게 되었다.

79 자유선거의 조기 실시 결정이 중앙원탁회의의 결정적인 패착이었다는 평가가 현재는

일반적이다. 가령, Martin Sabrow, "Mythos 1989", *Deutschland Archiv*(2019. 11. 28) 참조. 또한 이것이 중앙원탁회의의 자진 무장해제였다는 평가에 대해서는 Otto Langels, "'Runder Tisch' in Ost–Berlin. Eine Schule der Demokratie", *Deutschlandfunk*(2015. 1. 1) 참조.

80 투표율 93퍼센트로 거의 모든 동독 주민들이 참가한 이 선거에서 당초 승리 가능성이 가장 큰 것으로 점쳐졌던 사민당의 득표율은 22퍼센트에 그쳤고, 사통당의 후신 민사당도 16퍼센트 득표했다. 당시 동독 정당·정치세력들의 이합집산과 3·18자유선거 결과에 대해서는 국내에도 비교적 자세히 소개되어 있다. 가령 김경래, 〈1989~1990년 격변기 동독의 정치지형—정당을 중심으로〉, 《사회과학연구》 34, 2021, 123~154쪽과 앞의 통일부(2014) 참조. 김경래는 기민당 등 서독 정당들의 직접적인 개입으로 동독 내 정당과 자생적 정치세력이 흡수됨으로써 동독 지역의 정치적 이해를 대변할 정치세력이 사라지는 결과가 초래되었다고 평가했다. 실제로 1989년 12월에서 1990년 3월 총선까지 3개월 남짓 기간 동안 대체 동독 주민들의 여론이 왜 이렇게 급변했는지 그 배경과 원인에 대해 그간 주로 동독 출신 인사들로부터 여러 주장이 제기되어 왔는데, 최근 다시 이에 대한 좀 더 엄밀한 분석과 3·18총선 이후 통일에 대한 동독 주민들의 여론 추이 등에 대한 본격적인 재검토가 이루어지고 있다. 가령, Daniela Dahn & Rainer Mausfeld, *Tamtam und Tabu: Die Einheit: Drei Jahrzehnte ohne Bewährung*(Frankfurt/M, 2020) 참고.

81 통독 이후 동독 지역 내 정치·정당 지형의 변화 추이에 대한 국내 자료로는 가령 김면회, 〈베를린장벽 붕괴 30년, 구동독 지역 정치지형 변화 연구〉, 《유럽연구》 38, 2020, 97~128쪽과 임홍배 외, 《기초자료로 본 독일 통일 20년》, 서울대학교출판문화원, 2011의 1장 〈정치〉, 1~71쪽 등 참조.

82 에펠만 목사는 모드로 정권에서 짧게 무임소 장관 역임 후 동독 마지막 국방장관을 지냈고, 1990~2005년까지 연방하원 의원으로 의회 사통당 독재청산 앙케트위원장을 맡았다. 1998년 연방사통당독재청산재단 설립 때부터 이사장으로 재임하고 있고 2003~2013년 10년 이상 연방 슈타지문서청 이사로도 활동했다. 한편, 동독 활동가 출신으로 통독 후 독일 정치계에 큰 족적을 남긴 Big 5로 꼽히는 인사는 '민주주의 출발' 출신의 앙겔라 메르켈 전 연방총리, '새로운 포럼' 출신의 요아힘 가우크Joachim Gauck 전 연방 대통령과 볼프강 티어제Wolfgang Thierse 전 연방하원 의장(사민당), '녹색 리그' 출신의 마티아스 플라첵Matthias Platzeck 전 브란덴부르크주 총리/사민당 대표 등이다.

83 베르벨 볼라이에 대한 이런 평가는 가령, Regina Mönch, "Zum Tode Bärbel Bohleys.

Sie gab dem Widerstand in der DDR ein Gesicht", *Frankfurter Allgemeine Zeitung*(2010. 9. 12) 참조.

84 예를 들어 본문에 언급된 대표적인 인사 중엔 1994년 베르벨 볼라이와 라이너 에펠만(2019년 최고훈격 훈장 추가 수훈), 1995년 포페 부부와 베르너 피셔, 2014년 슈테판 빅하르트 등이 수훈했고, 2019년엔 동독 평화혁명 공로자로 카를로 요르단과 옌스 라이히, 2021년 롤란트 얀 등이 수훈했다. 물론 토마스 클라인처럼 수훈을 거부한 인사도 있다.

85 로베르트 하베만협회와 이 전시회의 의미에 대해서는 앞의 2장 참고.

86 Martin Jander, *Orte der Friedlichen Revolution, Berlin*(Berlin, 2009).

87 베를린시에서 2019년 베를린장벽 붕괴 30주년 행사를 위해 업데이트한 〈평화혁명의 장소들〉 플라이어. 출처: revolution89.de/fileadmin/user_upload/pdf/Ausstellung/Revolutionsstelen_final.pdf.

88 베를린시와 라이프치히시의 관광 안내 홈페이지 www.visitberlin.de/de/orte-der-friedlichen-revolution와 www.leipzig.travel/de/kultur/geschichte/friedliche-revolution/staetten-der-friedlichen-revolution 참조.

89 '라이프치히 시민운동 아카이브'가 제작한 〈동독의 혁명지도Revolutionskarte der DDR〉다. www.archiv-buergerbewegung.de/index.php/zeitzeugen/9-verein/aktuelles/107-revolutionskarte-der-ddr와 www.bundesregierung.de/breg-de/aktuelles/plakat-zeigt-orte-der-friedlichen-revolution-437786 참조.

90 재단에 대해서는 홈페이지 www.stiftung-fr.de 참조. 〈시민용기헌장Charta für Courage〉 내용에 대해서는 https://www.stiftung-fr.de/fileadmin/inhalte/downloads/SFR_charta.pdf 참조.

91 〈민주주의 역사의 장소〉 프로젝트와 '민주주의 100인'에 대해서는 이 책의 1권 3장 참고. 민주주의 100인은 타계한 인사들을 대상으로 했다는 점은 고려할 필요가 있다.

92 베를린 판코우 구청의 지원을 받아 예술가 Klara Sachse가 진행한 프로젝트다. 프로젝트 홈페이지 aufbruch-herbst89.de 참조.

93 2019년 완공된 장벽 공원 인근 주택단지 진입로가 베르벨 볼라이의 이름을 따 "Bärbel-Bohley-Ring"으로 명명되었다.

94 2020년 통독 30주년 연설은 www.bundespraesident.de/SharedDocs/Reden/DE/Frank-Walter-Steinmeier/Reden/2020/10/201003-TdDE-Potsdam.html 참조.

95 위원회의 최종보고서에 대해서는 앞의 1장 참고. '평화혁명과 독일통일 30년위원회'

는 2019년 4월에 구성되었다. 2020년 12월에 발표된 최종보고서의 초점은 '유럽 체제 변환과 독일통일을 위한 미래센터'를 설립하는 데 있었다. 특히, 최종보고서에는 통일과 관련해 동독인들의 업적에 대한 가시성과 감사의 부족을 예를 들고 지금까지 동독인들의 삶을 과소평가한 점들이 문제로 지적되었다. 미래센터에 관련된 내용은 연방정부의 홈페이지 참조, www.bundesregierung.de/breg-de/themen/deutsche-einheit/zukunft-deutsche-einheit-1930030.

96 연방정부는 2022년 5월 4일 '미래센터' 건립계획을 최종 의결했다. www.bundesregierung.de/breg-de/suche/zukunftszentrum-deutsche-einheit-2030124 참조.

97 2019년 10월 9일 라이프치히의 성 베드로 교회에서 개최되는 평화혁명 30주년 기념행사에 그레고르 기지Gregor Gysi(1948~)가 초청연사로 연설한다는 소식에 동독 출신 운동가들과 활동가들, 역사학자들이 집단적으로 반발하면서 약 6개월간 논란이 계속되었다. 당시 논란에 대한 언론 보도와 공개 반대성명 등은 www.havemann-gesellschaft.de/themen-dossiers/streit-um-die-revolution-von-1989에서 볼 수 있다.

98 이 논쟁과 관련해서는 최근의 진행 현황에 대한 업데이트가 미흡하긴 하지만 폴락 교수와 코발추크 박사의 기고문을 포함해 여러 논평들을 목록과 해당 링크를 www.havemann-gesellschaft.de/themen-dossiers/streit-um-die-revolution-von-1989에서 볼 수 있다. 폴락-코발추크 논쟁을 국내에 간략히 소개한 이동기(2020)의 5장 미주 5번과 29번 참고.

99 라이프치히 현대사포럼에서 개최된 이 토론회에 관해서는 Christian Eger, "Podium in Leipzig: Wem verdanken wir die friedliche Revolution von 1989?", *Mitteldeutsche Zeitung*(2019. 10. 2) 참조.

100 그해 지방선거에서 나타난 극우 독일대안당AfD의 평화혁명 왜곡과 논란에 대해서는 앞의 1장 참고.

101 Michel Nowak, "Ostalgiker feiern 70. Jahrestag der DDR-Gründung", *rbb24*(2019. 10. 7).

102 17차 회의는 중앙원탁회의 이니셔티브 그룹Initiativgruppe Zentraler Runder Tisch에 의해 조직되어 1989년 당시 사회자가 다시 진행을 맡았다. www.zentraler-runder-tisch.de 참조.

103 예를 들어, Thomas Großbölting, "Wem gehört die Revolution? Die Pollack-Kowalczuk-Kontroverse von 2019 als Lehrstück von Wissenschaftskommunikation", *Deutschland Archiv*(2020. 7. 14)와 Rainer Eckert, "Schwierige Gemengelage-Ostdeutsche

Eliten und die Friedliche Revolution in der Diskussion", *Deutschland Archiv*(2021. 12. 10) 등 참조.

104 연설문은 www.bundesregierung.de/breg-de/suche/rede-von-bundeskanzlerin-merkel-anlaesslich-des-festakts-zum-tag-der-deutschen-einheit-am-3-oktober-2021-in-halle-saale-1964938에서 볼 수 있다.

더 보기 롤링 스톤즈, 냉전 중의 콘서트 열전

1 서베를린 라디오 방송사 RIAS II의 음악 프로그램 〈Treffpunk〉에서 방송된 얘기였다. 이 프로그램은 특히 동독 청년들에게 인기가 많았다. 프로그램 진행자 카이 블뢰머Kai Blömer의 농담이 걷잡을 수 없는 불길이 된 것이다. 이에 대해서는 BStU(슈타지문서청), *Gefängnis statt Rolling Stones. Ein Gerücht, die Stasi und die Folgen*(Berlin, 2014) 참조.

2 이에 대해서는 가령 "Die Rolling Stones kommen in die DDR", *Jugendopposition*.de 참조.

3 "Von einem Konzert, das nie stattfand. Die 'Rolling Stones' zum Republikgeburtstag", *Mitteldeutscher Rundfunk*(2016. 1. 4)과 "Rolling Stones-in Ostdeutschland. ein Mythos", *Deutsche Welle*(2012. 7. 11) 참조. 듑체크와 관련해서는 앞의 3장 참고.

4 이에 대해서는 특히 Gerhard Paleczny, "Beat in der DDR: Musik und Politik in der Grauzone-1964 bis 1974", Gerhard Paleczny et al., *Punk und Rock in der DDR. Musik als Rebellion einer überwachten Generation*(Norderstedt, 2014), pp. 7~28 참조.

5 Hans Michael Kloth, "Mauerkonzerte. Wummerbässe für den Osten", *Der Spiegel* (2009. 11. 5) 참조. 보위의 서베를린 공연에 대한 국내 소개는 이은정, 《베를린, 베를린: 분단의 상징에서 문화의 중심으로》, 창비, 2019, 81~83쪽(ebook) 참고. '1987년 성령강림일 소요사태'에 대해서는 연구서들보다 사진과 함께 당시 상황을 생생하게 묘사한 기사들 가령, "음악이 베를린장벽을 넘었다"는 제목의 Jörg Wagner, "Die Musik überwindet die Mauer. Vor 25 Jahren führte ein Rockkonzert in Westberlin zu Krawallen in der DDR", *Deutschlandfunk Kultur*(2012. 6. 6) 참조. 또 도이체벨레 방송은 이 공연이 동독 내 반란의 기원이라고 평하기도 했다. Jefferson Chase, "87 Concert was a Genesis of East German Rebellion", *Deutsche Welle*(2007. 7. 4) 참조,

6 당시 동독 당국은 야외공연만큼은 피하고 있었는데, 1977년 10월 7일 동독 창건일에 일어난 다소 우발적인 유혈사태의 충격이 가시지 않았기 때문이었다. 당시 서방 언론

들은 최소 2명의 경찰이 사망했고 동독 정권에 대한 청년들의 잠재된 불만이 확인되었다고 보도했다. 그래서 동독 당국에겐 록 그룹의 야외공연이 악몽으로 남게 되었다.

7 동시에 동독 당국은 독일자유청년동맹FDJ 주관으로 록 콘서트 등을 개최하는 유화책을 폈다. 서독 반전·반핵운동이 절정이던 1983년 10월 25일 동독 사상 처음으로 공화국궁전Palast der Republik에서 〈평화콘서트〉를 개최해 미국 반전·인권운동 가수 해리 벨라폰테Harry Belafonte(1927~)와 서독 록 가수 우도 린덴베르크Udo Lindenberg(1946~)의 공연을 가졌다. BStU(슈타지문서청), *Udo rockt für den Weltfrieden. Das Konzert von 1983 in den Stasi-Unterlagen*(Berlin, 2013) 참조.

8 Depeche Mode의 공연에 대해서는 가령 "Depeche Mode in der DDR. Der Sound der Anderen", *Der Spiegel*(2008. 3. 6) 참조.

9 마이클 잭슨 공연과 브라이언 애덤스 공연에 대해서는 가령, Andreas Conrad, "Michael Jackson. Moonwalk am Reichstag", *Der Tagesspiegel*(2009. 6. 27); Sebastian Fischer, "Michael Jackson und die Stasi", *Mitteldeutscher Rundfunk*(2020. 11. 10) 등 참조.

10 브루스 스피링스틴Bruce Springsteen(1949~), 일명 보스The Boss의 전설적인 공연과 그 의미에 대한 여러 해석은 가령 Christian Bornemann, "Radau im Plattenbau. Bruce Springsteen in Ost-Berlin", *Zeitgeschichte-online*, No. 10, 2015 등 참조.

11 Jeff Hayton, "Crosstown Traffic: Punk Rock, Space and the Porosity of the Berlin Wall in the 1980s", *Contemporary European History*, No. 26, 2017, pp. 353~377 참조. 그렇지만 팝 음악과 록 공연이 그 자체로 베를린장벽 붕괴에 직접적인 영향을 미쳤다고 평가할 수는 없다는 게 역사학자들의 지적이다. 과소평가할 수는 없지만, 과대평가하기도 어렵다는 것이다. Ilko-Sascha Kowalczuk, "It's Only Rock 'n' Roll? The Rolling Stones und der SED-Staat", *BStU*(2014), pp. 5~15. 특히 pp. 13~14 참조.

12 롤링 스톤즈는 1989년 부활을 알리는 앨범 《Steel Wheels》을 낸 뒤 이듬해 유럽 순회공연에 나서 동구권에서는 동베를린과 프라하에서 공연했다. 29년 전 베를린장벽이 세워진 이날과 이틀 후 두 번에 걸쳐 공연했다. 총 10만 명이 모였다고 한다. Hans-Erdmann Gringer, "Rolling Stones in Berlin – zum ersten Mal im Osten", *Mitteldeutsche Zeitung*(2015. 8. 15)와 "Die Stones spielen zum ersten Mal in der DDR", *Mitteldeutscher Rundfunk*(1990. 8. 13) 등 참조.

찾아보기

【ㅇ~ㅊ】

【ㅋ~ㅎ】

베를린이
역사를
기억하는 법
❷ 냉전 반세기

2023년 8월 23일 초판 1쇄 인쇄
2023년 8월 26일 초판 1쇄 발행
글쓴이 장남주
펴낸이 박혜숙
디자인 이보용 김진
펴낸곳 도서출판 푸른역사
우) 03044 서울시 종로구 자하문로8길 13
전화: 02)720-8921(편집부) 02)720-8920(영업부)
팩스: 02)720-9887
전자우편: 2013history@naver.com
등록: 1997년 2월 14일 제13-483호

ISBN 979-11-5612-261-6 04900
ISBN 979-11-5612-259-3 04900(세트)